★ 二战风云人物 ★

# 艾森豪威尔

张玲玲◎著　于之伟　郭岭松◎主编

中国华侨出版社

图书在版编目(CIP)数据

艾森豪威尔 / 张玲玲著.—北京:中国华侨出版社,2015.2

(二战风云人物 / 于之伟, 郭岭松主编)

ISBN 978-7-5113-5206-4

Ⅰ.①艾… Ⅱ.①张… Ⅲ.①艾森豪威尔,D.D.(1890~1969)-
生平事迹 Ⅳ.①K837.127=5

中国版本图书馆 CIP 数据核字(2015)第038206 号

二战风云人物:艾森豪威尔

著　　者 / 张玲玲

责任编辑 / 文　筝

责任校对 / 高晓华

经　　销 / 新华书店

开　　本 / 787 毫米×1092 毫米　1/16　印张/19　字数/227 千字

印　　刷 / 北京军迪印刷有限责任公司

版　　次 / 2015 年 5 月第 1 版　2020 年 5 月第 2 次印刷

书　　号 / ISBN 978-7-5113-5206-4

定　　价 / 68.00 元

中国华侨出版社　北京市朝阳区静安里 26 号通成达大厦 3 层　邮编:100028

法律顾问:陈鹰律师事务所

编辑部:(010)64443056　　　64443979

发行部:(010)64443051　　传真:(010)64439708

网址:www.oveaschin.com

E-mail:oveaschin@sina.com

# 前言

第二次世界大战，是迄今为止人类历史上最为惨痛的一场浩劫，给整个世界造成了巨大的灾难。据估计，死亡人数超过 6000 万，各类损失超过 40000 亿美元。在这场关系到人类前途和命运的斗争中，正义力量最终取得胜利，人类文明得以延续，和平得以恢复。

从和平到来的那一刻起，人们就开始不断反思与战争有关的一切，试图寻找制止人类自相残杀的方法和途径。时至今日，第二次世界大战结束已经整整 70 年了，这种反思还在继续。令人遗憾的是，以人类现有的历史智慧，不仅没有找到彻底消弭战争的方法，而且随着世界政治格局的进一步发展，全球各地的军事冲突不断，战火频仍，甚至在个别地区有愈演愈烈之势。有人甚至担心，是否会爆发新的世界大战！

事实上，这种担心是完全没有必要的。

二战造成的影响极为深远，涉及政治、经济、文化、科技等各个领域，给世界带来了天翻地覆的变化。特别是东西两大对立阵营的出现，彻底改变了近两百年来由资本主义支配世界的格局。随着苏联的解体，表面上这种对立已不复存在，但它所留下的阴影仍然存在于全球各个角落，当代世界全局性矛盾的焦点仍然集中于此。不过，经过战后70年的历史演变，人们基本可以形成这样一个共识：任何一方都不可能通过军事手段一举消灭对方，并存和互相竞争的局面已经形成。换句话说，就是从政治、经济、文化等诸方面较量彼此实力和影响力等手段已经成为世界范围内竞争的主流。军事手段虽然没有被完全抛弃，但是爆发世界大战的可能性微乎其微，基本可以忽略不计。

正值二战胜利70周年之际，我们策划、出版这套《二战风云人物》丛书的目的也在于此。丛书共10册，收入了二战期间"同盟国"和"轴心国"将领各5人，分别是：艾森豪威尔、巴顿、麦克阿瑟、朱可夫、蒙哥马利、隆美尔、邓尼茨、曼施泰因、古德里安和山本五十六。丛书没有止于对人物在二战期间经历的单纯记述，而是从宏大的历史战争画卷入手，就人物的性格、军事指挥艺术以及世界潮流发展进行深入分析与阐释，总结得出一个结论：邪恶势力或许凭借个人能力或物质基础而嚣张一时，但最终都无法改变正义必将战胜邪恶这一亘古不变的真理。

愿战争不再，和平永驻。

鉴于水平有限，丛书中难免会出现疏漏或错误，敬希读者批评指正。

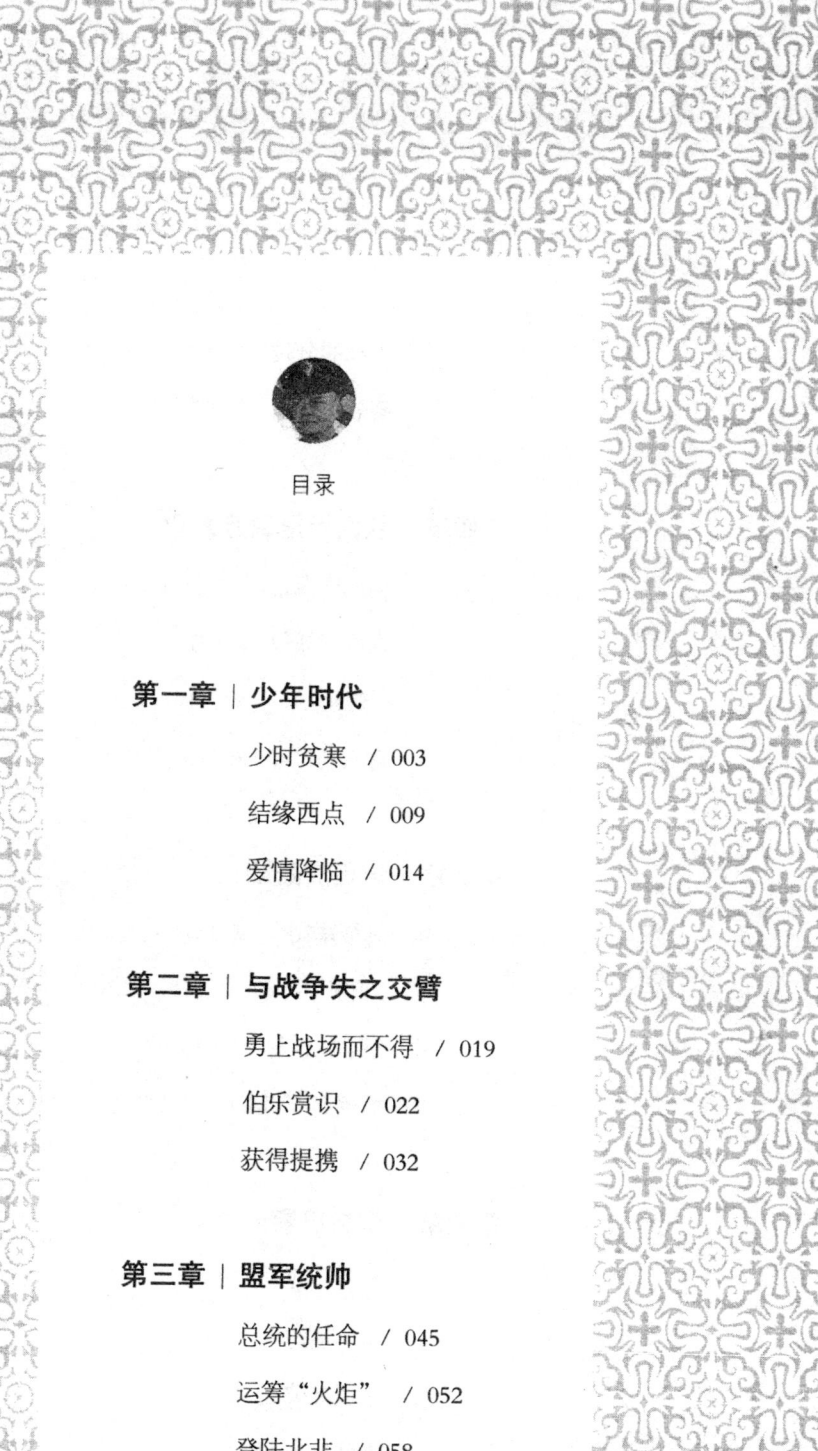

目录

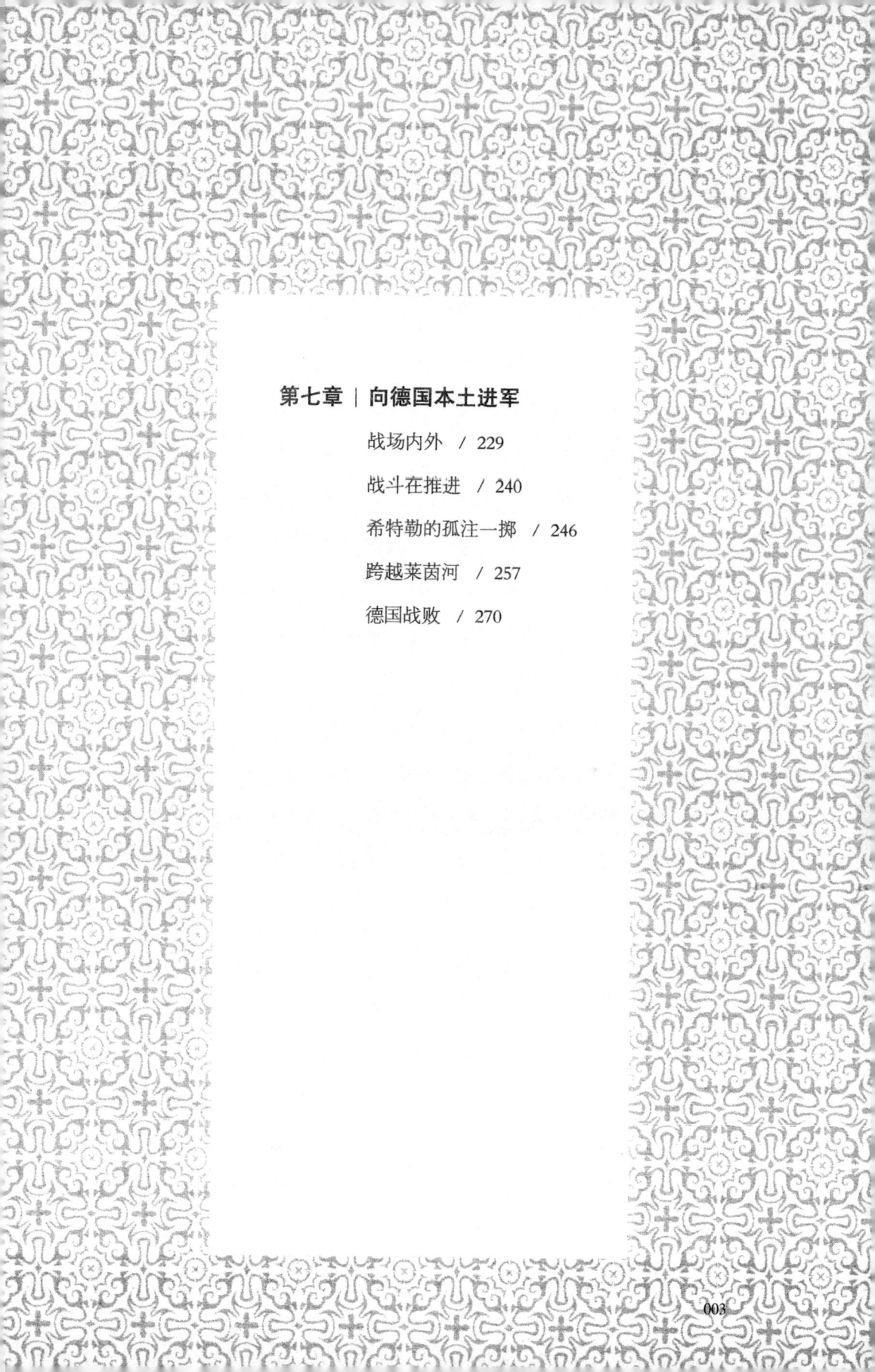

## 第七章 | 向德国本土进军

# 第一章

# 少年时代

## / 少时贫寒 /

他是在美军 10 名五星上将中，晋升"第一快"的人；他是美军统率大型战役行动的第一人；他第一个担任北大西洋公约组织盟军最高统帅；他是美军退役高级将领担任哥伦比亚大学校长的第一人；他的前途"第一大"——唯一一个当上总统的五星上将。德怀特·戴维·艾森豪威尔，美国历史上著名的政治家和杰出的军事家，集国家总统和五星级上将两项最高头衔和荣誉于一身，铸造了自己一生的传奇。

1890 年 10 月 14 日，德怀特·艾森豪威尔在得克萨斯州丹尼森市一幢又小又旧的小木屋内呱呱坠地。他是戴维·艾森豪威尔的第三个儿子，父母给他起了一个别致的名字：德怀特。按照美国人的习惯，德怀特这个名字不会被简写，也不会与其他人的名字相混淆，父母希望他能够独一无二。当艾森豪威尔降生之时，父母正过着艰难而贫困的生活。他们信心满满地为这个小生命预测了未来从事的职业，例如农场主、教师、医生或者主教。或许他们做梦也不会想到，眼前襁褓中的这个男婴在半个世纪后竟会成为美国的总统。

艾森豪威尔的祖先是德国移民，他们原先居住在欧洲莱茵兰地区，信奉着门诺教。该教起源于16世纪荷兰的基督新教派，反对服兵役，主张衣着朴素、生活节俭，属于宗教异端。为了摆脱教派的排挤，艾森豪威尔家族迁入瑞士，1741年又迁往北美宾夕法尼亚州。19世纪70年代，美国全国上下掀起了西进运动，该家族也开始向西部移居。尽管自祖父一辈便移居到肥沃的西部地区，但是，当德怀特·艾森豪威尔降生时，家里却仍旧非常贫困。他的父亲戴维是个自食其力、沉默寡言的普通商人，曾用父亲的遗产在堪萨斯州开了家杂货店，不幸的是这家店在经济衰退中被迫关门。德怀特的家中一贫如洗，唯一像样的是一架乌木钢琴，这是母亲艾达·艾森豪威尔的嫁妆。与沉默寡言的父亲相反，在德怀特的眼中，母亲艾达活泼开朗、乐观豁达。艾达坚信，生活总会慢慢好起来的。德怀特的幼年就生长在这样一个并不富裕但却温馨和谐的家庭中，父母的言传身教铸就了他乐观和向上的性格。"我后来发现自己家其实很穷，"1952年6月4日，德怀特在阿比林市艾森豪威尔博物馆奠基仪式上说道，"但美国的光荣之处在于，我们当时并不知道这一点。我们一直记得父母说过的话，'机会处处有，只要肯争取'。"

德怀特周岁时，父亲戴维在友人的帮助下，在堪萨斯州的阿比伦一家食品厂找到一份机修工的工作，月薪为50美元。阿比伦是他父母和祖辈居住的地方，此时，由于生活所迫，他们又从美国西部举家迁回这里。1898年，戴维家的生活开始发生改变。德怀特的叔父离开阿比伦时，将自己的两层小楼给了侄子一家。在戴维和艾达看来，这幢房子简直就是一座宫殿。他们买来了马匹、奶牛、鸡鸭鹅等，在房子周围三英里的田地上种植了蔬菜，还栽种了果树。就这样，德怀特一家的生活得到很大改善，戴维夫妇总算摆脱了朝不保夕的日子。

艾森豪威尔少年时期很少见到父亲，因为他要从早上6点工作到下午6点。"在生活中，妈妈对我个人的影响最大，"德怀特回忆道。他曾回忆说，小时候喜欢偷懒，并且以为哭鼻子就可以不用干活。有一日，他又不想干活了，就大哭起来，哭声引来了一位邻居。邻居劝母亲艾达不要打孩子。母亲回答说："我没有打他，我只是要他把柴火抱进来。"当艾森豪威尔抱完柴火，母亲语重心长地对他说："孩子，不要找借口推脱本应该属于你做的事情，男子汉就要勇敢地面对困难，想办法去解决问题，而不是逃避。"从此之后，在他幼小的心灵里，热爱劳动、不惧困难就成为了衡量男子汉的标准。

岁月如梭，转眼间，德怀特·艾森豪威尔在阿比伦度过了九年的光阴。1900年，他开始在这里读小学。那时候即便是在美国，小学生的课程仍然是死记硬背、枯燥乏味。枯燥的课堂吸引不了艾森豪威尔，他真正感兴趣的是丰富多彩的课外活动。鲍勃·戴维斯是艾森豪威尔的课外活动老师，对他有很大的影响，被他称为"真正的老师"。他非常喜欢艾森豪威尔，经常带他到山里去探险，教他辨别方向、驾舟、撒网、打猎、玩扑克牌。鲍勃牌技精湛，他把多年的经验都教给了这个机灵、聪明的学生。艾森豪威尔很快就掌握了玩牌的技巧，以至于若干年后他当上美国总统后，玩牌居然成为政敌们攻击他的把柄。他们说："艾森豪威尔一生酷爱玩牌，对他来说，打扑克比处理政务还重要。"

在整个青少年时代，艾森豪威尔最感兴趣的是军事史，对此他非常痴迷，把家务和作业都抛到脑后。然而他的母亲却不想看到他在这方面花费精力和时间，她把他的军事史书藏在柜子里。但每当母亲进城买东西或到小菜园去干活时，他就把书偷拿出来。这些书籍详尽地描述了希腊和罗马的战争，他读得入了迷，立志有朝一日要踏着亚历山大或恺撒的足迹前进。除此之外，艾森豪威尔最崇拜的军事统帅是汉尼拔和拿破仑。后来他学习了美国革命史，又崇拜美国的开国之父——乔治·华盛顿，国父的勇气、胆识以及他精彩的演讲都令艾森豪威尔着迷，艾森豪威尔曾说："在我眼中，他是一位魅力非凡的人物。"随着阅读范围的扩大，他的历史知识在全班，甚至在全校都名列前茅，以至于他那一届的毕业年鉴预言，他将来会当耶鲁大学的历史学教授。

除了学习以外，艾森豪威尔还经常参加体育运动，尤其是橄榄球和棒球几乎成了他生活的中心。与学习相比，他更愿意在体育上投入精力。虽然没有到出类拔萃的程度，但他也算是个优秀的运动员。他的身体协调性很好，但是奔跑速度不快，他还有一个突出特点，那就是好胜心强。他喜欢迎接比赛中的挑战，喜欢同年纪比他大、个子比他高的人一争高下。

在运动中，艾森豪威尔初次发现了自己的领导与组织能力。还是孩子的时候，他就会千方百计地组织周六下午的橄榄球或棒球比赛。后来，他成了阿比林高中体育协会的组织者之一。他给当地学校写信交流，确定时间表，率领全队免费乘坐货运列车从阿比林赶往比赛地点，成功地解决了交通问题。他还组织野营与打猎活动。他把男孩子们召集在一起，募集到钱后，雇马车把大家送往宿营地，购买食品，烧饭煮菜。

在阿比林中学就读期间，艾森豪威尔就展现出了坚强的性格。这所学校有个传统，每年新生入学的时候，来自南部和北部的新生都要推选一名代表，参加拳击比赛。艾森豪威尔被选为南部的代表，与北部代表韦斯利·梅里菲尔德进行比赛。对艾森豪威尔而言，这是为南部争光的绝好机会。他对自己说："为了南部的荣誉，我一定要赢。"当时，艾森豪威尔个子比较矮、身体瘦弱，比赛刚开始的时候，并没有人看好他。而对手则个子很高，身体结实，还曾获得北部拳击冠军。人群围拢过来观战，两人摩拳擦掌、跃跃欲试。刚开始，艾森豪威尔一次次重拳出击，但他的拳头都被韦斯利频频挡回，并还以重拳。艾森豪威尔被打得鼻青脸肿、左右摇晃。一个小时过去了，艾森豪威尔的眼睛被击中，他在观众的惊呼声中倒下，脸上满是伤痕，眼眶肿得很高，鲜血也从鼻子里流了出来。喧闹的人群突然安静下来，每个人都以为南部这个选手输定了。然而，艾森豪威尔猛地站起来，拼命地挥拳出击，拳头雨点般地砸在韦斯利的脸上。人群中爆发出雷鸣般的掌声，大家都为这个顽强的男孩加油。最后，这场激烈的比赛以平局收场。

艾森豪威尔的坚韧让韦斯利赞叹不已。赛场上的对手自此成为人生的好友。艾森豪威尔在回忆录中写道："拳击比赛没有埋下怨恨的种子，我们成了亲密无间的朋友。后来，当我们再相见，回想起那场拳击比赛的时候，不禁相视而笑。"

少年时代转瞬即逝，艾森豪威尔即将中学毕业。随着毕业考试的临近，他对学习表现出日益浓厚的兴趣。他中学毕业的成绩并不坏，取得了相当高的分数。其中数学、历史、英语的成绩特别好，在 31 名毕业生中，这位未来总统的成绩名列第三。

1910 年夏天，艾森豪威尔结识了城里内科医生的儿子埃弗雷特·斯韦德·黑兹利特，此时他正在威斯康星州的一所军校读书，他们成了朋友，并成为终生的挚友。艾森豪威尔当时想边工作边存钱，然后报考密歇根大学。他想接受大学教育，有机会时参加学院的橄榄球和棒球比赛。密歇根大学拥有全球首屈一指的橄榄球队。但斯韦德强烈建议艾森豪威尔考西点军校，西点学校也有橄榄球队，在名气上也并不逊于密歇根大学。他列出了几点理由：一、这所学校名望很大，是美国将军的摇篮，进入西点前途不可限量；二、进入西点后，可以免费受教育，这对艾森豪威尔来说可以解除一笔沉重的经济负担。值得一提的是，正是斯韦德的这项提议改变了艾森豪威尔一生的轨迹。经过一番认真而充分的备考，他在 8 名候选人中名列第二，足以获得西点军校的入学标准。艾森豪威尔终于顺利进入这所心仪已久的著名学府。

艾达并不想让孩子参军，她强忍着眼泪，直到他登上东去的列车。1911年 6 月，德怀特·艾森豪威尔告别了家乡、告别了亲友、告别了生活了多年的阿比伦，也告别了童年的生活，向着人生理想迈进。从他跳上列车的那一刻起，艾森豪威尔就逐渐成为引人注目的人物。两年中，他长至身高近 6 英尺，体重达 170 磅，肩膀宽阔，肌肉发达，体型俊朗，举止落落大方。从此，他开始了长达数十年的军旅生涯。

# / **结缘西点** /

列车带着艾森豪威尔越过密西西比河，向着东海岸飞奔。赫赫有名的西点军校就坐落在纽约市北部 80 公里的西点镇，该校创建于美国独立战争时期的 1802 年。西点镇是美国重要的抗英据点，在华盛顿的领导下，武器落后的美军曾经在此处大破英军。尽管首届总统华盛顿早在生前就曾考虑在此创建一所军校，但是直到 1802 年 7 月，国会才批准正式建立西点军校。建校以来，西点培养了一批又一批优秀的军事人才，艾森豪威尔当时所在的班级后来被誉为将军班，班上 162 名同学中有 2 名获得五星级上将军衔，3 名获得上将军衔，59 名获得准将或准将以上军衔。据统计，美国的高级将领多半在西点军校毕业，西点成为不折不扣的美国将军的摇篮。

礼仪和传统是西点军校给艾森豪威尔留下了深刻"初印象"。1911 年 6 月 14 日，入学第一天，当他和其他 264 位新生一起站在检阅场上列队观看军校学员操练时，他目睹了军人的英姿。学员们军服笔挺地，着军乐节拍威武地行进，就像一个有机的整体。这一激动人心的场面深深印刻在艾森豪威尔的脑海中，挥之不去。当艾森豪威尔宣誓效忠祖国，成为美国陆军一分子时，他感到"美利坚合众国"这几个字有了新的含义。自那时起，他立志要为自己的祖国奉献一切。

进入西点军校的学生都必须接受最严格的军事训练，开学后的前三周里，新生们领教了什么是传说中的"野兽兵营"。顾名思义，"野兽兵营"即在训练时，教员们就像训练野兽一样对待他们。在雨中，教员们命令他们反复地卧倒、前进。不管脚下多脏，他们必须这样做。在炎炎烈日下，教练们仍旧严酷地要求他们整齐划一地列方队操练。这种训练给艾森豪威尔留下了极为深刻的印象，他在半个世纪后回忆到在西点的军事训练时，说："再也没有什么比新生训练更令人痛苦的了。"事实上，整个西点的四年对他们而言，都是苦役。麦克阿瑟也曾把西点军校比做"一座恐怖、野蛮的管教所"。

在这里，不仅训练严酷、纪律严格，而且日常生活也是相当艰苦的。住房冬天像冰窖，夏天像火炉，食物粗糙无味，平时要不断地进行操练，背诵枯燥的功课。西点的首要目标是培养军人的品质，学员的一切行动都要循规蹈矩。很多青年因过不惯这样严格的军事生活而离开了军校，到1915年毕业时，同艾森豪威尔一道入学的265名学生只有162人最终完成了学业，淘汰率高达44%。

艾森豪威尔有着健壮的体魄、吃苦耐劳的精神以及对于军旅生活的热爱，这使得他最终坚持下来，并成为一名合格的西点军校毕业生。不过，即便如此，如果仅以考核成绩而论，他仍然不算是军校中最优秀的学生。例如，第一学年结束时他在212名同级学员中只名列第57位，第二学年在177名学生中名列第83位，第三学年在170名学员中名列第64位，第四学年在164名学员中名列第 61 位，4 年共得学分 2084 分，而同级学员的最高学分是 2525 分。在所有科目中，艾森豪威尔最喜爱学也是成绩最优异的课程是工事、军械、射击和操典。

西点军校是美国培养军事指挥官的最高学府，因此，除了安排军事课程和军事训练之外，学生们还必须学习大学中应有的各种课程。在这些课程中，艾森豪威尔对数学和历史特别感兴趣，然而他的"特立独行"却给他带来了麻烦。有一天，教员命令艾森豪威尔在黑板上计算一道又长又复杂的数学题，虽然教员此前讲过这道题并给出了答案，但当时艾森豪威尔知道教员完全在生搬硬套，没有认真听。当被点名时，他根本无从下手，于是尝试了一种新解法。事实证明，新解法完全可行。然而，他倔强的意志和强烈的自尊心同西点军校特有的训练方式并不合拍。他对各类问题都持有独立的见解，并不理会军校领导的态度。为此，他数次受到学校教官的指责，有一次差点儿被开除。他甚至因无视警告，故意携舞伴在舞厅中乱转而从军士被降为二等兵。艾森豪威尔则把自己的品行"不良"归咎于除运动之外对任何事情都缺乏兴趣。

在军校，艾森豪威尔缓解压力的主要方法不是搞恶作剧，而是专注于体育运动。他把中学里擅长的橄榄球和足球活动带到了西点军校。他在球场上纵横驰骋，在一次比赛中，艾森豪威尔的表现非常棒，最终带领西点队以 19:0 的大比分优势取胜。《纽约时报》赞誉艾森豪威尔是"美国东部球队中最优秀的中卫之一"，并用两栏的篇幅刊登了他凌空射门的大幅照片。战胜科尔盖特队后，西点军校的年刊著文称"艾森豪威尔在第四节比赛中无人能挡"。

但是好景不长，在 1912 年的一场比赛中，艾森豪威尔扭伤了膝盖，被永远禁止打橄榄球球。对他而言，这是一次毁灭性的打击。他变得心灰意懒，甚至一度考虑退学。他回忆道："生活索然无味，雄心壮志丧失殆尽。"他的学业也因此受到了影响，他原本在班上212个人中名列第57位，但在二年级膝盖受伤后，他在177人的班级中退居到第81位。虽然不能亲自参加比赛，但他对橄榄球的兴趣没有减退。他成了啦啦队的队长，第一次在公众前演讲。以后每次比赛前，他都会向全体学员发表讲话，激励他们要全力以赴。

艾森豪威尔像其他橄榄球球迷一样，没有简单地将橄榄球当成一种你输我赢的体育比赛。担任教练的经历展现了他最优秀的品质：组织能力极强，经历充沛，勇于拼搏，热情乐观，对感兴趣的工作全力以赴，做事专注，灵活利用现有资源，并能知人善任。

在"二战"期间，有些同僚认为艾森豪威尔的军事指挥方法与催促球队向前进攻的做法非常相像。最高统帅艾森豪威尔在与军、师长们长进行私下谈话时都大量使用橄榄球术语，要求"实施迂回"、"直接进攻"，直到"达阵得分"。与此同时，正如他去世前写到的："我相信，与其他运动相比，橄榄球更能培养人们吃苦耐劳、团结合作、自信与勇于奉献的精神。"这也让作为将帅和总统的艾森豪威尔在战场上能与部下进行亲密无间的合作。而数百万的美国人同样相信，打橄榄球或领导球队能够培育敢敢为的成功人士。

四年时光转瞬即逝。1915年6月12日，艾森豪威尔结束了西点军校的生活，学校考试委员会决定授予他少尉军衔。回顾在西点的日子，艾森豪威尔学会了如何做一名合格的陆军军官。他掌握了大量的军事历史学方面的知识；他熟悉陆军的传统、组织、习俗和行话；他懂得怎样写作战命令、怎样行军；他也知道如何使用步枪和火炮等轻重武器以及构筑简单的防御工事。最为关键的是，这四年的时间使艾森豪威尔成为具有敏锐战略眼光的军人。同时，严格、刻板、斯巴达式的西点军校生活，锻炼了艾森豪威尔坚强的意志，造就了他"真正军人的品质"。这些都为他后半生的戎马生涯打下了坚实基础。

7

## / 爱情降临 /

带着一颗凌云壮志的心，艾森豪威尔离开了军校，然而受伤的膝盖却让他壮志难酬。1915 年 9 月 15 日，艾森豪威尔少尉从西点军校毕业后抵达服役地休斯敦萨姆堡。这里是最让陆军羡慕的地方，因为那里的生活从容悠闲，服役意味着"享清福"。能力强的军官在中午或更早前，就可以把当天的任务完成，余下的时间里可以在西部这片草原上骑马驰骋，去猎取野鸡和野鹿，可以参加愉快的社交舞会，进行正式或私人拜访，参加单身汉联欢会，玩扑克牌。这些恰好与艾森豪威尔爱好交际的性格不谋而合。

就在这年的 10 月，爱情突然地眷顾了这位年轻气盛的军官。

那天是周日，艾森豪威尔值班。他身穿笔挺的新军装，皮鞋擦得光亮，挎着一支左轮手枪，从单身宿舍出来查岗。"有一位姑娘立即引起了我的注意，"他后来回忆道，"她是一位活泼可爱的、聪明美丽的少女，个子娇小玲珑，脸上露出一种愉快神情。"她穿着一套浆过的洁白的亚麻布套裙，戴一顶黑色的宽边帽。她刚来到得克萨斯度假，正在重访萨姆堡的许多旧友。她的名字叫玛丽·吉尼瓦·杜德，不过大家都叫她玛米。艾森豪威尔邀请她一道去查哨，看着这个臂膀宽阔、容光焕发的"彪形大汉"，她爽快地答应了。

这位18岁的玛米姑娘给艾森豪威尔留下了深刻的印象。艾森豪威尔对她一见钟情，迅速做出决定：这个姑娘应成为他的妻子。尽管他深知有许多人为这个美丽而富有的玛米姑娘所倾倒，但艾森豪威尔对她还是展开了热烈的追求攻势。起初，当玛米散步回来时，听说每隔15分钟就有一位先生来电话邀约时，姑娘总是有礼貌地回绝。但像这样持续很长时间后，玛米姑娘终于被征服了。艾森豪威尔喜欢杜德家所有的人，而玛米的父亲由于膝下无子不久便将艾森豪威尔当作亲生儿子看待了。

1916年的情人节，玛米接受了艾森豪威尔的求婚。当艾森豪威尔正式向杜德先生提出要娶他的女儿时，他表示同意，唯一的条件是要等到11月份玛米满20岁才可以结婚。杜德是一位有钱的巨商，他告诫艾森豪威尔，玛米过惯了无忧无虑的生活，可能难以适应去当一个军人的妻子，毕竟她已经习惯于有佣人服务、花钱随便的生活。杜德先生对女儿也作了一次同样的谈话，向她指出，她将接受这样一种生活：一直要四处为家，经常要和丈夫分离，还要时常为他担心。她斩钉截铁地回答，她深知结婚意味着什么，她做好了准备，并期待着过这样的生活。

1916年春，随着第一次世界大战的形势愈演愈烈，军队随时都要进入战时状态，美国极有可能卷入世界大战。经过父母同意后，艾森豪威尔和玛米决定于1916年7月1日提前举行婚礼。锦上添花的是，就在结婚这一天，艾森豪威尔得到了一份极为特别的结婚贺礼——他被授予中尉军衔。

婚后的生活非常甜蜜，艾森豪威尔和玛米深爱着对方。两人共同的爱好非常多，例如他们都非常喜欢结交朋友，经常在家里举行各种社交活动。玛米会做简单的饭食款待客人，大家一起同唱流行歌曲，朋友们都玩得非常开心。他们把艾森豪威尔夫妻俩温馨甜蜜的家比作"艾森豪威尔俱乐部"。

结婚时，世界局势正处于一个非常时期。孤立主义者和反对美国参加世界大战的人们的影响是巨大的，但是参战意味着美国垄断资本家能获得巨大利润，问题的答案呼之欲出。遥远的欧洲战场上的战局发展情况迫使军人做出决定。艾森豪威尔决定参加空军—— 一支刚刚建立起来的崭新武装力量。他预见到了空军具有远大的前途，他是为数不多的"实用主义"军人之一。然而对于这个冒险的决定，无论是玛米，还是她的父母都不同意。经过一昼夜的考虑，他投降了，为了家庭的幸福，他放弃了当空军的愿望。这是玛米第一次，看来也是最后一次，干预了军人性格的艾森豪威尔所做出的决定。

第二章

## 与战争失之交臂

# / 勇上战场而不得 /

1917 年 4 月，美国参加第一次世界大战，艾森豪威尔在圣安东尼奥负责训练第 57 步兵团，他发挥自己担任球队教练时的才能，出色地完成了工作。上级给予了好评，他被晋升为上尉。但此时的艾森豪威尔却急不可耐地想奔赴法国的战场，然而他所训练的部队并不参战，于是艾森豪威尔内心的遗憾就像是带着球队训练了一周却没能参加比赛一样。与其他的美国士兵相比，他对战争更好奇。他受过作战训练，而且曾付出过相当大的代价，艾森豪威尔觉得自己应该战斗在第一线，而不是在场外观战，渴望在战场上建功立业的他内心极为焦灼。

9 月中旬，命令终于来了，这让他感到非常失望，因为陆军部派他前往乔治亚州的奥格尔索普堡去做培训候补军官。在乔治亚州，他指挥部队修建了一个又一个战地模拟训练场。训练场里战壕交错，掩体密布，艾森豪威尔同其他受训的学员们住在那里，在荒地上练习冲锋。奥格尔索普堡的生活单调而艰苦，没有了玛米的陪伴，他觉得生活有些乏味。1917 年 9 月 24 日，艾森豪威尔的生活突然照进了阳光，因为他们的第一个孩子出生了。艾森豪威尔高兴极了，玛米给儿子取名叫杜德·德怀特，小名叫"艾基"，因为他的小名为"艾克"。

1918 年 2 月，艾森豪威尔奉命前往马里兰州的米德军营，加入将于春季奔赴战场的第 65 工兵大队，而这支队伍也就是 301 坦克营的前身。艾森豪威尔只能从新闻报道上了解战况，他认真研究了 1917 年 11 月的康布雷之战，英军首次使用坦克完成了突破，虽然坦克数量不足，英军没能进一步扩大战果，但是坦克却显示出了巨大威力。3 月中旬，艾森豪威尔接到命令，称 301 营即将乘船离开纽约前往法国，他将担任营长。他兴高采烈地前往纽约，在港口进行检查，以确保 301 营的启程工作准备到位。面对大海另一边的法国，他内心热血澎湃，他写道："部队能否顺利登船至关重要，容不得半点疏忽。"

然而当他回到米德军营后，满腔欢喜却变成了失望之情。陆军部已经改变了命令，艾森豪威尔与战场擦肩而过。由于上级对他的"组织才能"大加赞赏，于是有关部门决定将他派往宾夕法尼亚州盖兹堡科尔特军营。这所废弃的军营曾是伟大的美国内战的遗址。陆军队决定对装甲部队进行调整，将它从第 56 工兵大队中分拆出来，组建一支独立的坦克部队。而坦克手就在科尔特营地接受训练，艾森豪威尔负责指挥。

艾森豪威尔情绪低落，他完成了第 301 营登船的准备工作，然后沮丧地看着部队驶向远方。实际上，上级认为，恰恰是艾森豪威尔才适合担任指挥科尔特将军营的最佳人选。艾森豪威尔将一片开阔的麦田改建成了一座第一流的陆军兵营，他为部队要来了帐篷、食物与燃料，并且指挥操练，整顿风纪，成立电报学校和汽车学校。到 7 月中旬，他的麾下已经有 1 万名士兵和

600 名军官，缺的只是坦克。

艾森豪威尔前往华盛顿，费了九牛二虎之力说服陆军部拨给他一些旧炮。他就用这些旧炮操练手下，他还搞到了一批机枪，不久士兵们蒙上眼睛都能拆装这些武器。他将机枪安装在平板卡车上，教士兵们在活动平台上射击。艾森豪威尔治军纪律严明，也重感情，为士兵着想，赢得了手下将士的钦佩和忠诚。

1918 年 10 月 14 日，艾森豪威尔在他 28 岁生日那天荣升中校。表彰令是这样描述他的，他是"苦心孤诣、预见才能以及组织、教学和训练方面的行政管理能力"的军官。然而更让他高兴的是另一个消息，上级要求他在 11 月 18 日乘船前往法国，指挥那里的一支装甲部队。但是在 11 月 11 日那天，德国签署了停战协定。消息传来，艾森豪威尔叹息道："我看，我要用有生之年来解释为什么自己没有参战。从现在开始，我会加倍努力，希望能够弥补这一次损失。"无论如何，参加战斗的希望再次破灭，他只能面对部队解散的现实。在艾森豪威尔的指挥下，数千名战士退伍，科尔特军营被拆毁。

艾森豪威尔灰心丧气，情绪低落。以前没有听过呼啸的枪声，今后也大概不会再有机会了，他甚至对自己选择的军人职业备感怀疑。与此同时，他的家庭遭到不幸，三岁的儿子戴维患病夭折，夫人玛米因此患严重神经性障碍症卧床不起。艾森豪威尔此时走入了人生的一个低谷。

## / 伯乐赏识 /

1919 年，艾森豪威尔与巴顿在马里兰州的米德军营初次相遇。艾森豪威尔与巴顿虽然个性迥异，出身不同，但两人立即成了莫逆之交。

巴顿来自富裕的贵族家族，他热爱马球运动，在举止、谈吐方面异于常人。艾森豪威尔喜欢结交朋友，想得到众人的喜爱和拥护；巴顿独来独往，不在乎别人对自己的看法。艾森豪威尔总是设法证明自己的意见，而巴顿则刚愎自用。然而他们都出身于西点军校，当过运动员，对体育感兴趣，最重要的是，两人都对坦克怀有满腔热情，认为这种武器将主宰着未来的战争。

在巴顿的介绍下，艾森豪威尔结识了福克斯·康纳将军，艾森豪威尔的命运于是开始转折。康纳将军被誉在美国陆军中颇负盛名，他聪明果敢，智慧超常，对此艾森豪威尔早有耳闻。康纳来自密西西比河州，家境富裕，1898年从西点军校毕业，曾在法国担任潘兴的作战军官，被人称为美国远征军的智囊。1921年，康纳将军在巴拿马运河区指挥第20步兵旅，他请艾森豪威尔担任自己的主任参谋，参谋长潘兴将军批准了这一请求。

巴顿将军

　　康纳发现艾森豪威尔是一位可塑之才，开始对他悉心培养。他坚持要艾森豪威尔阅读军事文献和训练手册，迫使他提出探索性的问题来思考所阅读的内容。艾森豪威尔读完了美国内战时期一部分将军的回忆录，与康纳探讨格兰特、谢尔曼及其他将军所做的决定。康纳会问："倘若这些人的决策当时发生变化，局势将有什么不同?"勤奋好学的艾森豪威尔把《战争论》通读了三遍。这本书普通人读上一遍都是苦差事，再加上康纳不断在旁追问书中蕴含的意义，读起来更需要认真。

他们也在探索未来。在康纳看来，由于《凡尔赛和约》的缺陷，不出20年，战争将会再度爆发，这将是又一次世界大战，美国也会参加。他建议艾森豪威尔向乔治·马歇尔上校谋职，此人曾与康纳一起在潘兴帐下共事。康纳认为马歇尔将军"在指挥方面的知识无人能及，他是真正的天才"。他告诉艾森豪威尔，在下一场战争中，各国领导人在战役指挥中必须克服以自己国家为重的想法。因为他曾目睹联军在"一战"中由于指挥权分散而付出的代价。因此，他要求艾森豪威尔加强各方面的训练，做好迎接战争的准备。艾森豪威尔对康纳将军也是崇拜有加，后来他回忆在康纳手下工作的3年，称："如同进了一所军事问题研究院……在一生中与许多伟大而又善良的人相处中，他是使我受益匪浅的、我最感激的一位人物。"

与此同时，第二个儿子的出生给艾森豪威尔在巴拿马的生活增添了快乐。1922年8月3日，约翰·艾森豪威尔出生时，在场的艾森豪威尔高兴极了，第一个儿子夭折的阴霾终于一扫而去。艾森豪威尔夫妇对约翰关怀备至。约翰后来说："玛米非常疼爱我，她的关心几乎到了令人窒息的地步。"玛米也说："我也是过了许多年才克服了这种'溺爱'，直到约翰也有了自己的孩子，我才不再为他担心。"而艾森豪威尔虽然家教甚严，但面对约翰时，他非常注意自己的坏脾气，从没有动手打过孩子。约翰不听话时，他也只是严加管教而已。

1925年8月，艾森豪威尔在康纳将军的引荐下，被派往利文沃斯参谋指挥学院深造。这所学校是总参谋部的直属院校，培养和挖掘具有军事指挥潜能的优秀指挥官。学院尽其所能创造实战条件，使军事指挥官们在特殊的、恶劣的环境下快速作出反应，以培养战时所需要的基本参谋人员。这次深造使艾森豪威尔的指挥才能得到大幅提升，特别是他在草拟野战命令方面的技能非常优异。艾森豪威尔不负康纳将军的提拔、鼓励和厚爱，学习成绩位列275名学员中的榜首。1926年，他顺利毕业，上级评价他为"有才能和前途的军官"，这让他很高兴。艾森豪威尔感到生活有了目标，但是精神上并未满足。在部队服役11年，他仍然只是个小小的少校。

参谋指挥学院结业后，艾森豪威尔又经康纳推荐，赴法国长期工作。他要在那里编写一本关于第一次世界大战期间美军参加过的战斗的手册。为编撰此书，他阅读了大量的军事材料，深刻地了解到一些重大战役的具体细节，还不止一次地到过这次世界大战进行过重大战役的地方，这为艾森豪威尔日后在欧洲指挥作战奠定了良好的基础。20年后，当1944年至1945年艾森豪威尔指挥盟军在法国登陆时，他对第一次世界大战时在这些地方进行战役的许多细节都能记起来，这让他的同僚大为惊讶。同时，熟悉地形也有助于他在复杂的战局中做出正确的决定。

《战地手册》的编辑工作是由潘兴将军主持的，书籍的出版也颇受潘兴的赏识。作为回报，艾森豪威尔又被送往麦克奈尔堡陆军大学接受深造，这是当时美军军官进修的最高学府。直到1928年6月，艾森豪威尔才从陆军大学毕业，此时的他已经38岁，完成了一系列正规的军事教育，政府在对他的培养方面投了一大笔钱，而他也把大部分精力投入到战争的准备工作中，以此作为对国家的回报。

1929年，美国正处于十分艰难的世界经济危机岁月。此后世界风云骤变，太平洋的复杂局势加剧了世界经济危机。在欧洲，德国法西斯上台执政。国际舞台上政治力量形成了越来越清楚的对比。事态发展促使已经建立的集团和联盟发生了新的变动。如果发生世界性冲突，且美国参战的话，那么美国必须解决本国的军事经济资源这一复杂问题。陆军部这些年在研究美国军事潜力方面，其中包括一旦战争开始，经济方面的情况如何，做了大量工作。

从陆军大学毕业后，1929 年底，艾森豪威尔被派到陆军部助理部长办公室工作。

1930 年秋，道格拉斯·麦克阿瑟担任陆军部参谋长。麦克阿瑟是美国陆军部有史以来最年轻的参谋长，他的到来，如同一阵春风为陆军部甚至美国军界注入了活力。麦克阿瑟依据复杂的国际局势强调，国际形势的发展"重新证明了条约是不可靠的，不利于保护和平"。同年，美国国会成立了战争政策委员会，研究"一旦发生战争时应遵循的政策"和"如何平均负担费用以及把战争费用减至最低限度"，研究并考虑修改宪法。陆军部的动员计划显然是委员会关心的中心问题。麦克阿瑟得到通知，将由他负责提出迄今为止"秘密的"工业动员计划的工作。麦克阿瑟通知艾森豪威尔和莫斯利着手进行这一工作。到 1930 年底，他们提出了一个计划，内容包括对外贸易、征用工厂，以及成立专门的政府高级机构以对工业、人力、征兵和公共关系实行集中领导这个最重要的问题。

此后，好运再次降临到艾森豪威尔身上。艾森豪威尔参加这一工作可直接与麦克阿瑟接触。艾森豪威尔与工业家们和谐地合作，对详细情况的掌握、行文风格以及传达给上司的态度和意见的能力，给这位参谋长留下了深刻的印象。他在麦克阿瑟部下工作长达 7 年之久，并得到他的重视。艾森豪威尔很尊重麦克阿瑟，他在回忆录中将其描绘为"果断、很有风度、知识渊博，有着非凡记忆力"的将军。而麦克阿瑟很欣赏艾森豪威尔的管理和写作才能。1933 年，麦克阿瑟干脆让艾森豪威尔担任他的私人助理。此后，艾森豪威尔专门为麦克阿瑟起草向国会的报告和公开讲演稿。这些报告的调子低沉，甚至在 1933 年 3 月"新政"开始后，军队仍是根据难以忍受的大为削减的预算进行工作。

1933 年的军事预算为 3.04 亿美元，1934 年为 2.77 亿美元，1935 年为 2.84 亿美元。年度报告悲叹，在一个重新迅速武装起来的世界里，德、意、日法西斯在疯狂扩军备战、肆意侵略别国，而美国军队几乎完全缺乏准备。艾森豪威尔在报告中列举了军队的缺陷。第一次世界大战剩下的、用来打小型局部战争的装备不仅陈旧，而且在不断地损坏；陆军由于没有钱，无法订购新研制的加兰德半自动步枪，所以仍使用 1903 年型的斯普林菲尔德步枪；1934 年，军队只有 12 辆一次大战后的坦克在服役。麦克阿瑟要求政府拨款购买更多的坦克和更新装备。但是，在经济危机的困扰下，罗斯福政府仍决定军队是实行节约的最重要的部门。

艾森豪威尔还是尽其所能完成参谋助理的工作，他以自己的工作业绩、处事风格和对上司的态度博得了麦克阿瑟的欣赏。麦克阿瑟曾在一份报告的批语中，称赞他的这位助理"完成的工作很出色，报告远比我本人写得精彩"。在艾森豪威尔的考绩报告中，麦克阿瑟高度评价说："在军队中，在该军官的同辈之中，没有一个人能够胜过艾森豪威尔。他在精力、判断能力及接受任务等方面尤为突出；在下一场战争中，他应立即登上领导岗位。"

麦克阿瑟是艾森豪威尔一生中遇到的最重要的两个领导人之一，另一个是乔治·马歇尔。能结识这两位总参谋长，并在他们手下工作，是艾森豪威尔的幸运。

1935 年，麦克阿瑟的参谋长任期届满，艾森豪威尔期待着可以派遣他到野战部队中服役，这是他一直以来的梦想，但希望再次落空。此时，国会通过了菲律宾的"联邦"地位。在完全独立之前，菲律宾的国家领导人曼纽尔·奎松和国民党领导的菲律宾新联邦政府需要一支军队，奎松要请麦克阿瑟到马尼拉当他的军事顾问，负责建立军队。麦克阿瑟欣然应允，并坚持要求艾森豪威尔继续当他的助理。对于艾森豪威尔来说，从头开始建立一支军队，是一件很有意义的工作，他很感兴趣。这一年的9月末，艾森豪威尔同麦克阿瑟登上西行的火车去旧金山，并从那里搭船赴马尼拉。

在菲律宾，艾森豪威尔参加了组建空军、建立军事学校、组织城市居民进行军事训练、制定岛国的国防计划等重要工作。鉴于太平洋战争日益迫近，他们所进行的工作无疑是有重大意义的。

闲暇之余，艾森豪威尔偶尔打打桥牌、玩高尔夫球。菲律宾总统奎松是个牌迷，每个周末，他都会邀请艾森豪威尔一起打牌。艾森豪威尔能博得总统的好感，不仅仅是因为他的牌技，更缘于他的坦诚、对军事的独特见解。奎松总统曾多次赞扬他："在他的全部优秀品质中，我最称颂的是他的坦率、诚心诚意。不论何时向他征求意见，总会得到答复，答案可能会让我不满意，但是得到他的回答是件令我愉快的事情。"

在菲律宾，艾森豪威尔还重温了当空军的旧梦。每天早晨上班之前，他都参加飞行课程的学习。经过刻苦训练，他掌握了复杂的飞行技术，在48岁时取得了飞机驾驶证。教练休·帕克说："他的技术比一般人都好，但他的远视眼使飞机着陆成为问题，因为他不能准确地判断跑道与飞机之间的距离。为此，我总用钓钩做参照点来帮他练习。他的记忆力非常好，无论教他什么，他都能轻松掌握。"

艾森豪威尔兢兢业业的工作态度，使他获得了菲律宾"优秀星章"和中校军衔。1939 年 9 月，希特勒入侵波兰，英法对德宣战。德国人征服波兰后，德军与西方盟军隔着马其诺防线僵持着。艾森豪威尔对这种"静坐战争"感到疑惑："没有一方愿意进攻堡垒坚固的防线。如果阵地战配备着现代化武器，战斗防御优势超过进攻，那么我们就倒退到了中世纪!"他坚信，美国不可避免地将要卷入这场战争。他认为，现在他的位置是在祖国，是在他的美利坚合众国。艾森豪威尔在谢绝了菲律宾总统提出的待遇上非常有诱惑力的建议后，不顾麦克阿瑟的挽留，坚决要求回国。他断言："美国不久会意识到，已不能保持中立。"

　　1939 年底回国后，艾森豪威尔接任美国西部军区司令部中的后勤计划官。从 1940 年到 1941 年，随着美国陆军的不断扩编，艾森豪威尔终于如愿参军当上了团长，但为期只有 8 个月。不久，艾森豪威尔做了瓦·克鲁格将军指挥的第 3 军的参谋长，军部设在圣安东尼奥，就是 20 年前他任陆军少尉的地方。

## 相关链接：

### 斯普林菲尔德步枪

　　1898 年美西战争期间，西班牙士兵使用的是毛瑟步枪。这次战斗的结果导致美国开始研制毛瑟式的 M1903 步枪。该枪由生产厂商斯普林菲尔德 (Springfield)兵工厂研制而得名。斯普林菲尔德步枪（Springfield rifle），也有译成春田兵工厂，而称为春田步枪。

　　斯普林菲尔德步枪是毛瑟步枪的变型枪，外观上，整枪长度比 98 式毛瑟步枪短，枪管长度缩短为 610 毫米，拉机柄向下弯曲。由容量 5 发子弹的弹仓供弹，用 5 发分离式弹夹装弹，也可直接往弹仓里添装子弹。M1903 式步枪最初发射 0.30-03 弹药，1903 年被美国军队采用，直到 1936 年。它一直是美军标准配置步枪，"二战"期间仍有许多在使用。M1903 式步枪加工工艺堪称精良，在各种恶劣环境下，精度和动作可靠性均能保持良好。早期的 M1903 式步枪还配有杆式刺刀，但在中等力度的撞击下容易损坏，后改用了匕首式刺刀。在"二战"时期的美国军队中成为狙击手的主要武器，因射速的劣势在步兵中被 M1 加兰德步枪所取代。

### M1 加兰德步枪

口径为 7.62 毫米的 M1 步枪是美国最早使用的军用自动步枪，约翰·C. 加兰德花费了大量时间才把这种步枪研制成功。其结构牢固、结实耐用，一经投入生产，马上就获得了巨大利润。这种步枪几乎不需要任何改动，最后生产的 M1 加兰德步枪和最早生产的 M1 加兰德步枪相差无几。M1 加兰德步枪制造程序复杂、造价昂贵，是因为它的大多数零部件需要大量加工。M1 步枪和它的前任——使用枪栓装置的 M1903 斯普林菲尔德步枪相比重了一些。

M1 加兰德步枪是气动操作的武器，气体从枪口附近流出，向后驱动活塞，活塞通过开锁循环系统来驱动操作系统，最后带动枪栓。当枪栓机械装置向后部运动时，空弹壳被挤出，再被弹出枪外；直到主弹簧再次被阻止，然后向前驱动，新的一发子弹被送入弹膛；当子弹进入弹膛前部之前，弹膛被再次锁定。这样，当射手再次射击时，只需扣动扳机即可发射。

美国于 1941 年 12 月初参加第二次世界大战时，美国正规部队 M1 加兰德步枪的装备量开始猛增。第二次世界大战末期，美国大约生产了 550 万支 M1 加兰德步枪。

# / 获得提携 /

　　艾森豪威尔从菲律宾回国的时候，英法对德宣战不久，日本退出国联。第二次世界大战全面爆发。为了适应战备的需要，美国军队加紧进行扩充、整编和训练。仅 1939 年至 1942 年之间，军队便由 19 万扩充到 500 多万。这支部队完全采用全新的武器装备，且进行彻底的组织、纪律和战术方面的改革。

　　在此背景下，1941 年 6 月底，艾森豪威尔被任命为美国第三集团军司令部参谋长。在此任职期间，最值得一提的是 1941 年八九月间举行的路易斯安那演习。这是美军进入战争之前举行的规模最大的军事演习。克鲁格的第 3 集团军攻打本·利尔将军的第 2 集团军。克鲁格的 24 万人正在"入侵"路易斯安那，而利尔仅以 18 万的兵力保卫着美国。陆军部总参谋长马歇尔之所以坚持进行这样大规模的战争演习，是想找出训练中的不足以及装备上的缺陷。同时，他也试图以此举发现军官中堪当大任者。

对于这次考验，艾森豪威尔非常期待。这是自 1918 年以来，美国投入"战场"人数最多的一支部队，比南北战争时规模最大的格兰特军队大两倍。艾森豪威尔为了筹划这次军事演习几乎天天不睡觉。他发现排、连领导不称职，这使他很伤脑筋。于是，他花了很多时间，从一个单位跑到另一个单位，这里作指示，那里下命令。他经常用表扬来鼓励年轻的中尉和上尉，偶尔也进行批评。每天清晨，他把负责的军官们召集在一起，进行讲评。他清楚地知道，实际作战会更艰苦。在军事演习期间，参谋长的帐篷成了"讨论大本营"，每一个人都到这里来发表见解。艾森豪威尔总是欢迎他们这样做。他虚心听取各方面意见，改进工作，构成了他的领导艺术。

这场大规模军事演习顺利开始，克鲁格的第 3 集团军按照艾森豪威尔制订的计划，包抄了利尔的第 2 集团军，迫使其撤退。艾森豪威尔杰出的领导才能和非凡军事素养在这次演习中得到了充分的施展。演习结果受到国内极大关注，媒体予以广泛报道。《纽约时报》的军事记者汉森·鲍德温在报道中说："如果是真的战争，利尔的部队就被消灭了。"在《华盛顿巡礼》的专栏中，罗伯特和德鲁·皮尔逊报道说，是艾森豪威尔构思并制定了击溃第 2 集团军的战略计划。记者们纷至沓来，聚集到艾森豪威尔所在的帐篷里采访和报道。艾森豪威尔的声誉提高了，媒体评论说艾森豪威尔"思维敏捷，精力非凡"。

在总结演习的教训时，艾森豪威尔极其关注训练、装备、通讯和下级军官的问题，他也注意到了高级指挥。他写信给总参谋部的杰罗，信中说"在这支军队中，每一位高级指挥官都面临着艰巨的工作。""带领一支大部队达到高水平的训练标准，所需的精神力量和魄力是巨大的；只有经过高度专业训练和具有毫不动摇的决心的人，才能成功。"不幸的是，这些品质难得集中在一个人身上。有些军官很有魄力，但是没有足够的能力，可是另一些军官的情况却是相反。他说高级指挥官应当具有"铁石心肠"，从而去开除不合格的人，他们当中有很多是老朋友，"但是必须如此"，这是个难题。而事实上在他成了高级指挥官后，他才认识到这有多困难。在整个战争中，他感到最痛苦的就是他不得不解除他的同学和朋友们的作战指挥职务。

1941年9月，艾森豪威尔晋升为准将。这次晋升使得艾森豪威尔举手向国旗致敬的照片在全国流传开来。美国人民以及新闻界开始发现，艾森豪威尔是全国甚至是全世界最上镜的人物之一。面对铺天盖地的宣传报道，艾森豪威尔表现得非常谦虚，他真诚地说："我不明白为什么会得到这些荣誉，这应该属于克鲁格将军。"这位谦虚的将军给人们留下了深刻的印象。

3个月后，即1941年12月7日，星期天，日本偷袭了珍珠港，几乎摧毁了美国太平洋舰队。这标志着太平洋战争的爆发，这是继1941年6月22日德国进攻苏联之后，发生的又一起震惊世界的重大事件。那一天，艾森豪威尔正在萨姆休斯敦堡休养。1941年12月8日下午4时10分，众议院以388票对1票，参议院以82票对零票，通过了罗斯福的宣战要求。从此，美国正式参加第二次世界大战。

珍珠港事变当天，美国总统罗斯福（中间）在国会对日宣战

5 天后，艾森豪威尔收到了来自华盛顿的长途电话："总长，要你搭一架飞机马上到这里来。"一来到华盛顿，马歇尔总长便举荐他去作战计划处负责远东事务，策划太平洋的行动。

12 月 14 日清晨，艾森豪威尔终于抵达了华盛顿联邦车站。他立即去陆军部向总参谋长马歇尔报到，接待他的是总参谋长的秘书史密斯。参战心切的艾森豪威尔一见史密斯就说，他要上前线。史密斯直言不讳地告诉他说，你将担任的职务是战争计划处副处长。也许战争期间你将会一直坐在办公室里。艾森豪威尔不甘心，执意要见参谋长。

史密斯无奈，只好把艾森豪威尔带进马歇尔的办公室。马歇尔并没有马上开口。他想听听这位一直渴望上前线的参谋会对自己说什么，但是艾森豪威尔也没有开口说话。马歇尔打破了僵局，他认为艾森豪威尔既没有指挥经验，更没有参加过实践，不适合到前线去。

当前形势十分严峻，太平洋舰队和大部分设施已被摧毁，夏威夷的驻防部队兵力十分薄弱，而且菲律宾也受到了威胁。马歇尔要求艾森豪威尔就当前美军的形势总的行动方针提出一个设想，并答应给他几个小时考虑。

艾森豪威尔来到陆军部作战计划处的办公室，开始思索参谋长的问题。他知道马歇尔要的是结果，而且他的答案将影响他的未来。艾森豪威尔认为必须迅速及时、简短有力地回答马歇尔的问题，而且答案的逻辑性必须是无可挑剔的。为了让马歇尔满意，他必须掌握更多的第一手资料。在作战处处长老朋友罗杰将军的帮助下，他很快就掌握了情况。在菲律宾的经历使他非常了解东亚的局势，他认为日本肯定会进攻菲律宾，那样，菲律宾就没救了；美军比较明智的做法应该是将军队撤到澳大利亚，在那里建立一个反攻基地，再设法增援菲律宾。他特别强调速度是最重要的，应该立即将飞行员、飞机、弹药以及其他军事装备从西海岸和夏威夷运到澳大利亚；必须不惜一切代价，以确保通过澳大利亚、新西兰、斐济群岛和夏威夷的这条空中航线畅行无阻。

当艾森豪威尔再次来到马歇尔办公室时，已经是黄昏了。他充满信心地将计划书交给马歇尔。看完计划书，马歇尔认为，艾森豪威尔提出在澳大利亚建立反攻基地是准备放弃菲律宾。

艾森豪威尔指出，在短时间内，我们不可能增援菲律宾击退日本。虽然对菲律宾的大规模支援还需要一段较长的时间，但是本人并不主张放弃菲律宾。必须尽一切可能去支麦克阿瑟，菲律宾、荷属东印度群岛的人民将会看着美军。他们可以原谅美军的失败，但不会宽恕自己被遗弃，他们的信任和友谊很重要。

听了艾森豪威尔的解释后，马歇尔请他谈谈主张在澳大利亚建立反攻基地的理由。

艾森豪威尔做了三点阐释：

第一，澳大利亚的地理位置非常合适。无论是海上还是空中，美国与澳大利亚之间的交通都比较方便。美国把菲律宾的人员和装备撤到这里并不困难，而且也可以从美国本土运输物资。第二，我们有一批因珍珠港事件而被迫驶往澳大利亚的军舰，可以把它们作为建立反攻基地的基础。第三，日本对澳大利亚发动进攻可能还需要一段时间，它现在进攻的重点是东南亚。

马歇尔听着艾森豪威尔的计划，满意地笑了。

于是，艾森豪威尔就肩负起作战处有关远东作战地区和菲律宾的筹划工作。在最初的两个月内，艾森豪威尔的首要任务是增援菲律宾。由于美国缺乏战争准备，没有多少物资可以援助他国，而且美军无法突破日军的疯狂进攻和严密封锁线，所以对菲律宾的救援工作非常困难。艾森豪威尔首先从旧金山向布里斯班进行两次运输，命令两架泛美大型客机载着军人飞往澳大利亚，命令15架重型轰炸机从夏威夷转场到布里斯班。为了使一批急用的军事物资运往前线，他不惜用1000万美元的现金在澳大利亚雇用私人船主，来突破封锁线，从澳大利亚驶往菲律宾。但这只是杯水车薪。

在日军强大的攻势下，美国驻菲律宾的部队节节败退。1942年1月2日，日军进入马尼拉。1月20日晚，日军攻破了阿布凯防线，麦克阿瑟前沿防线开始崩溃，情况非常危急。面对美军在菲律宾的惨败，艾森豪威尔非常痛苦，因为在这支美国驻军中，有很多他的亲密战友。最难以忍受的是麦克阿瑟的指责，他说陆军部是在有意牺牲菲律宾。而这是事实，艾森豪威尔却无能为力。

日军攻占马尼拉后，东条英机前往视察

　　艾森豪威尔在作战处虽然没有什么卓越成就，但他工作繁忙，经常工作到深夜，每天只能睡四五个小时，而且也没有休息日。让他最心烦的是，每天都从前线收到令人沮丧的失败消息。他渴望离开办公室，上战场和部队一起去战斗，而不是坐在办公室里消磨时间。他在日记中这样写道：

　　华盛顿的军官们高谈阔论，没有几个实干家。他们轻率地下结论、订计划，而且虚张声势，但是计划常常不能实现，倒霉的总是做实际工作的人。每当想到又一次失掉作战机会，我就气得发疯。冷漠的马歇尔对我实在是太不公平了！

尽管因为不能上战场而烦恼，但艾森豪威尔还是很认真地完成上级安排给他的每一项任务。

人的忍耐力是有限度的，终于有一天，渴望上前线的艾森豪威尔发泄出了他心中的愤懑。这天下午，马歇尔和艾森豪威尔在办公室讨论军官晋升的事情。马歇尔想先提升在战场上战斗的军官，他知道有的将军推荐艾森豪威尔当师长，有的将军推荐他当军长。但是现在艾森豪威尔必须留在这里，做现在的工作。这对艾森豪威尔而言似乎是一种考验，但是只能这样。马歇尔的这个决定使艾森豪威尔异常愤怒。他认为，马歇尔是认为自己在乎晋升。事实上，自己想上战场，却连来自战场的枪炮声都没有听过，这种感受是马歇尔无法理解的。既然马歇尔让自己从战场来到参谋部办公室，自己就要尽力做好本职工作，需要留多久，就待多久。

回到办公室后，艾森豪威尔气愤极了。他在日记上写道：

不近人情的马歇尔让人恼火，他总是在捉弄我，把我拴在华盛顿，不让我上战场……真是太不公平了，我的运气真差。

第二天早晨，艾森豪威尔看了看自己写的日记，摇摇头，他把昨天写的那一页撕得粉碎。他又重新写道：

遇事要沉着冷静，绝不能随便生气，那只会使问题更糟糕。我得去向马歇尔承认自己的失礼。

1942 年 3 月 9 日，马歇尔推荐艾森豪威尔晋升为少将。马歇尔在给总统的推荐信中这样写道："实际上，艾森豪威尔不仅仅是一位参谋军官，他是我的作战军官，是我下属的指挥官。"对于马歇尔这样的推荐信，艾森豪威尔既惊讶又兴奋。因为马歇尔的话意味着他若重返部队的话，就可以指挥一个师了。

　　艾森豪威尔获得晋升的第二天，他的父亲戴维去世了。在这个悲伤的日子里，艾森豪威尔在日记中写下了这样几句话：

　　父亲今天早晨去世了。尽管弟弟罗伊提前发电报告知我父亲病危的事情，可我还是无法见父亲最后一面。除了发一封电报外，我什么都不能做。

　　平常他都工作到深夜，但这天他在晚上 7 点 30 分就停止了工作，因为他难过极了，没有心情再工作了。

　　本来艾森豪威尔可以让副手暂时帮他打理一切事务，自己请假回去参加父亲的葬礼。但是作为一名军人，在亲情和职责之间，艾森豪威尔毫不犹豫地选择了后者。他没有回去奔丧，他解释说："实在是不得已啊。我很难过，我也想回去陪在母亲身边。可是我们正在打仗，战争并不是温情脉脉的，我没有时间沉浸在最圣洁的感情之中。我爱我的父亲……只有祈求他的原谅。"

　　3 月 12 日，戴维的葬礼在阿比林举行。艾森豪威尔万分难过，在办公室，他把自己关了半个多小时，回忆和父亲相处的日子，寄托对父亲的哀思，并为父亲不灭的灵魂祈祷。在日记中，他称赞父亲是个"诚实、朴素、勤劳"的人，"我为父亲感到骄傲"。这次，他真的失去了父亲。艾森豪威尔用工作抚平自己的悲伤，他一直以自责的名义压抑着深深的悲伤。

第三章

**盟军统帅**

# / 总统的任命 /

就在艾森豪威尔痛失亲人的时候，局势仍然在恶化。日军占领了菲律宾，又侵占了荷属东印度。爪哇投降的第二天，日本夺取了仰光，切断了滇缅路的入海通道。不到半年，日本侵占的领土已达 380 万平方公里，超过日本本土面积的十倍多，人口达 15000 多万。而这些地方的安全，原来多半是靠大英帝国的力量来维持的。目前，这个传统的力量在苏伊士以东显得异常脆弱。美国当时的困境，是罗斯福做梦都想不到的。

海上运输的情况也很糟糕。由于大西洋战争的发展，向苏联输送军需品，以及向英国运送军火和支援非洲与中东显得十分困难。1 月中旬，德国向美国发动攻势。德国在这一方面所使用的武器是潜水艇，它现在已成为令人恐怖的有效武器了；而防御办法实在差劲。德国潜水艇竟然钻到可以望见纽约百老汇光芒的地方，在距离东海岸几百码的范围内，击沉了许多船只，使美国蒙受了重大损失。

艾森豪威尔对海军不够重视大西洋战争生气，他曾多次向罗斯福总统和国防委员会建议，加强陆海空兵种的协作，采取积极、灵活的进攻战略，改变目前到处被动挨打的局面。但是，恐日症、害怕战争、机构不灵等现状不断引发混乱。有一次，当一艘德国潜水艇在圣巴巴拉附近海面出现，向一个牧场发射了几发炮弹之后，南加利福尼亚州又发生了另一次骚动，洛杉矶附近忽然又响起了空袭警报，驱逐截击机行动起来，高射炮隆隆炸响，但结果却是一场虚惊。可是，好像陆、海军在一次麻烦之后还嫌不够，出事的第二天晚上，华盛顿竟然响起两次空袭警报。这样一来，罗斯福总统才不得不直截了当地质问陆军部，到底是谁负责放空袭警报，又是谁负责向报界解释这几起事件，并让他们采取有效措施，坚决杜绝这类荒唐行为。

面对法西斯的疯狂进攻，马歇尔领导的参谋长联席会议上，军官们共同研究全球战略问题。海军将领们提出：要尽快结束欧洲的战争，通过巴拿马运河把舰队从大西洋转移到太平洋，准备对日作战。听了海军的提议，艾森豪威尔小声说："真是蠢到家了。"尽管艾森豪威尔的声音很小，但是主持会议的马歇尔还是听到了。他要求艾森豪威尔到前面来发表见解。艾森豪威尔指着地图谈了自己的看法。他认为，目前只有苏联可以在欧洲大陆和希特勒抗衡。因为疲于应付苏联，德国将会无力入侵美国。只有这样，美国才能赢得足够的时间来装备自己。英国、苏联变为最大的军事作战基地后，美国就能投入大量的军事力量，横渡英吉利海峡，解放法国，向德国进军。这是通往柏林、彻底打垮德军的最佳途径。

艾森豪威尔进一步强调，要彻底打垮德国就只有在德国本土攻打他们。否则，过几年他们又会东山再起，向欧洲进军。马歇尔提出质疑，越过英吉利海峡，从正面进攻德国，这无异于自杀。艾森豪威尔礼貌地反驳了马歇尔的观点，他指出，自己的意思并不是主张马上就进攻。现在，应该赶紧制造飞机，在进攻之前夺取制空权。

听了艾森豪威尔的话，在场的高级军官一个个都露出幸灾乐祸的表情。他们认为，艾森豪威尔依靠并不存在的空军优势打垮德国是不可能的，这无异于痴人说梦。令这群高级军官目瞪口呆的是马歇尔的话，他说："艾森豪威尔，你最快什么时候可以准备好去伦敦？"

看着众人不解的表情，马歇尔解释说："为了和英国达成共识，制订切实可行的计划，需要派一位有经验的军官前往英国进行实地考察。艾森豪威尔，你准备好了吗？什么时候可以出发？"艾森豪威尔眼神透着坚毅，愉快地回答："将军，我时刻准备着，因为我是一名军人。"

1942年年初，丘吉尔及其随行人员、罗斯福及其他美国军政要员，联合举行了阿卡迪亚会议。会议决定建立一个将总部设在华盛顿的联合指挥体系，即联合参谋长委员会，统一指挥战争，其总部设在华盛顿。会议确定希特勒为主要敌人，欧洲为当前主要的攻击对象。此外，为了联合作战，统一对敌，加强世界反法西斯统一战线，会上还通过了《联合国家宣言》。阿卡迪亚会议持续了两周，大多数美国军官对英国军官存在很大的偏见，并明显地流露出对他们的不屑。可是，艾森豪威尔和英国总参谋部的将军们却建立了和谐、友好的关系。在整个会议过程中，他镇静、理智地对世界战局的介绍和分析，给罗斯福和丘吉尔留下了深刻的印象。此次会议对加强世界反法西斯统一战线有着重要作用。

会后，马歇尔让艾森豪威尔起草一份具体的作战计划。艾森豪威尔的总的看法简单明了："我们必须让苏联坚持打下去，并且守住印度，然后我们准备好通过英国打垮德国。"他认为动作要快，因为德国人肯定在 1942 年春将对苏联发动另一次攻势，英美应在西欧尽快开辟新战场。而对于这个新战场，艾森豪威尔建议"向西欧进攻"。

他指出当前盟国最主要的问题是缺少船只，进攻西欧的海上路线是最短的。因此，无论如何，必须维持驶往英国的海上通道，不要分散护航的军舰。他强调，美军在英国建立基地这件事本身将对法国沿海构成威胁，从而迫使德国保持并增加他们的防务。英国已经有着空军大部队可以起飞作战以取得空中优势的一些机场，这是成功进行攻击必不可少的条件。

3 月下旬，艾森豪威尔和他的参谋人员已经起草了一份代号为"围剿"的具体计划。计划要求美英两国出动 5800 架作战飞机、48 个步兵师和装甲师，在 1943 年 4 月 1 日对塞纳河口东北，勒阿弗尔和布伦之间法国的一段海岸进行攻击。登陆以后，这支部队将成为解放法国、进攻德国的基本力量。艾森豪威尔认为，只要盟军掌握了制空权，摧毁德军的局部防御力量，陆军源源不断地上岸，并在德国本土彻底击毁它，就不用担心德国东山再起，继续发动侵略战争了。罗斯福批准了这个计划，并要马歇尔飞往伦敦，取得丘吉尔的支持。4 月 7 日，马歇尔抵达伦敦，举行了为期 6 天的会议。虽然很多英国军官持保留态度，但英国首相最终同意了"围剿"计划。对艾森豪威尔来说，这是一个好的开始。他在日记中这样写道：

我希望，经过几个月斗争后，没有任何分歧，如果我们能在主要目标上达成一致意见，就不会总在黑暗中摸索了。

为顺利实施"围剿"计划，5 月 23 日，艾森豪威尔启程前往英国进行实地考察。在英国，短短 10 天，艾森豪威尔与各界人士，特别是与军界进行了广泛接触。从英国回来后，艾森豪威尔拟定了一份关于欧洲战场作战计划的报告呈交给马歇尔。在这份报告中，艾森豪威尔极力主张在英国设立一个司令部，并派一名才智超群的司令官前往英国。这位司令官将担任绝对统一的指挥，并负责组织、训练和指挥派往该战区的所有美国部队。

3 天后，罗斯福任命艾森豪威尔出任欧洲战区美军总司令。很显然，他对这一命令感到非常意外，他最初的设想是自己也就能指挥一个师的兵力。马歇尔为何让艾森豪威尔担任如此重要职务？首先，马歇尔将军与其共事的经历让他深信，艾森豪威尔沉着、稳健，是一位合格的军事领导人，是解决英国和美国将军之间复杂外交关系的合适人选。要知道，一个大国的武装力量实际上完全让外国的军事长官所指挥，如此规模的军事联合可是非同小可的事情。在选择由谁担任欧洲战区总司令时，罗斯福和马歇尔就担任这个要职的几个人选向英国的同僚征求意见。英国人答复说，艾森豪威尔是最合适的人物，和他容易合作。罗斯福和马歇尔考虑到两国相互关系问题确实具有非常重大的意义，于是艾森豪威尔的命运就这样决定了。

为了使欧洲战区司令部的工作能迅速开展，艾森豪威尔要求派遣经验丰富的马克·克拉克将军和参谋长联席会议的秘书沃尔特·史密斯将军一同前往伦敦，并任命史密斯为欧洲战区的参谋长，马歇尔同意了他的要求。艾森豪威尔还请求海军上校哈里·C.布彻担任海军助手。艾森豪威尔后来说道，他必须带一个绝对信任、一个能让他放松的人，还要敢于反驳他的人。尽管哈里对海军军务一窍不通，但艾森豪威尔说："下班后，我会累得像一条狗一样蜷缩在角落里，但是布彻不会让我这样，他会让我时刻保持旺盛的精力和清醒的头脑。"

临行前夜，艾森豪威尔向他的参谋们告别，还没来得及表达感激之情，马歇尔就说："艾克，不要感谢我，你应该感谢的是美国人民，你是去为他们、为祖国效力。"之后，艾森豪威尔还拜访了罗斯福和正在白宫做客的英国首相丘吉尔。艾森豪威尔后来回忆说，虽然那次交谈并不正式，也不是关于军事方面，但却是第一次和他们两位进行单独交谈。当时非洲沙漠地带刚刚沦入德军之手，忧郁笼罩着盟国。然而这两位领导人都没有表现出失望，也没有考虑防守和失败，相反，他们正在考虑进攻和胜利。这次谈话给彼此都留下了良好印象。

周末，19 岁的儿子约翰从西点军校回来和父亲艾森豪威尔道别。父子俩在家门口告别，约翰向站在台阶上的父亲行了一个正式的军礼。在转身离开的时候，约翰的喉咙哽咽了。玛米后来回忆，按照习惯，在分别的时候父子俩不允许表露自己的感情。平常的离别，他们强忍自己的感情是可以理解的，但这次很可能会是永别，谁也无法预料未来会发生什么，艾森豪威尔心绪复杂，但他始终压抑着自己，没有给心爱的儿子一个拥抱。

6 月 23 日早晨，艾森豪威尔和爱妻道别。艾森豪威尔已经记不清这是第几次与玛米分别了，他不忍看到与玛米吻别时的眼泪，他劝玛米不要去机场送行。玛米咬紧牙关，抑制住自己的感情。她说："这是艾克希望的。他让我站在迈尔堡要塞的旗杆旁，当飞机飞过时，他可以看到我。"在家门口，艾森豪威尔的车就要开走了。他从车里探出头，轻轻地吻了玛米的手，带着迷人的微笑说："再见，亲爱的！"话一说完，他就命令司机开车。艾森豪威尔登上了前往伦敦的飞机，按照约定，玛米一直站在旗杆旁等待飞机起飞。当艾森豪威尔看到了旗杆旁那个的小小的人影时，他的眼角湿润了。艾森豪威尔就这样走了，玛米的心都要碎了，她实在无法忍受分离的痛苦。她说："分开的日子，我没有一天不为艾克担忧。"

# 运筹"火炬"

6月24日，艾森豪威尔一行抵达伦敦，没有乐队、没有欢迎仪式，他不声不响地来到这个地方。第二天，英美记者招待会举行，从那时起，他的名字开始频繁地出现在报纸的头版头条。在记者招待会上，艾森豪威尔举止谈吐质朴，对记者友好相待，给与会者留下了良好的印象，然而记者们却没有什么大收获。正如《纽约时报》记者报道的，艾森豪威尔"出色地表现了谈吐艺术，但是有关日后的军事行动，他什么也没有透露"。

艾森豪威尔完全有资格作为这个具有重大意义职务的人选，他在未来的登陆战役中将发挥出决定性的作用。因为要实现这个复杂的军事行动，就要做大量的准备工作，需要艾森豪威尔这位参谋人员多年的经验和组织能力。而在日后的战斗中，空军的作用非常大。艾森豪威尔不仅在理论上，而且在实践上都对与空军有关的知识非常熟悉。装甲部队应该成为进攻的联合部队的主要支持力量，而艾森豪威尔是美国坦克部队最早的组织者和创建者之一。但是，无论从业务还是声望上来说，他还面临着许多困难。他在英国军队中，就连在美国军队中，也鲜为人知。战前，他只是个中校，而且没有任何战斗经验，甚至从来没有指挥过一个连去参加实际战斗。此时，他面临着一项复杂而艰巨的任务，他需要把美国人、英国人和加拿大人组成一支能够完成重大军事任务的战斗力量。为此，民族的特点和传统、各国军事将领间不可避免的竞争以及军队进行战斗训练的方法、装备和语言的不同，等等，所有这些问题都需要妥善处理，而由他管辖的 366 名将军，军阶都比他高。

艾森豪威尔在回忆录里提到他非常清楚在英国将要遭遇的困难。当时最重要的问题是加强美国人与英国人之间的团结，但却并非那么容易。艾森豪威尔到达伦敦不久，就在美国军人中间进行教育工作，甚至不惜采取坚决的措施，将那些有伤害英国人民族感情行为的美国军官送回美国去。有一个美国上校同英国军官发生争执后，艾森豪威尔说："我相信你的证据，承认在争论中你是对的，甚至对于你骂他是坏蛋也可以不予追究。但是，你骂他是英国坏蛋，我就要把你送回家去。"艾森豪威尔凭着为人朴实和办事民主的作风，逐渐与英国和加拿大的同事们建立起了友好的关系，协商解决了面临的各项问题。

对派到这里来的年轻人的实际情况和作战能力，艾森豪威尔较为担心。他非常关心军纪和士气，大部分美国士兵受过良好教育，能独立思考，但美中不足的是，他们缺乏军事训练，吃不了苦。他花了很多时间去视察部队，监督军事训练，向军官和士兵解释演习的目的。艾森豪威尔告诉他的指挥官们，他要在英国建成一支"勇于投入战场的最优秀的美国部队，部队不仅有良好纪律，而且具有强大的作战实力"。为此，艾森豪威尔的职责之一是挑选优秀的指挥官。他的选拔标准是：指挥官要具有坚强的意志，通晓当今的军事技术，勇猛顽强，多谋善断，在艰难的条件下能带领部队打硬仗、打胜仗。对于那些沽名钓誉、作风不正的人，一经发现，就立即把他们清洗出去。

当参战兵力最后将要达到数百万时，艾森豪威尔开始担心地面部队会产生机构臃肿的局面。最初，他只把第2军调到伦敦附近来，把该军司令部作为地面部队的最高一级司令部，并委派克拉克将军负责指挥。克拉克是一位有经验的司令官，由于他的高超的组织指挥才能，避免了部队大量集中、突然出现许多高级军官而引起的混乱现象。与此同时，艾森豪威尔下令修建仓库、平整机场、建盖房屋、修理设备，这些都是将英国作为基地发动进攻前所必需的，后勤工作也是井井有条。两年后，盟军在横渡英吉利海峡发动进攻时，英国已成了一个巨大的前进基地。当时有人开玩笑说："只有在英国上空经常飘浮大批防空气球，才能使英伦三岛免遭沉海之灾。"

1942年7月7日，美国政府授予艾森豪威尔中将军衔，成为美国16名中将之一。这是他16个月中被授予的第四个军衔，其升职之快也超过了他本人的预期。

此时，苏联战场打得火热，希特勒将266个师集结在苏德战场上。苏联军民浴血奋战，粉碎了德意法西斯军队对莫斯科的重点进攻后，又向敌人展开了有力的反击，这一切为从西方对德国进行战略性突击创造了必要的条件。1942年，美英的军队约有1000万之多，正是依靠这些力量，最终给予了法西斯德国以决定性的打击。

根据盟国之前达成的协议，1942年7月中旬，罗斯福总统派总参谋长马歇尔、美国海军总司令厄内斯特·金与总统顾问霍普金斯飞抵伦敦，商谈尽早开辟第二战场的问题。在英美参谋长联席会上,马歇尔和艾森豪威尔主张强渡英吉利海峡,直接打击德国。由艾森豪威尔负责拟订的"大锤"计划,建议在法国勒阿弗尔附近登陆,由英国人指挥,美国两个师参加,其余为英国部队,预计日期是1942年9月15日。这一计划提出后,遭到英方的断然拒绝。英国参谋总长布鲁克将军当面顶撞马歇尔,嘲笑"大锤"行动,他建议在法属北非对德发起进攻。他轻蔑地指出,如果这一行动失败,对俄国人没有好处;即使六个师这样的规模能够成功,也不会把德国部队从东线吸引过来。马歇尔坚持必须采取一些行动来帮助俄国人,而"大锤"行动是唯一能做到这一点的。双方争持不下。

美国人与英国人争吵了5天之久,仍然没有结论。艾森豪威尔坐立不安,焦躁地等待会议结果,他在日记中写道:"将要做出的决是非常机密的,而且意义极其重大。"艾森豪威尔和他的参谋人员们彻夜未眠。他们认为:"要做一些事情向俄国人表明,西方盟国真正地站在他们一边;要做一些事,使英美人民感到他们在努力做的事情是有积极意义的。"马歇尔和艾森豪威尔主张强渡英吉利海峡,向欧洲大陆进军,直接打击德国,而英国人坚持在北非登陆。马歇尔和艾森豪威尔认为布鲁克的想法非常荒谬。

德国大量部队驻扎在离多佛不到25英里处,可是为什么要赶到伦敦以南将近1000英里之外去寻找敌人作战?马歇尔表示,进入北非将会分散许多力量,从而使横渡英吉利海峡的行动大大推迟。7月22日,马歇尔致电罗斯福,表示他和英国人的讨论已经陷入僵局。罗斯福复电说,由于英国不愿参加"大锤"行动,美国将不得不在进攻北非方面和英国人合作,丘吉尔给这次新的行动起了个代号为"火炬"。这将是第二次世界大战开始以来英美的首次联合进攻。

1942 年，艾森豪威尔在北非

　　"大锤"计划被否决，实际上是美国人作了妥协，艾森豪威尔对此感到非常沮丧。他认为 1942 年 7 月 22 日，可以说"是历史上最黑暗的日子"，因为他认为进行"火炬"行动的决定否定了"盟国可能做一些事情来帮助俄国人的想法"，并且到北非去的行动代表着消极的、防御性的作战思想。

　　1942 年 8 月底，经罗斯福和丘吉尔商定，艾森豪威尔被任命为盟军总司令，指挥北非和地中海战区盟军远征军以及"火炬"战役，这是他第一次获得战场指挥权，一场在北非登陆的战役就要开始了。

## 相关链接：

### 喷火坦克

在现代战场上，有这样一种骇人的武器。当其在阵地上摆开架势，随着一阵令人恐惧的巨大轰鸣呼啸而过，一瞬间敌方的阵地上就腾起熊熊大火，随即化为一片可怕的焦土，这种具有强大震撼力的武器就是喷火坦克。喷火坦克的出现打破了传统喷火武器只能在近距离作战的局限，它结合了火箭和喷火武器的双重功能，在战场上能发挥强大的威慑力。

第二次世界大战期间，盟军采用了用普通坦克改装而成的"喷火战车"。这些喷火坦克是将普通坦克上的车载机枪替换成火焰喷射器，并加装燃料拖车改装而成。传统的喷火武器通常是利用压缩空气的压力，将燃油喷出，在炮口处由点火器点燃，并喷发出火焰。这种喷火装置可用于在近距离内喷射火焰，以杀伤敌军有生力量和破坏对方的军事技术装备。与之相比，喷火坦克则可用于穿越地雷区，摧毁敌人火力强大的堡垒、沟壕内的目标等。坦克喷火装置由喷火器、燃烧剂贮存器、高压气瓶或火药装置、控制器等组成。喷火坦克的主要武器装备各有不同，有些喷火坦克以喷火器为主要武器；有些以喷火器为辅助武器；有的则是采用专门的喷火器塔，必要时可卸下喷火器塔，换装上原有的坦克炮塔。

# / 登陆北非 /

美英参谋长联席会议决定以"火炬"战役替代"大锤"行动后，丘吉尔和罗斯福商定这一计划应该尽早执行。英美联军决定于 1942 年 11 月 8 日在法属北非登陆，然后再从西向东对德意发动进攻，以彻底歼灭北非的德意军队，控制地中海，巩固中东，为日后在意大利和巴尔干半岛的军事行动创造有利条件。这一直都是丘吉尔梦寐以求的事情。

"法属北非"，包括法属摩洛哥、阿尔及利亚和突尼斯。法国在北非的统治者们受到维希政府的管辖。他们颠倒是非，混淆黑白，认为 1940 年投降希特勒是遵照合法的贝当政府之命行事，因而是合法的，相反，在他们心目中，反对法西斯侵略和维护法兰西民族独立的戴高乐将军和法国共产党领导的广大人民群众的抵抗运动，却是非法的，因而将他们视为仇敌。同时，由于英国政府支持戴高乐将军领导的自由法国运动，并且曾同维希的武装力量发生过冲突，所以北非法国当局的反英情绪非常强烈。鉴于此，盟军这次的登陆作战是打的是美国旗号，形式上纯粹是美国的军事行动。"火炬"行动对流亡伦敦的戴高乐将军也是严守机密，因为美国总统罗斯福对他抱有成见，怕他的参与会引起北非法国当局的反感，同时也怕机密被泄露。

艾森豪威尔被任命为"火炬"战役的总指挥，他着实感觉到了肩上担子的沉重。这是一场大规模的两栖登陆战役。面临的第一项任务就是从英美军官中挑选出一支精英队伍来充实进攻非洲所需要的指挥机构和参谋机构中的各个关键职位。由于他所指挥的是一支多国部队，因此在筹划组织参谋部的过程中，他尽量使每一个部门既有美国人，又有英国人。他号召大家互相尊重，友好相处，为胜利完成"火炬"战役而竭诚合作。

令艾森豪威尔头疼的事情还在后面，他需要准确判断哪些陆、海、空部队能在这次军事行动中加以利用。一般情况下，司令官在一场战役的总目标确定，接到具体部队分配后，要据此拟订战略计划，并辅之以详细的战术计划、编制计划和后勤计划。但目前的形势不清楚，兵力和供应的总数也不知道，最终目标不明确，整个事情中唯一可以确定的因素是美英两国统帅的进攻指令。但是，如何确定大兵团的战略、战术，如何获得登陆艇和船只，海军后援部队如何分配，空军部队的编制，出国部队集中地和训练基地的准备，前期与后期给养的安排，对每一支进攻的部队的每一个单位的实际组合，所有这些问题都必须尽快地做出正确处理。哪一环节出了问题，必将影响全局，因此绝不能掉以轻心。

艾森豪威尔就如何登陆进行了反复考虑。不管哪种作战计划，奥兰和阿尔及尔两地势在必夺，因为这两地都是重要港口，而且奥兰附近的飞机场对于日后的作战必不可少，尤其是在对从直布罗陀直到前线一带——

不管这些前线可能会在什么地方——施用短程战斗机时更为必要。阿尔及尔是该地区的政治、经济和军事活动的中心，在战略上具有极为重要的地位。

"因此，如何确定突击的侧翼"，艾森豪威尔说，"一个方案是可以进攻卡萨布兰卡、奥兰和阿尔及尔，另一个方案则是进攻奥兰、阿尔及尔和波尼。在这个问题上，我们认真研究了很久。我个人赞成把全部兵力开进地中海。我相信，突尼斯城将会是一个非常大的战利品。一开始登陆，我们应尽量选一个位于东面，像波尼那样的地方。我们不如孤注一掷，相信卡萨布兰卡在其东路被切断之后会自行陷落，要不就会被从奥兰沿铁路转回来的纵队攻克。我脑子里也很想避开在卡萨布兰卡登陆必然会碰到的自然条件方面的巨大危险。"

这一计划报送参谋长联席会议审批。美国参谋部反对从原先的进攻计划上抹掉卡萨布兰卡。他们认为尽管卡萨布兰卡—奥兰铁路的容量有限，但是盟军还是一定要迅速占领它，以应对轴心国万一进攻直布罗陀这条狭窄通道。他们认为，除非马上派一支强大的部队在摩洛哥登陆，不然，西班牙将有可能参战，或者允许德国人利用西班牙作为过道来包抄盟军后方。他们反对在波尼作战，他们认为盟军驻在距意大利和西西里的轴心国空军部队如此近的地方，缺乏足够的空中掩护。依据这项决定，艾森豪威尔说："早日占领突尼斯城已经显得不是那么迫切。"

进攻地点确定以后，接着是确定进攻的时间。艾森豪威尔在回忆录中写道：

考虑到 1942 年 8 月初我们在伦敦所遇到的问题，显而易见，如果我们决意要在那一年发动一场认真的进攻，在进行准备工作时就一分钟也不能浪费。因为夏季已快要结束，适合于作战的天气即将消逝，各项工作必须分秒必争。

艾森豪威尔所面临的另一重要问题是，部队如何运输和集中，因为直到那时，没有任何一个国家的政府曾经试图完成那样一次从基地到远方的长途跋涉，并且这一次还是以一场重大的进攻为归结的海外远征。

1942 年 11 月 5 日，艾森豪威尔冒险飞抵直布罗陀，将该地作为英美首次实施大规模作战行动的临时统帅部。在这里，集中了"火炬"计划所使用的大批飞机。艾森豪威尔说：如果没有直布罗陀，就不可能进攻北非。在飞抵直布罗陀的第二天，艾森豪威尔就向参加两栖登陆作战的部队发出命令，确定登陆日期是 11 月 8 日。作战计划要点是：盟军特遣部队在法属北非的阿尔及尔、奥兰和卡萨布兰卡实施登陆，占领沿海主要港口，然后由阿尔及尔登陆部队向东抢占突尼斯，再待机与北非英军协同作战，消灭在北非的德意军队。

参加"火炬"计划作战的英美军队共 13 个师，665 艘军舰和运输舰，包括 3 艘战列舰、7 艘航空母舰、17 艘巡洋舰，还有其他作战舰艇，分别编成"西部"、"中部"和"东部"三个特混舰队，"东部"特混舰队由英国海军少将布罗斯指挥，"中部"特混舰队由美军弗里登少将指挥，"西部"特混舰队由美军巴顿少将指挥。

"火炬"行动之前，英国海军少将哈罗德·巴勒斯爵士在他的旗舰上向参战将领详细讲解作战计划

1942 年 11 月 8 日，"火炬"战役正式打响。英国海军少将布罗斯率"东部"特混舰队，在阿尔及尔及其东、西两面登陆。英军第 11 旅很顺利地占领了滩头，而东面运载美军的船只被意外的海浪冲离海岸数公里，在黑暗中造成了一片混乱，虽然有些耽搁，但是很快控制了局势。

美军弗里登少将指挥的"中部"特混舰队在奥兰登陆，法军在这里的抵抗远比在阿尔及利亚更为猛烈。登陆部队虽在开始时较顺利地占领了阿尔泽湾和安达鲁斯，但在向奥兰实施突击的过程中被阻于半路。两艘载运美军的英国军舰在强行驶入奥兰港时被击毁，乘员和部队士兵死伤过半。直到 9 日，美军的进攻仍无进展。

而巴顿率领的特混舰队在 11 月 8 日拂晓前抵达摩洛哥海岸。由于夜间行驶，而且航程较远，所以登陆时间比原计划晚了三个小时。美军分别在卡萨布兰卡附近的费达拉、利奥特港和萨菲登陆，一开始就牢固地占领了立足点。在有些地点，登陆部队并未遇到抵抗。但随后战斗一度相当激烈，特别是在利奥特港附近。第二天，美军一面巩固自己的登陆点，一面向纵深推进，但因弹药、油料还堆积在滩头，来不及运给战斗部队，所以部队前进的速度极为缓慢，而法军的抵抗开始加强。在其他地区战斗也在激烈地进行着。

前方战斗在激烈地进行，不论形势多么严峻，也不论自己多么焦急，艾森豪威尔始终表现得很乐观。"我公开讲话的时候，总是表现出乐观和必胜的信心，我的悲观和失望总是留在枕边和日记里。"为了不让玛米担心，艾森豪威尔给她写信说："我很安全，你不用担心。战争是代价昂贵的事业，我必须脚踏实地、尽我所能地工作，让可怕的战争早点儿结束。"尽管艾森豪威尔尽力让玛米放心，但每当和人谈起自己丈夫的时候，她总会说，一想到战争，她就全身发抖。

11 月 8 日凌晨，有关登陆的消息传来。为了让法属北非当局停止战斗，并希望法军在联军对德国的战争中能给予相应的帮助，克拉克将军和吉罗将军飞往阿尔及尔。亨利·吉罗是法国一位退休将军，曾在第一次世界大战中失去一条腿，当时吉罗并没有搅入戴高乐的自由法国、贝当的维希法国和法国殖民部队中的各种派别间的斗争。1942 年 9 月，长期在非洲担任美国总领事的墨菲曾向艾森豪威尔建议，驻阿尔及尔军团司令的参谋长查尔斯·马斯特将军向他保证，如果吉罗来到阿尔及尔，所有法国殖民部队都会集结在他的周围，因为如果吉罗出面，盟军登陆时不会抵抗。

艾森豪威尔（左一）与法国陆军上将亨利·吉罗（左二）在
阿尔及尔一同检阅自由法国部队

　　但是，除了马斯特的话之外，没有任何理由去相信法国的职业军人会不
服从他们指挥官的命令，而投靠在法国军队中没有地位的吉罗。事实证明也
是如此，吉罗做了一次广播讲话，宣布他将领导法属北非，并命令法军停火。
然而，吉罗的影响力根本名不副实，非洲的法国人根本不重视吉罗，反应十
分冷淡，他的演讲没有起到任何作用。任用吉罗并没有达到预期的目的，这
令艾森豪威尔非常失望。

　　除了吉罗，墨菲向艾森豪威尔建议的另一人选是达尔朗。达尔郎的儿子曾经
找到墨菲并向他保证，海军上将愿意和盟军合作。由于达尔朗是维希部队总
司令，因此选择与达尔朗合作对艾森豪威尔来说不失为一种选择。但是，达
尔朗诡诈多端，臭名昭著，而且这实际上已经变成了政治与外交政策的问题，
与艾森豪威尔的本职军事工作无关，艾森豪威尔需要得到上级的权威性指示。

维希法国政府的重要人物，海军上将弗朗索
瓦·达尔朗

　　达尔朗的问题的确非常棘手，这位海军上将曾与纳粹密切合作，主导了
维希反犹太法令的出台，对英国持有强烈的反对态度。正如罗斯福和丘吉尔
所说，他几乎完全代表着盟国正在与之斗争的欧洲反动势力。他还是戴高乐
将军的死敌。戴高乐从法国逃到伦敦后，他在 1940 年 6 月指控戴高乐叛国。
如何对待达尔朗这样一个反动人物，的确需要深思熟虑。丘吉尔对艾森豪威
尔说："若一定要把法国海军搞到手，就得去拍达尔朗的马屁！"但是，这终
究是一个非同小可的问题，考虑到政治影响，会议没有做出决定，要求盟军
总司令视情况发展，再临时决断。

　　11 月 8 日下午 7 时，驻守阿尔的及尔法军投降，盟军登陆成功。他们完

全控制了阿尔及尔的局势，达尔朗也被控制在股掌之间。这时，艾森豪威尔的司令部收到了一份电报，说达尔朗海军上将在阿尔及尔因为曾疯狂地迫害反维希政府的人士，所以大多数人都希望逮捕他，并绳之以法。到底要不要逮捕达尔朗？艾森豪威尔非常冷静，他明白，目前除了达尔朗，没有任何官员能把北非法军带领到盟国这边来。若达尔朗能对达喀尔和土伦的法国舰艇发出一道命令，盟军就能减轻地中海潜在的军事威胁；如果他宣布停止抵抗，那么北非法军可能会立即停火。逮捕达尔朗是一件大快人心的事情，但痛快之后，盟军在北非的行动就要付出惨重的代价，将会牺牲无数年轻的生命。他想起临行前丘吉尔首相对他说过的话："尽管恨达尔朗，但为了使他把舰队带到盟军这边来，即使让我爬行一英里我也会毫不犹豫地照办。"

但是，艾森豪威尔也很清楚，同维希分子接触的话，一定会引起那些敏感的英美人士的强烈反感，因为他们根本不了解战争的残酷。艾森豪威尔的时间不多，他必须当机立断。思考良久，他决定与达尔朗合作。后来谈起此事，艾森豪威尔说：

我知道这是个必须立即在当地处理的问题，要是把它提交华盛顿或伦敦去处理，将会被他们的讨论延误时机，这意味着将付出流血和苦难的代价。

艾森豪威尔下令，让美国将军克拉克与达尔朗谈判，迫使他命令在卡萨布兰卡和奥兰的法军停火。11月9日，克拉克奉艾森豪威尔之命，在阿尔及尔圣乔治大饭店与达尔朗谈判，要求他发布停火令。此时，弗里登少将指挥的"中部"特混舰队仍无进展。双方已经激战了几天，直到11月10日，美军装甲部队从南部突入奥兰，逼近法军司令部。中午，奥兰法军宣布投降。摩洛哥的守军无法抵挡进攻，又听到了达尔朗停战的消息，所以也宣布投降了。于是，美军登上摩洛哥海岸，占领了卡萨布兰卡。

## / **内部的分歧** /

　　虽然达尔朗同意停火，但仍然拒绝指示突尼斯的维希法国部队抵抗德军。而此时，希特勒给法国维希政府施压，要求他们同意德军在突尼斯登陆。在希特勒的压力下，维希政府答应在西西里岛和撒丁岛为德国人提供空军援助。11月9日，维希政府宣布，正式与美国断绝外交关系。不久以后，希特勒迅速派空运精锐部队和坦克部队进驻突尼斯。11日早晨，意大利的6个师和德国的机械化部队占领了法国的"自由区"，维希政府垮台。

　　艾森豪威尔最关心的是向突尼斯进军，和德意法西斯军队作战。他说："一切都取决于突尼斯的法国人。只要他们头脑清醒，我们可以避免好几个星期的战争，而且还可以避免付出生命和物资的代价，为向突尼斯进军营造一个可靠、稳固的后方。"为此，艾森豪威尔准备与达尔朗合作，不管他多么声名狼藉。此时，达尔朗的态度也有了变化。艾森豪威尔决定立即准备，促使与达尔朗尽快达成协议。

11月13日，艾森豪威尔从直布罗陀飞到阿尔及尔，会见了达尔朗，并签署了"达尔朗协议"，该协议任命达尔朗担任北非高级专员。经过罗斯福和丘吉尔的批准，达尔朗协议正式生效。艾森豪威尔表示，只要法军和平民听从达尔朗的命令，盟军不会干涉法国对北非的行政控制。但艾森豪威尔在协议中强调，这只是他个人代表盟军签署的军事协议，美英两国政府没有任何形式的政治声明。达尔朗声明说，他将在北非承担全部政治责任，同意让盟军在北非自由行动，利用港口、铁路和其他设施。他还向法国海军下达了命令：土伦海军绝不能让舰艇落入德国人手中。当德国人前来夺取法国舰队时，看到的却是让人难以相信的场景：土伦港的军舰都被炸沉了。原来，法国海军为了不让军舰落入德国军队和盟军手中，海军指挥官下令炸沉了军舰。艾森豪威尔称之为"令人同情但毫无意义的自杀"。

和达尔朗的合作使"火炬"行动进展迅速。阿拉曼大捷之后，盟军很快就占领了除突尼斯以外的北非全境。尽管如此，达尔朗协议还是遭到了人们的非议。在达尔朗协议公之于世之后，在英国、自由法国内部、美国舆论界中，都引起了强烈的不满，谴责之声铺天盖地不绝于耳。许多人把协议称为卑劣龌龊的勾当。人们本来以为盟军进入北非后，那里将掀起一场反对纳粹控制下的维希政府统治的暴动。结果人们失望了，不但没有暴动，反而签订了一个在他们看来不可思议的协议——盟军与他们不共戴天的敌人签订的协议。

阿拉曼战役之后，英国十字军式坦克在沙漠中行军

这些指责让艾森豪威尔难过。司令部办公室里，艾森豪威尔望着桌上的一大堆报纸发呆，久久说不出话来。翻开报纸，总能看到长篇累牍的关于"达尔朗协议"的报道。艾森豪威尔是法西斯主义者、百姓的敌人等标题格外刺眼。艾森豪威尔的脸色很难看，他强忍怒火，把视线从报纸上移开。他又打开了收音机，收音机里传来播音员的声音："盟军远征以来，我们在北非成功登陆，在阿拉曼的战役取得胜利。但是我们的高兴很快就被'达尔朗协议'的愤怒取代了。我们这才发现，盟军欧洲战区美军总司令竟是一个法西斯主义者……盟国的第一次进攻战竟然与敌人公开合作，对此，人们能不感到震惊和愤怒吗？"

"火炬"行动初期的胜利，给艾森豪威尔带来了巨大的声望，而且使他在国际上拥有了地位。伦敦的报纸用醒目的标题宣布了盟军的行动，还配了艾森豪威尔的巨幅照片。然而，一纸协议否定了一切，他感到震惊和气愤。尽管别人指责艾森豪威尔在政治上幼稚，但他和达尔朗签订的协议是从实际考虑的，而不是政治。他说："只有达尔朗这个家伙能让战争停下来，而其他人都不行。而且，协议是经过罗斯福总统和丘吉尔首相许可的。"

艾森豪威尔别无选择，在这片贫瘠的土地上，暴乱随时都会发生。他写信给哥哥埃德加说：

让我气恼的是，有人说我这样做是令人难以置信的愚蠢，竟没有人能意识到我这是军事上的权宜之计。

在给他儿子的信上说：

作为反法西斯的战士，我唯一的目标就是尽快消灭希特勒法西斯分子。而我为了维护自由和人权，却被称为和希特勒一样的法西斯分子，这令我非常沮丧。

艾森豪威尔冷静下来后，他给丘吉尔和罗斯福分别发了电报解释他的行为，还说可以派人来调查。然而，他为自己辩解的电报并没有起到多大的作用。为了安抚民众，罗斯福总统甚至打算牺牲艾森豪威尔。媒体也开始猜测，艾森豪威尔将被在沙漠作战的英军总司令亚历山大将军取代。艾森豪威尔很清楚自己的处境，自己现在成了替罪羊。在签订协议前，他曾对丘吉尔说：

"为了不让骗子捆住手脚，蒙上眼睛，我常常听从你的劝告。"尽管现在处境不妙，艾森豪威尔还是坚持说："我只是一个军人，对外交一无所知。若为了国家的荣誉和政治要求，我愿意接受一切安排；如果因为达尔朗协议带来的政治喧闹必须替换我的话，就替换好了。协议可以挽救生命，用我的职位来替换生命，这个代价是值得的，我愿意做出这样的牺牲。"

令艾森豪威尔感到意外的是，马歇尔挺身而出支持他，并说服了罗斯福总统。为了详细阐述支持艾森豪威尔的理由，马歇尔举行了记者招待会。在会上，马歇尔严厉地批评了美国记者。

会上各大媒体记者云集，他们在低声讨论着艾森豪威尔的去向。马歇尔严肃地说："因为美国记者对'达尔朗协议'的评论不客观、不公正，所以我要严厉批评你们。"马歇尔的话引起了记者的不满，台下一片哗然。有的记者甚至当场指责马歇尔："你这是在袒护艾森豪威尔。"马歇尔并不理会记者的指责，继续说道："我必须告诉大家一个数字，这样也许你们就明白自己被人利用了。在'火炬'行动开始之前，我们估计美国士兵的伤亡将高达18000人，但事实上只有1800人，达尔朗协议使美国少伤亡16200人。请问在座的诸位，在你们眼里，16200个年轻的生命那么不值一提吗？"现场一片静寂，除了记者手中相机的快门声外，再也听不到其他的声音了。马歇尔接着说道："大家对艾森豪威尔和'达尔朗协议'的抨击是非常愚蠢的行为，这会上英国人的当。如果我们也像英国人一样继续批评他的话，艾森豪威尔马上会被一名英国军官代替。这样一来，美国在世界上的声誉就会一落千丈。"

记者招待会后，罗斯福总统代表盟国发表了一项公开声明："目前战事紧迫，在非洲的安排仅仅是不得已而采取的一项权宜之计，未来的法国政府只能在战争胜利后由法国人民自己来成立。"会后，罗斯福总统还给丘吉尔首相发了一封电报：

我私下对报界说了一句古老的希腊格言，这句格言是：在大难临头之际，我的孩子，你们可以与魔鬼结伴而行，直到你们安全为止。

罗斯福的声明解除了人们的疑虑，同时也使艾森豪威尔感到欣慰。虽然协议给艾森豪威尔带来的负面影响消失了，但是它伤害了法国抵抗运动成员的感情，影响了他们的士气，而且对日后美国与戴高乐的合作也产生了不良影响。苏联领导人甚至对英美产生怀疑，觉得他们和法国维希分子背后有种默契。对此，法国抵抗运动的领袖戴高乐也表达了强烈不满。他说："盟军在解放一个国家的时候，与投敌的官员们签订协议，抵抗还有什么意义？"

艾森豪威尔在政治漩涡里纠缠，丧失了许多在战场上作战的机会。他不能及时向突尼斯进军，而德军却继续集结在突尼斯，这使盟军强行攻占突尼斯城的计划失败。12 月，艾森豪威尔指挥的盟军与德国交火时，吃了败仗。艾森豪威尔像是一只笼中的老虎，张牙舞爪地咆哮着说："一定要成功！"艾森豪威尔夜以继日地工作着，没有半点闲暇时光，他甚至在给玛米的信中表达出对自己所养的苏格兰小狗的羡慕，因为它不知道什么叫烦恼。

就在 1942 年圣诞节的前两天，艾森豪威尔在安德森野战司令部食堂吃完饭时得到了一个惊人消息：达尔朗被邦内·德·拉·沙佩勒刺杀身亡。之后，吉罗接替了他的职务。达尔朗的死解除了艾森豪威尔在政治上的不利影响。正如克拉克将军所说："达尔朗之死是上帝的旨意，让他从政治舞台上彻底消失，就像刺破了脓疮一样。"

12月22日，马歇尔命令艾森豪威尔集中全力进行突尼斯的战斗，让他的部下去处理国际外交问题。达尔朗的死仿佛是上天在帮艾森豪威尔解决了一个大麻烦，现在，艾森豪威尔觉得他现在可以一心一意投入到战斗中了。然而，他即将面临的是一场更艰难的战斗。

# / 鏖战突尼斯 /

　　1943 年 1 月，西方盟国在北非集结军队，有 50 多万人。但由于盟国武装力量在突尼斯动作迟缓，使德国统帅部得以调集大量的部队，为盟国后来的攻势造成一定的困难。丘吉尔对突尼斯前线进展迟缓感到不快。与此同时，吉罗又逮捕了戴高乐在北非的自由法国分子，引起又一次抨击浪潮，据说罗斯福认为保留艾森豪威尔"在政治上是不明智的"。艾森豪威尔的联络官布彻曾对他说："你的脖子已经套在绞索上了！"玛米在给他的信中也写道："头头儿们正在准备把你撤职。"

　　极有可能的是，当艾森豪威尔的部队与向西跟踪追击隆美尔部队时在沙漠作战的英军总司令哈罗德·亚历山大将军，成了盟军总司令。这样艾森豪威尔就将回到英国，或者回到华盛顿。重压之下，加上不可能完成的工作进度的沉重负担，使艾森豪威尔的情绪很坏，他经常发脾气，很容易冲动。在他的影响下，盟军总部的士气也很低落。

艾森豪威尔应邀参加卡萨布兰卡会议，从 1943 年 1 月 14 日至 24 日，罗斯福、丘吉尔各带一批军政要员，前来这一新解放的海港城市开会，以便对 1943 年的战略取得一致的意见，并对英美联军指挥权的问题进行适当的安排。1 月 15 日，艾森豪威尔到卡萨布兰卡去了一天，报告他的战区的形势，而他的前途将在这次会议上确定下来。

艾森豪威尔对自己的前途有点担忧。会议的第一天晚上，罗斯福总统在公寓里单独召见了艾森豪威尔。忐忑不安的艾森豪威尔直言，如果免他的职，他愿意接受。艾森豪威尔对总统说："政府犯了过错不能解散，但是将军犯了错误可以免职，我愿意承担一切责任。"后来罗斯福问他，"火炬"战役什么时候结束，艾森豪威尔毫不犹豫地说，1943 年 5 月 15 日。事实证明，艾森豪威尔的预测非常准确。

卡萨布兰卡会议现场

卡萨布兰卡会议结束后，好消息传来。艾森豪威尔没有被解职，反而晋升为四星上将。这时全美国只有他和马歇尔两人是四星上将，这是当时美军中最高的军衔。他将继续指挥"火炬"行动，而且蒙哥马利率领的第 8 集团军抵达突尼斯边境后，也归他指挥。这其中有许多原因。第一，马歇尔是艾森豪威尔的坚定支持者，这对罗斯福是很有分量的。第二，丘吉尔和罗斯福都知道，他们至少同艾森豪威尔一样，要对达尔朗协议负责。第三，艾森豪威尔在卡萨布兰卡的汇报给他们两人留下了深刻印象，他们对艾森豪威尔的工作十分满意，他让一个混合参谋班子能够有效地在一起工作。第四，虽然英国在突尼斯投入了优势的兵力，但丘吉尔知道，法国军队是不会接受一个英国人来指挥的。因此突尼斯战役非得由艾森豪威尔继续担任盟军总司令不可。

当艾森豪威尔的一位朋友赞扬他晋升的速度之快时，他回答说："的确太快了。"当人家问起他还会做什么时，他的回答非常幽默。他画了一幅画，画上有个男人拿着钓鱼竿，在河边钓鱼。

卡萨布兰卡会议结束后，为了加强突尼斯战役的统一指挥，盟国参谋长联席会议任命亚历山大为地面部队副总司令，海军上将坎宁安为海军副总司令，空军元帅阿瑟·特德为空军副总司令。艾森豪威尔则为负责全面工作的总司令，艾森豪威尔整顿部队、加紧积蓄力量，以便向有"沙漠之狐"之称的德军元帅隆美尔发动一次强大的攻势。美国的军用物资、战争装备源源不断地运到前线，飞机、坦克的数量也在增加，美军士兵的士气日益高涨，盟国空军开始从德国人手中夺取制空权。希特勒为了守住北非，陆续增兵 25 万，企图在突尼斯负隅顽抗。

为了在战争中取胜，艾森豪威尔亲自在部队检查防务和兵力部署情况。艾森豪威尔担心布置在这里的美国第 2 军团的四个师，除了 11 月间同维希法国部队有过一两天的交锋外，并没有作战经验，都是匆促组合起来派到北非来的。他们在美国没有时间进行认真的军事训练，他们战备观念极差。1943年2月13日，艾森豪威尔视察了费雷登德尔的2军司令部。真正看到费雷登德尔的部队的情况后，艾森豪威尔非常吃惊。这支部队进入阵地已经两天了，但仍然没有布雷。负责的军官说："我们打算明天解决。"艾森豪威尔听后非常生气。他狠狠地骂道："一群废物，难道你们不知道战事紧急吗？德国人今晚就进攻，你们怎么办？"紧接着，艾森豪威尔要求他们马上布雷，机枪进入掩体，在两小时内，部队进入一级战备状态。几天后，艾森豪威尔视察了第1装甲师。他的心情糟透了，因为他看到的一切使他失去了信心。指挥系统混乱、防线薄弱、联络不畅通、兵力部署不当，等等，所有这一切都不是好兆头，艾森豪威尔非常担心。

为了提高战斗力，准备随时向敌人发起进攻，艾森豪威尔给美国部属们发了通报，任何时候都必须加紧战备、严格训练。因为他发现，部队撤离前线的时候，军官们居然允许士兵到附近的村子里去休息。而英国军队撤离前线时，不管部队的战斗经验多么丰富，他们都不会停止实战训练。

1943年2月11日，艾森豪威尔从盟军总部的情报处长——英国的艾里克·E·弗里曼准将那里得到情报：德国将领冯·阿尔尼姆正从隆美尔非洲军团那里得到增援，他将在第2军防线北端的丰杜克发起强大的攻势。艾森豪威尔闻讯后，立即驱车到A战斗群司令部，部署战斗。

在月光下，艾森豪威尔看到东边，隆美尔的非洲军团正集结在法伊德山口，但是在山口里毫无动静。凌晨3点30分，艾森豪威尔来到法伊德山口。半个小时后，德国人通过了山口，并向A战斗群发起猛烈的进攻。艾森豪威尔判断，德军的主攻方向在北面，这可能是佯攻。于是，他决定回到他的君士坦丁指挥所，那里可以密切注视整个战场。2月14日，艾森豪威尔判定法伊德是德军的主攻方向。而此时，隆美尔的坦克部队已经消灭了美军一个坦克营，击溃一个炮兵营，而且孤立了美军残余部队。艾森豪威尔立即调整部署，他花费了一整天的时间，派援军赶往法伊德地区，由于路况不好、距离较远，根本无法支援被围的 A 战斗群。艾森豪威尔在日记中写道："敌人前进是由于坦克数量上大大超过我们，我们无法及时增援，美军一下子就被冲垮了。"

艾森豪威尔没有泄气，2 月 15 日，隆美尔的部队继续前进，摧毁了美军的 98 辆坦克、67 辆半履带战车和 29 门大炮。艾森豪威尔催促安德森和费雷登德尔立即向隆美尔的侧翼发动进攻，要求在卡塞林山口集中兵力和火力打击隆美尔，给德军以致命一击。艾森豪威尔还向马歇尔保证，他们有足够的火力阻止隆美尔前进，并准备一举歼灭他。然而，美军指挥官并没有听从艾森豪威尔的命令，而是坚持采取守势来对付隆美尔的进攻。他们把部队就像放牛一样部署在山谷里，并没有加强山坡上的阵地。5 天以后，隆美尔的部队向卡塞林山口发起进攻，只遇到了美军零星的抵抗，轻而易举地就将它拿下了。当晚，隆美尔即命令德军后撤。从战术上讲，隆美尔取得了胜利。在这次战斗中，美军 5000 多人伤亡，3000 多人失踪，而且损失了成百辆坦克和其他装备。但从战略上讲，隆美尔一无所得，实际上还帮了艾森豪威尔的忙。通过这次战斗，艾森豪威尔有效地提高了部队的作战能力，加深了对敌人的了解。这对他今后进攻突尼斯有益无害。

非洲雨季来临，路上泥泞不堪，车辆的行驶也极为困难。因为气候关系，艾森豪威尔患了流行性感冒，身体十分虚弱。美军因卡塞林之战的挫折，士气明显低落。为了鼓舞士气，艾森豪威尔身体刚有些好转，就去卡塞林视察。

在去前线视察的时候，艾森豪威尔频频与陆上遇到的士兵亲切交谈，有时，他还会亲自为士兵点烟，称兄道弟地和他们聊天，关切地询问他们家在哪里，伙食如何，当兵以前是做什么的。有一次，一个士兵回答他说："将军，我以前是干农活的。"艾森豪威尔笑着问："我以前也是，我种过很多东西，你呢？"士兵回答说："我有一个果园，年成好的时候，可以卖个好价钱。"艾森豪威尔幽默地说："好啊，赶紧帮我把仗打完，我去你的果园谋个差事，帮你干活。我以前也种过果树，我照看过的果树结出来的果子又大又甜啊！"说完艾森豪威尔爽朗地笑了。和士兵聊完，他抬脚就往车里走。结果因为阴雨天路滑，他摔了个四脚朝天。士兵们忍不住大笑起来，突然他们停住了，因为害怕艾森豪威尔生气。没想到他却说："没事，谁都有摔跤的时候。笑吧，从你们的笑声中，我觉得这是与你们最成功的一次交谈。"

像这样无所顾忌地和士兵交谈，艾森豪威尔觉得可以了解到更多的实际情况。在他眼里，士兵就是一切，他们比什么都重要。当他得知士兵受到不公正的待遇时，他会暴跳如雷。有一次，在和一名士兵聊天的时候，士兵随口说："香烟的供应是很充足，但就是到不了我们手中。他们的借口是车辆不足，没有办法按时送到。"得到这一情况后，艾森豪威尔把后勤部的负责人狠狠地批评了一顿。他还下令说，在前线的战士得到香烟之前，不允许往后勤部送。

在听下级汇报工作，和军官们商讨军情的时候，艾森豪威尔讨厌特殊的待遇。他总是在前线简陋的指挥所或者是临时搭的棚屋中听取汇报。有时候，他还冒雨在飞机的机翼下面和军官们讨论军情。他不想听取急于表现的下属瞎想的情况，而是渴望看到前线士兵的真实情况。艾森豪威尔的副官布彻说："他总要亲自去前线了解情况。为了他的安全，会有很多的人冒险保护他。因此，他常常抱怨自己的工作。"

为了扭转突尼斯的局面，艾森豪威尔从摩洛哥把厄内斯特·哈曼少将调来。艾森豪威尔任命哈曼为第2军副军长，让他协助费雷登德尔。艾森豪威尔还对他说："你认为有必要解除费雷登德尔的职务的话，就直接向我汇报。"其实，艾森豪威尔是想通过一切必要手段来改变现在的状况。凌晨两点的时候，艾森豪威尔和副官布彻到旅馆找哈曼商议军情。他俩甚至还帮助哈曼和他的助手穿衣服。哈曼非常惊奇，他说："鞋带是艾克将军帮我系上的。"

3月1日，已经在第2军工作的哈曼向艾森豪威尔汇报了工作。他说，费雷登德尔非常糟糕，必须撤换他。于是，艾森豪威尔撤了费雷登德尔，他把巴顿调来担任第2军的军长。在巴顿的领导下，第2军很快就恢复了士气。

在完成作战准备后，艾森豪威尔于1943年3月下旬指挥英美联军对突尼斯发起了进攻。这时亚历山大指挥的第18集团军至少有20个师，人员和装备齐全，而德意联军只有14个师，人员和装备的缺额很大，每个师平均人数不超过5000人，且又处于亚历山大和蒙哥马利两支大军之间，态势十分不利。隆美尔认为，轴心国的军队若再留在非洲，无非就是自取灭亡。3月9日，隆美尔请他的属下阿尔林将军代理指挥军队后，便返回欧洲养病，并向其"元首"要求迅速从北非撤军。结果隆美尔成了希特勒眼中的"悲观主义者"，从而失去了对非洲军团的指挥权。

3月20日，英美联军以蒙哥马利的第8集团军为主力向敌人的主要阵地马雷特防线展开进攻。这条防线是法国人在战前为防备意大利入侵突尼斯而修筑的一条长达20英里的防御系统，其组织十分严密。具有讽刺意味的是，现在意大利人竟然利用这条防线在此防守，以对付英国人！陡峭的瓦迪济佐构成了主要防线，正面是一道防坦克战壕和铁丝网，从前线直到马特马塔的山丘为止。进行迂回行动是不可能的，除非取道通往特巴戈山和梅拉布山之间的一条峡道弯路。如今，敌人已在这个隘口修筑了工事，并由德国装甲师和意大利步兵占领。

但是，鉴于阵地前线由包括两个德国的六个师防守，并有第 15 装甲师作为后备，蒙哥马利便利用一支纵队侧击，以突破这个隘口，并在敌军主要前线后方站稳脚跟。一切准备就绪之后，3 月 20 日午夜以前，由第 30 军向马雷特防线的沿海地区发动了一场进攻。第 50 师成功跨越了瓦迪济佐，在敌人的封锁中取得了一块立足之地，攻占这里的隘口要塞的确比预期的困难得多。次日全天，这个师守住了阵地。但在 3 月 22 日，德国第 15 装甲师和德国步兵的猛烈反攻迫使他们撤退了。当晚他们撤到了瓦迪济佐的对面。

4 月 6 日，英国第 8 集团军又为新的进攻作好了准备。瓦迪阿卡利特本身是一个很大的障碍，北面有群山居高临下，因此整个战线形成了一条自然的强固的防御阵地。蒙哥马利以他特有的风格利用了炮兵。在黎明前，英国第 51 师和第 50 师以及第 4 师，在密集的炮火支援下，不顾强烈的抵抗而发动了进攻，敌军也进行了坚决的反攻，所以直到傍晚才攻克这一堡垒。就这样，在盟军的连续打击下，德意军队面临被合围的威胁，不得不向北撤退，并于 4 月中旬退至突尼斯北部，终于成了"瓮中之鳖"。

4 月 19 日，盟军集中优势兵力向德军发起了总攻，英军第 8 集团军由南向北进行突击，英美联军由西向东发起进攻。艾森豪威尔有些紧张，他的副官布彻写下这段话："艾克目前的情况有点像一只在孵蛋的母鸡。他在等待鸡蛋孵化，而心里在嘀咕，小鸡能不能破壳而出。"这个壳是德军在比塞大至突尼斯的桥头堡，而三支强有力的部队，英国第 8 和第 1 集团军以及美国第 2

军，正试图突破它。敌人的补给一点点匮乏，但是英国的两个集团军却没有多大进展。如果想要有所突破，这就要看美军的了。在 4 月的最后一个星期，艾森豪威尔巡视了前线，所见到的情形使他高兴，他指出美国第 2 军军长布莱德雷将军"干得很不错"，他很高兴听到一名英国老兵说，美军第一步兵师"是他所见到的最好的作战部队之一"。第十步兵师和第 1 装甲师也打得很出色。然而第 34 步兵师可就是另外一个样子了。它的士气低落，在卡塞林山口战役中表现不好，需要振作起来。

为了在战火中锤炼这支部队，并从实战中转变它的战斗作风，艾森豪威尔要布莱德雷给第 34 步兵师制订一个重要目标，并务必保证它拿下这个阵地。布莱德雷军长遵照并执行了。他把 609 高地这个战略要点派给第 34 步兵师。这一阵地不仅得到它本身的高度和炮火的掩护，还得到邻近高地炮火的掩护，这使盟军在通往高地的山坡上遭受到交叉火力的封锁。

4 月 30 日，攻击向前推进。战士艰难地一步一步向上爬，他们在交叉火力前一批批倒下去。艾森豪威尔对亚历山大说："我真诚地希望第 34 步兵师今天攻占 609 高地，这对该师和整个战役都会有很大好处。"到了第二天上午，美军该师占领了这一高地。德军疯狂地反击，但是第 34 步兵师恢复了自信，终于击退了敌人的进攻。艾森豪威尔坚持使用第 34 步兵师的决心得到了良好的结果。不仅在突尼斯战役，而且在整个战争中，第 34 步兵师立下了赫赫战功。

609 高地被成功占领，英军开始向前推进。到 5 月的第一个星期，阿尔尼姆的桥头堡已缩小到了紧挨着比塞大和突尼斯两市的周围地区。5 月 7 日，安德森的部队进驻突尼斯。同一天，布莱德雷的第 2 军攻占比塞大。在这一战斗中，盟国空军又做出了一次十分出色的努力，一天之内，竟出动飞机 2500

架次之多。几个星期以来，轴心国空军已逐渐溃败，在这一危机面前，只能出动飞机 60 架次作为报复。战事的高潮已近在眼前，在海上和空中已经布满了彻底的无情的封锁。敌人在海上的活动已经停止，空军的努力亦已告终。守军在向德国最高统帅部报告中哀求道："守不住了！在敌人的胜利中，英美空军起了决定性的作用，从而在突尼斯导致德意桥头堡阵地的毁灭。现在我们已经到了上天无路、入地无门的地步，愿上帝保佑！"

5 月 13 日，在盟军的强大攻势下，轴心国在突尼斯的残余部队全部投降。盟军彻底控制北非，突尼斯战事结束了。在这场战役中，艾森豪威尔统率的盟国武装部队共俘虏 27.5 万敌军，其中一半是德军。这一胜利与苏联红军的斯大林格勒大捷遥相呼应。

盟军在北非取得胜利后，艾森豪威尔和蒙哥马利愉快的会面

北非战事胜利了，贺电从四面八方传来。胜利令艾森豪威尔很高兴，但他无法忘记和敌人奋战的日日夜夜。他在写给妻子的信中说：

每当我感到烦恼时，我会想到战士们浑身泥浆，坚持在突尼斯寒冷的山地上、在冰冷雨水和污泥中战斗奋勇冲杀的情景，就使我心情平静下来了。

5月中旬，艾森豪威尔在一份美国的报纸上读到一篇关于他母亲的文章。这是一篇关于母亲是和平主义者、儿子是战争英雄的文章。对这些所谓"和平至上"的文人无病呻吟的评论，艾森豪威尔非常反感。他在给哥哥阿瑟的信中说：

对我来说，报界所发表的文章是无足轻重的，目前，只有在信仰上所得到快乐才是最重要的……那些嘴上说和平的人，他们是否和我一样憎恨战争？他们没有到过挤满重伤员的野战医院，没有见过战场上的尸体，更没有闻到战场上腐烂的人肉发出的恶臭。我憎恨纳粹更甚于战争，而且我对战争的憎恨，永远比不上我的信念：当战争爆发时，每个人都有责任和义务去执行自己政府的命令，军人更应该如此。

艾森豪威尔对于战争的看法正如他对儿子所说的那样，在反法西斯的战争中，唯一不可宽恕的罪行是不尽职尽责。

1943年年底，艾森豪威尔被选为"美国第一父亲"。他说："对此，我表示感谢。在突尼斯取得胜利的美国儿子，都可以让父亲们感到骄傲。"

5月19日，丘吉尔应美国众议院议长的邀请，在美国国会为突尼斯大捷发表演说。艾森豪威尔因突尼斯大捷受到广泛的赞扬，但他并不在意这些。因为他的战斗还远远没有结束，他期盼着下一次战役的胜利。

第四章

# 从西西里到意大利

# / 向地中海进军 /

突尼斯大捷让英美盟军士气大增，在突尼斯战役的最后几周，特别是胜利的号角开始奏响时，参谋人员就已经在制定下一次战役的计划了。

早在 1943 年 1 月份的卡萨布兰卡会议上，艾森豪威尔就提出："如果我们的作战目的是扫清地中海的敌军以便于盟国海运的话，那么就选择进攻西西里。"艾森豪威尔指出，西西里毗邻非洲和意大利，与两地的距离都非常近，因此夺取西西里岛将有利于盟军利用地中海这条航线。而"如果盟军的真正目的是进入意大利，进行一场彻底大战来击败这个国家，那么首选目标则是撒丁岛和科西嘉岛"。因为根据对敌军军事实力的判断，夺取这两个岛比攻占西西里岛所需的兵力少很多。撒丁岛和科西嘉岛位于意大利"长筒靴"的侧翼，夺取这两个岛，比仅仅攻占位于多山"脚尖"之外的西西里岛，更能分散意大利敌军的兵力。

会议中虽然出现了"在战争中要抓住所出现的战机，而不要拘泥于哪一种方案"的分歧，但是马歇尔和艾森豪威尔都认为，在地中海采取行动将对既定方针，即在 1944 年横跨英吉利海峡的目标极为有利，最终决定把目标定位在地中海。因此，西西里成为下一步行动的主要目标。理由一是此次作战有利于打通地中海的航线；二是因为该岛相对较小，攻占之后，即使敌人发动任何大规模反攻，也不至于牵制住盟军过多的兵力。后者是马歇尔非常看重的。

于是，艾森豪威尔在 2 月初开始制定进攻西西里的作战计划，兵力、事件和确切地点等都盘旋在艾森豪威尔的脑海中，甚至于吃饭睡觉他都在思考。很明显，在非洲突尼斯战斗中所使用的全部兵力无法算进去，因为这样的话，只能等到非洲决战全部结束后才能开始西西里战役。对于瞬息万变的战场而言，这是非常致命的。根据驻守之敌的兵力，艾森豪威尔仔细估算，认为初期登陆的部队规模应该使用五六个师，与此同时还需要集中大量的登陆舰船以及其他海军的战斗舰艇。

1943 年春季，电报频繁往来于艾森豪威尔与盟国参谋长联席会议之间，他需要确定盟军可以使用的资源以及资源完成准备的时间。美国参谋部表示，可以派来经过良好训练的第 45 师，他们可以当作进攻主力。此外还有在突尼斯战斗中没有使用过的第 3 师，以及在胜利确有把握的情况下将尽快从突尼斯战场抽调出来美军第 1 师。这三个师，再加上尚在摩洛哥的第 2 装甲师、第 82 空降师的伞兵部队和突击队员，组成美军方面的突击兵力。

英国方面决定从本土调来一个加拿大师用于此次进攻，同时第 8 集团军在突尼斯战役结束前也将派出部分兵力准备投入西西里战斗。这些部队将于 7 月初进攻西西里，在这一目标的指引下，各种准备工作有条不紊。艾森豪威尔要求各护航舰队从东、西、南三个方向向该岛进发。艾森豪威尔阵营中曾有人理直气壮地对他说，"如果意大利守军的战斗力低下的话，那么我们就应该坚持'包围'计划。"的确，如此一来，该岛将很有可能在10-15天之内被横扫而过，而不会像最后那样竟用了38天。但即使从后来看是正确的，当时也不敢肯定所有意大利守军会放弃。艾森豪威尔认为，应该集中尽可能多的兵力，稳扎稳打地征服这个驻有约35万守军的岛屿。不管怎样，艾森豪威尔还是采纳了这一意见。

与此同时，艾森豪威尔还密切关注着德国驻军的兵力。"如果在进攻时德军兵力超过两个齐装满员的师，那么我们计划的进攻力量就太弱了。"艾森豪威尔反复核算，如果是这样的话，他认为："推迟作战时间就是个明智的选择，可以推迟到我们集中了更多兵力的时候再进行。"这种小心谨慎很有道理的，随着时间的推移，越来越明显，德国人正在加强西西里的防御部队，但艾森豪威尔最终通过情报分析，认为敌人的兵力尚未达到，至少是尚未超过盟军的临界点，这让他长长舒了一口气。

在进攻该岛之前，艾森豪威尔主张先攻占位于突尼斯东北海岸和西西里之间的潘泰莱里亚岛。该岛被称为"地中海的直布罗陀"，这座岛固若金汤，易守难攻，何况现在岛上还有意大利的重兵把守。

从地形上看，潘泰莱里亚岛几乎遍布防止进攻的障碍。它的地形完全不适于使用空降部队，海岸线岩石散落，只有通过岛上一个小港的入口才能让冲锋舟登陆。显然，盟军必须实施破坏性打击，即向攻击点倾泻大量火力。这样一来，进攻虽然缺乏突然性，但冲击部队能够上岸，并且能成功占领这块阵地。

艾森豪威尔的这一建议立刻遭到许多有经验的指挥官和参谋官的反对，因为任何失败都会挫伤进攻西西里部队的士气。但是，这座岛上有一个机场，此刻轴心国的飞机从这里起飞空袭盟军。这个机场吸引着艾森豪威尔，他迫切需要这个机场。他想把这个岛作为盟军的机场和前进基地，以便向西西里岛发动进攻，同时"占领了该岛，有利于我们隐蔽和运输物资"。

艾森豪威尔说："潘泰莱里亚岛上的守军全是意大利人，他们士气低落，毫无斗志，我们应该很容易就会拿下这个岛屿。而攻占该岛后，我们的士兵将会受到极大的鼓舞。"副总司令亚历山大坚决反对攻占这座岛屿："潘泰莱里亚岛易守难攻，而且又有意军重兵布防，万一失败，必然会影响整个进攻西西里岛的计划。"空军司令特德虽然也认为是冒险，但是特德想要得到飞机场，他说："任何战争都有风险性，最重要的是是否值得去冒险。目前，我们除拥有少量 P-38 型飞机外，大部分飞机是美国的 P-40 战斗机和英国的'喷火式'战斗机，这两种战斗机无法坚持从突尼斯越海攻击西西里岛的遥远路程。但是若成功占领班德雷利岛屿，岛上的机场就能派上用场，我们的问题就能迎刃而解。所以，我同意艾森豪威尔的意见。"海军上将坎安宁也同意艾森豪威尔的意见，认为付出微小代价应该可以拿下该岛。

尽管没有获得大家的一致同意，但是艾森豪威尔拒绝让步，还是下令先对潘泰莱里亚岛进行大规模的密集轰炸，然后由英国第 1 师进行两栖登陆。他深知，如果对该岛实行连续几昼夜的猛烈轰炸，驻守部队无法睡眠和休息，在海军强大炮火的支持下，进攻会比较容易。这是艾森豪威尔担任最高统帅以来，第一次利用权力强迫实行计划。

由于现在盟军的空军已经发展到可以轻而易举进行轰炸的程度，在 6 个昼夜里，盟军向该岛东部投下了 5000 吨高爆弹药，集中轰炸这样一个狭小地域，令那里立刻笼罩在一片烟雾之中。岛上的意军反击软弱无力，连巡逻艇也不见踪影。

这个计划遭到亚历山大将军的强烈反对，因此，艾森豪威尔决定在突击前亲自侦察一下。6月7日晨，他和海军司令坎宁安在波尼登上一艘英国巡洋舰，趁着夜色全速向东航行，汇入集结在潘泰莱里亚岛附近的舰队。坎宁安告诉艾森豪威尔："除了我们航行的这条狭窄水道的水雷被扫除以外，其余海域遍布水雷。"艾森豪威尔问道："附近没有漂雷？""有，但这种速度下，涡流会把它们从船边冲开。如果我们真撞上一个，那运气就太坏了。"

6艘巡洋舰和10艘驱逐舰组成的编队于上午11时开始炮击，而飞机则一波一波地将炸弹投向预定目标。岛上的两万名意大利守军训练极差，仅仅作了微弱的、零星的反应。"虽然所有舰艇已经逼近岸边，小型快艇几乎已经冲到筑有防波堤的港口边上，但舰船没有遭到任何损失。"

6月11日，潘泰莱里亚岛被轻而易举地拿下。11000人守军投降。艾森豪威尔说："当时我们的部队正在换乘舰艇，以致很少有人产生发起战斗时需要克服的焦虑感和恐惧感。"艾森豪威尔非常高兴。他不仅拿下了这个小岛，用岛上的机场为盟军提供支援，同时还赢了丘吉尔。丘吉尔曾与艾森豪威尔打赌，估计岛上意大利军队人数不超过3000人，丘吉尔说："如果我们俘获的意军超过这个数，我愿意为每一个超过此数的俘虏付你5生丁（1/20美分）。"虽然艾森豪威尔早已忘记了这个玩笑，但是丘吉尔坚持要把他们抓到的俘虏全部买下来。艾森豪威尔无奈地笑了笑，接受了丘吉尔的好意。

攻占潘泰莱里亚岛后，艾森豪威尔迅速把强大的空军部队调往该岛机场，同时在马耳他附近的戈佐岛兴建了一个新机场，以便进一步改善盟军空军的地位。

5月下旬，也就是进攻西西里的前一个月，丘吉尔首相、马歇尔将军、帝国总参谋长布鲁克将军来到艾森豪威尔的指挥部，讨论西西里战役结束后的下一步行动，亚历山大、蒙哥马利、坎宁安等人也都参加了会议。艾森豪威尔说："我们不仅谈到攻占西西里之后自由使用地中海航线的问题，同时还谈到了更为紧张的资源问题。当西西里岛被攻占之后，是否要结束地中海的大规模行动，以节约作战资源为北欧作战进行准备，是当时考虑的重点问题。"

但是如果停止发动重大战役，在地中海形成的对德军的威胁将要消失，这意味着给敌人提供了巨大的行动自由。而在欧洲战场上，1943年夏到1944年夏，盟军并没有投入战斗。艾森豪威尔非常着急："我们迫切需要意大利南部的良好机场。""保持对地中海的兵力，意大利很快就会崩溃并停止战争，如此，驻守巴尔干的意大利守军就会撤防，而德国的战线就要被迫拉长。"

会议中，艾森豪威尔和马歇尔极其担心既定的"霸王"行动，1944年跨越英吉利海峡的既定方针会被改变。因为丘吉尔主张进攻意大利，丘吉尔认为，"盟军应该迅速利用在西西里陷落之后所出现的一切机会"，他担心艾森豪威尔在夺取西西里之后会因为既定的欧洲渡海方针而停止地中海的行动。在丘吉尔口若悬河的辩说中，艾森豪威尔说："他似乎真正关心的是迅速夺取意大利南部，就我所知，当时仅此而已。"

艾森豪威尔似乎能感觉到丘吉尔在想些什么。休息的时候，他遇到英国总参谋长布鲁克将军，两人交换了意见。在拿下西西里之后，或许盟军可以不把在欧洲横跨海峡作为唯一的选择。丘吉尔愿意重新考虑横跨海峡作战的方案，即使可以取消盟国已经接受的战略构想。1940年布鲁克曾在欧洲大陆的一个战役中指挥过一个师，当时亚历山大和蒙哥马利都是他的部下。这个有着爱尔兰血统的将军不仅才华横溢，也在为赢得战争胜利而尽心尽力。艾森豪威尔在日记中写道：

当 1941 年 11 月我第一次见到他时，他给我的印象是老练而不深沉，精明而不睿智。但是，他虽然不具备马歇尔将军那种沉稳分析、果断决断的能力，但他非常真挚，别人很容易与他共事。他的态度坦诚，在会议上会与你激烈争辩，但在私下交往中却很友善。他是个杰出的将军。

布鲁克提出，盟军可以通过海军和空军封锁德国，摧毁其工业设施，不过应该避免在主要战线实施大规模的陆地战争，那样会对盟军非常不利，而且要遭受毫无必要的损失。艾森豪威尔明白，布鲁克希望继续坚持意大利战线，而不应开辟更大的战场。而对于丘吉尔，艾森豪威尔不知道丘吉尔是否要无限期地推迟横跨海峡行动，还是确实想把地中海可以利用的盟军最大限度地投入意大利。

但是，马歇尔和艾森豪威尔都认为，任何放弃"霸王"行动的建议都要遭到严词拒绝，他再次重申了最初同意把"霸王"行动作为欧洲主要战略方向的所有理由。他对艾森豪威尔说，一旦西西里战役结束，就立即减少在地中海的兵力。他并不信仟英国人，对英国人横渡海峡发动进攻的决心存有疑虑。此外，马歇尔还认真评估了将部队调往其他方向的每一个建议可能会对"霸王"行动产生的有利或不利的影响。

此外，他认为，击败意大利将是弊大于利，因为盟军的船只必须用来支援居民，单是用煤一项，每年需要 1000 万吨，还需要大量的食品。意大利一旦被盟军占领，虽然可以提供轰炸德国南部的机场，但不值得去花这么大的力气。马歇尔向艾森豪威尔重申，要"从英国进攻欧洲大陆"。但是，马歇尔和艾森豪威尔也愿意争取进攻意大利南部获胜而产生的有利条件，但是坚决拒绝把美国或盟军的整个部队用于从意大利方向赢得战争胜利的战役。

就艾森豪威尔自身而言，他非常赞同结束地中海的战争后，集中力量横渡英吉利海峡，尽早开辟欧洲第二战场。他说："一支如此伟大的军队无所事事，这是我无法忍受的。为了尽快结束在意大利的这场战争，我们应直接向它发起进攻，并要狠狠地打击它。"

在会议上，将军们还用了很长时间来讨论是否要轰炸罗马附近的编组站问题。因为罗马是一座"不朽之城"，不应该遭到无谓的破坏。然而德国人一直在利用盟军的这一特点，把罗马作为其交通系统的一个主要枢纽。会议并没有得出结论，但是后来艾森豪威尔还是授权轰炸该编组站，但要求格外小心，避免破坏罗马和梵蒂冈古城。

# / 西西里战役 /

艾森豪威尔深知，德国人正在密切注视着盟军的一举一动，而且令人惊叹的是，训练有素的情报参谋们竟然能够把一些看似无关紧要的零星情报拼凑起来，从而勾勒出对方的计划。那时，北非正在轰轰烈烈地准备进攻西西里。沿海每一个可以利用的地点都在进行演习，码头上堆满了所需物资，海港及其入口正在接纳登陆艇。可以确定的是，如果任由记者们为其报纸和广播电台持续报道整个战区的活动，艾森豪威尔说，"那么即使我们能够成功地隐瞒登陆地点，但敌人也能很快准确推知我们进攻的兵力和时间"。

艾森豪威尔觉得，在正式作战之前必须采取措施以避免让德军提前知道登陆西西里的有关计划。

艾森豪威尔首先需要消除的是战地记者对盟军未来意图的胡乱猜测。在作战休息期间，记者们习惯用推测来填充他们的报道。由于战区都经历了几个月的战争，所以任何新闻记者都具备了相当强的预测能力，来预测即将发生的事件，这大大增加了敌人获知盟军计划的危险。艾森豪威尔甚至讽刺说：

"至于那些远离战场，在国内自称军事家的人所作的推测，敌人反而并不会相信。"

艾森豪威尔决定利用战区内记者们的正直冒一次险，艾森豪威尔后来说："这是一次我特别不愿重复的试验，因为这种披露增大了那些首要职责是保密的人的负担。"但是，艾森豪威尔认为，这样做之后立即就会让战区内的每个记者都具有了像我和我的同事一样的责任感。

艾森豪威尔召开了战地记者会，会议一开始就让记者们瞠目结舌。艾森豪威尔告诉记者："我们将于7月初进攻西西里，巴顿将军率领的第7集团军将突击南部海滩，蒙哥马利将军率领的第8集团军将进攻锡拉库萨以南的东部海滩。这两个集团军都将由亚历山大将军指挥。"看着台下难以置信的记者们，艾森豪威尔继续说，"在两个集团军进军之前，我们将首先进行空中战役，以消灭德国海军，从而切断其海、陆交通线，削弱其防御……"现场陷入了一片死寂。"这次战役我们使用的空降部队将比战争中以往任何空降作战规模要大得多。"艾森豪威尔说完即退出了会场，此刻他为自己的大胆捏了把汗，如果现场的哪个记者提前泄露半点消息，盟军将遭受致命的打击。

西西里岛，是地中海最大的岛屿。该岛位于亚平宁半岛和北非之间，隔墨西拿海峡与意大利本土相望，战略地位十分重要。但在2.5万多平方公里的西西里岛屿上，德国和意大利派有重兵布防。德军的防御兵力有7个师、1个旅，600艘舰艇和500架战机；意军共有44个师、183艘舰艇和600架飞机。德意守军总兵力达36万人。

面对这样庞大的守备兵力，靠武力强攻西西里岛，势必要付出太大代价。深思熟虑之后，盟军想出了军事欺骗的妙计，虽是一次冒险，但如果能诱使轴心国转移西西里岛的注意力，然后进行军事突袭，必将大大减少盟军的伤亡。到底用什么方法才能欺骗希特勒呢？经过研究，艾森豪威尔决定让伦敦皇家海军情报处具体负责。于是，一个名叫"肉馅行动"，即用死尸隐瞒战略意图的绝妙方案出台了。这是第二次世界大战中一次重大的战略欺骗，希特勒正一步步进入盟军的圈套中。

1943 年 4 月 20 日 5 时，一艘运载着尸体的"塞拉夫"号潜艇从格里纳克港驶出，抵达预定海域后，艇长命令让这具穿着军装、内藏隐秘文件的"马丁少校"的尸体向大海漂去。几分钟后，伦敦就收到了"肉馅行动"实施完毕的信号。看着"马丁少校"越漂越远，艇长严肃地对 4 位军官说："此事关系到英国的生死存亡，大家务必忘记今晚看到的一切。切勿走漏风声，否则严惩不贷。"

"马丁少校"的尸体在海上漂了 10 天，1943 年 4 月 30 日凌晨，在西班牙沿海边的摩尔渔镇附近，一位渔民发现海面上浮着一具尸体。这具尸体已经被海水泡得变了形，但是通过身上的衣服，可以断定他是一名英国的海军少校。渔民把海军少校的尸体拖到港口，交给了西班牙海军。很快，西班牙海军通过少校公文包里的文件，确认了死者的身份。他是联合作战司令部的参谋，英国皇家海军陆战队的代理少校威廉·马丁，"编号 09566 号"。此外，西班牙海军还发现了许多重要的文件和私人信件。西班牙海军办事处将此事通知了英国驻马德里的领事。因为西班牙与纳粹德国关系极为密切，在通知英国人之前，他们已经将这一消息告诉了在西班牙的德国间谍。英国人知道西班牙一定会把消息告诉德国人的，这正是他们把投尸地点选在西班牙的原因之一。

当英国方面的人员赶到之前，德国间谍早就把"马丁少校"身上的文件和信件全部偷拍下来，文件的影印件被立即送到柏林去鉴定。

几天后，伦敦收到了驻马德里的英国大使馆的报告，说已经认领了马丁少校的尸体，并就地埋葬了，文件袋的事只字未提。伦敦立即对驻马德里大使馆的官员发出指示："务必让西班牙当局查明马丁少校随身携带的所有物品，但不能让西班牙当局知道文件的内容。"很快伦敦就收到大使馆邮寄来的"马丁少校"身上的文件袋和其他遗物。事情正按当初的设想发展着，因为英国谍报局用科学方法检验了从西班牙邮寄回来的文件，他们发现文件已被德国人复制了。

6月4日，《泰晤士报》公布了一批阵亡将士的名单，并发了讣告，其中就有"马丁少校"的名字。不知真相的英国副领事为马丁少校举行了葬礼。他的"未婚妻"送来一只花圈，并附了一张悲痛欲绝的明信片。这位好心的副领事还为"马丁少校"立了一块简朴的白色大理石墓碑。那位不知名的英国死者就以"威廉·马丁"的名字长眠于西班牙。

德国人也曾怀疑过文件的真实性，但是公文包里的那些资料让德国人相信了死者的身份和材料真实性。死者的文件袋里共有三封密信。一封是巴顿给地中海舰队总司令的信，信中详细介绍了死者的身份和行动目的。"马丁少校是登陆艇专家，他对事情的预见非常准确，在对苏格兰的新式大船和设备进行试验时，他的表现是最好的。任务结束后，还请你把他立即还给我。"另一封是巴顿写给艾森豪威尔的信，信中谈到英美两国联合作战的事情。还有一封是英国总参谋部副参谋长给亚历山大将军的信，他是"哈斯基"行动的副总指挥。信上说："为了迷惑敌人，我们打算利用西西里岛引开德国人的兵力，掩护盟军在希腊登陆。"

除了密信之外，死者身上还包括马丁父亲的信、家庭律师的信件、劳埃德银行的催款书、一张向国际珠宝商菲利普购订婚戒指的赊账单、一张银行透支单、两封未婚妻情意绵绵的"情书"。因此德国人推断，马丁是在前往盟军参谋部的时候，因飞机发生意外事故而落水。再加上英国方面不断向西班牙要求归还公文包，这就使德国间谍不再怀疑信件的真实性。他们担心万一盟军怀疑信件曾落入敌人之手，肯定会推迟或改变原定的行动计划。所以，他们拍完信和文件后，都小心翼翼地按原样放回了公文包。然而这一切都是经过盟军的巧妙设计的。伦敦皇家海军情报处找了一具胸中有积水、死于肺炎的男尸，给他穿上军装，然后抛入海里。为了证明"马丁少校"身上携带的文件的真实性，皇家海军情报处特意制作了这些文件和私人材料。同时，盟军选择在西班牙沿海投放尸体，也是为了消除德国人的疑虑。

正如预期的那样，德国人没有发现半点端倪，对此深信不疑。希特勒早就怀疑盟军可能会在其他地方登陆，因为西西里岛地理位置重要，很难进行突袭。"马丁少校"的信件让他对此深信不疑，他认为盟军很可能在撒丁岛和希腊登陆。希特勒洋洋得意地说："我们得到了可靠的情报！而且是绝密情报！"对情报深信不疑的希特勒下令在西西里岛留下2个德国师，其他的兵力在6月30日前全部调往撒丁岛和希腊。

希特勒终于上当了，"肉馅行动"圆满成功。

艾森豪威尔选择了马耳他岛作为作战初期的指挥所所在地。他指示所有部队从地中海沿岸的所有港口运送到指定地点。各类舰船纵队在最后时刻穿越西西里与非洲大陆之间布满水雷的狭窄水域。如此大规模的运送行动，艾森豪威尔生怕在最后时刻向敌人暴露出盟军的动向。坎宁安上将及其部属准确无误地完成了任务。

一支庞大的海军舰队出发了，7月9日早晨，他们到达马耳他岛以南的海域。随后，这支海军向西西里岛悄悄前进。然而，7月9日中午，一场7级大风袭击了舰队，给盟军的航行带来了很大的困难。面对突然而至的海风，艾森豪威尔非常焦急，因为他必须考虑是否推迟进攻计划。这时候，马歇尔将军的电话来了："进攻是进行还是停止？""天晓得！"艾森豪威尔心里在嘀咕。到了傍晚的时候，看着逐渐减弱的风力，艾森豪威尔决定按计划实施，他将这个决定告诉了马歇尔。他知道，即使有必要推迟南岸部队的行进，东岸的部队肯定可以登陆。随着傍晚的临近，风速却令人意外地增强。虽然下令进攻，但艾森豪威尔却一筹莫展。

7月9日，进攻西西里岛的计划开始实施。按计划首先抵达该岛的是空降兵分遣队。艾森豪威尔到悬崖边俯瞰大海，看见了英国的滑翔机群。因为海风的影响，盟军空降兵的行动很不顺利。海上的英国滑翔机群伤亡惨重。英军的133架滑翔机中，只有12架降落在预定的锡拉库萨以南地域，50人坠入海中，其余的大部分都被撞坏了。美国的伞兵部队本应在杰拉地域着陆，结果也被大风吹得偏离了目的地。

7月10日凌晨，3200艘军舰和运输船只载着16万英美军队，在1000架飞机的掩护下，对西西里岛东南部发动进攻，实行两栖登陆。守卫西西里的意军是23万人，德军4万人。意军有11个师，但其中7个师是海岸防卫队，多半士气沮丧，战斗力很低。德军有两个坦克师，其中一个是精锐的戈林党卫师。由于7月9日中午刮起7级大风，海上波涛汹涌，所以士兵们晚上都趁机睡大觉去了。

从陆续收到的作战报告来看，敌人对盟军攻击点的判断显然出现严重错误。敌人把大部分精锐部队配置在西西里的西端。他们显然以为由于那里距北非港口最近，所以盟军会将其选择为攻击点。敌人以其所有的大部分机动兵力向东、南推进，攻击美军第1师。但是该师尚未完全登陆，敌人的进攻严重威胁着盟军抢滩上岸。所幸敌军缺乏支援部队，特别是步兵和炮兵的支援。第1师在一支空降部队和海军舰队炮火坚定的支援下英勇作战，惊险的战斗在持续着，几个小时后，敌人才逐渐被打退下去。

登陆的盟军第1师击败了德军和意军，建立起两个桥头堡，在西西里站住了脚。7月10日，蒙哥马利的第8集团军顺利登陆。12日深夜，盟军的架运输机在慌乱中被盟军海军击落了，他们以为那是敌人的飞机。运输机上的数百名飞行员、伞兵、机组人员就这样被自己人杀死了。这不仅仅是生命的代价，而且在以后的战争中再也无法使用空降部队了。事情发生后，海、陆、空的指挥官们纷纷指责对方，闹得不可开交。愤怒的艾森豪威尔下令停止一切行动，进行调查。他给巴顿写了一封信，让他立即调查这起事故，还暗示巴顿就是那个应该负责任的人。

艾森豪威尔毫不留情地训斥了巴顿，其实，巴顿已经很及时地提交了详细的报告。但是，对艾森豪威尔来说，这些并不重要，他需要寻找发泄愤怒的对象，这个人自然就是巴顿。巴顿气坏了，他认为艾森豪威尔是想找个替罪羊，而自己就是那只待宰的羔羊。发生这种事情，最终指挥官都是要承担责任的，这一点巴顿心里很明白。尽管他深知这一点，但艾森豪威尔的信和训斥还是深深地伤害了他。

在当时，历史上还没有哪次两栖进攻能达到如此的规模。在绵延数英里的海岸线上，数百只舰艇和小船在荡漾，岸上则是如蚁群般向前推进的部队。仰望天空，担任掩护任务的战斗机群呼啸而过。自从登陆开始，艾森豪威尔虽然表现得非常乐观，但内心却紧张不安。他在给玛米的信中写道：

我的心好像变成了一个紧握的拳头。然而，只有上帝知道答案，我只能想尽一切办法使自己冷静，尽管我非常紧张，但是我比其他人更有耐力。他每天都在用自己的 7 枚硬币为所有的士兵祈祷。

盟军登陆以后，岛上德意军队的抵抗加强了。尤其是德军拼命抵抗，以掩护他们的主力撤退到意大利本土。在东海岸的英军遭到德国法西斯军队的猛烈抵抗，进展缓慢。德国人不愿意像意大利人那样，不打仗就撤出西西里岛。他们一面拼命抵抗，一面破坏道路、桥梁，试图封锁通往墨西拿的海岸公路，结果盟军被围困在了那里。

艾森豪威尔深知，盟军应该尽快拿下的地方是墨西拿——西西里岛东北端的一个港口，这是敌人直接跨过意大利半岛与西西里岛之间的狭窄海峡而来的地方。敌人的补给几乎全部来自这个港口，如果盟军能够占领这个港口，西西里岛上的守军将处于绝望境地。当然，对于如此简单的道理，敌军同样了解，于是迅速集中兵力，阻击距离墨西拿最近的蒙哥马利的进攻。

在这场战斗中，敌人占据了十分有利的地形。埃特纳火山俯瞰着该岛的整个东北角，第 8 集团军向北推进的路线是位于埃特纳火山朝海一面半山腰上的一条狭窄道路。一开始，部队在蒙哥马利的指挥下，势如破竹，迅速推进，横扫东部海滩。士兵们奋勇杀敌，夺取了对盟军补给的最重要的纳粹港口锡拉库萨。但是，从那里到卡塔尼亚，德意法西斯的抵抗越来越猛烈，蒙哥马利一次次发起冲锋却无功而返。7 月 17 日以后，第 8 集团军停留在卡尼亚平原上。面对埃特纳火山上的敌人阵地，蒙哥马利愁眉不展，他几乎看不到打通向北通道的希望。蒙哥马利开始将其增援部队组织成为一支向西迂回的部队，这也许成了通向目标的唯一希望。

让艾森豪威尔更为担心的事情发生了。此时，西西里平原上疟疾流行开来。艾森豪威尔后来回忆说："在地中海战役期间，我们就在这里因为疾病而遭受了重大损失。"每天送来的因疟疾而去世的名单让艾森豪威尔看得手在颤抖。这些生命本应在战场上挥洒热血，却在卡塔尼亚做了无谓的牺牲。

让艾森豪威尔感到欣慰的是，巴顿正向西西里中部高歌猛进。而在他的最左翼，他以机动部队沿该岛西缘推进。7月23日，巴顿带领士兵们勇往直前，成功进入了巴勒莫。巴顿的部队继续挥戈东进，将敌军围困在墨西拿这个港口中，这重挫意大利守军的士气，并使其部队能够由西侧进攻，从而打破了东线的僵局。

1943年8月，美军坦克正向意大利西西里首府巴勒莫开进

在艾森豪威尔眼中，巴顿是一位为战场而生的将军，他对战争的预测极其精明，作战时总是能清醒地最大限度地挖掘速度这一价值。快速移动常使部队能将敌人的暂时优势削弱到最低程度，最重要的是，可以充分利用每一个有利战机，防止敌人重新调整兵力以抵抗连续进攻。正是由于速度和果断，才让巴顿在每一次连续进攻中都比上一次更容易获得优势，从而导致了敌人的崩溃。因此，艾森豪威尔认为，要想取得战争优势，必须成倍地提高速度，进行无情而快速的出击。他知道，这个是巴顿所擅长的。

在开始研究西西里作战计划时，亚历山大将军说："如果东岸登陆的部队能够迅速向北推进，逼近墨西拿，在那里成功斩断敌人的退路，那么，我们非常有可能在时机出现时出其不意地实施跨海登陆，还能为日后盟军迅速向意大利大陆转移兵力创造条件。"他的这一提议得到艾森豪威尔的支持，但是艾森豪威尔许久没有说话，因为在战场上，并不能以最好的情形对战局进行估算。

艾森豪威尔密切注视着战场上的一切。蒙哥马利在东线的作战一开始很顺利，看上去亚历山大所希望的情形在几天之内就能实现。当蒙哥马利准备突然袭击埃特纳火山以消除敌军的防御障碍时，敌人已经集结起了大量兵力。艾森豪威尔有些着急，看样子，突袭的机会即使之前出现过，但现在也已经错过了。而从地形来看，第8集团军北上的道路与第7集团军左翼东进的路线同样困难。

当第7集团军逼近埃特纳火山西麓时，战斗越来越激烈，第1师实施的科莱奥内战斗是这场战争中最激烈的小规模战斗之一。在战斗中，敌人共发动了24次反击。战场遍布的碎破的碎石，非常不利于肃清敌人。进攻的命令一下，隆隆的炮声响起，成百上千的敌军立刻湮没在硝烟之中。

第7集团军从巴勒莫向东推进时，其左翼沿海岸线实施了一系列小规模两栖作战，每次有一两个营的兵力向前推进，海军特遣队和沿着西西里海岸悬崖峭壁推进的部队表现出很高的协同和进攻效能。唯一的一条通道是一种"栈道"，纯粹是由无数小桥和通道连接起来的悬崖峭壁，而这些小桥和通道在敌人撤退时总是会被破坏。第7集团军小心翼翼地向墨西拿推进。

到7月底，除了直接听命于德国的少数部队外，其他的意大利守军已经停止了抵抗。但是沿着以埃特纳火山为中心的巨大锯齿形山脊，德国守军仍然在巧妙而又激烈地战斗。在这里，艾森豪威尔遇到了正常战争中训练最好的一支敌军。每一块阵地只有全歼守军之后才算真正的攻占。第8集团军也面对着处于优势的敌军兵力。在埃特纳火山东部临海的悬崖峭壁上，艾森豪威尔不无感慨地说："我看到了让人难以置信的盟军力量。一段道路被完全毁坏，形成了两百码的缺口，其间除了高达数百英尺的悬崖峭壁之外一无所有。就是在这一缺口上，工程兵建造了一座高架桥，能承载陆军全部的装备。他们创造了战场上的奇迹。"

英勇果敢的第7集团军和第8集团军已经突入敌人阵地，并对埃特纳火山实施最后袭击。德军见大势已去，便开始向墨西拿海峡彼岸撤退。盟军轰炸机对这条逃跑路线进行了空袭，但海峡太窄，大部分敌军都趁着夜色迅速逃走了。

8月17日清晨，美军第3师进入墨西拿，不久，第8集团军的一支分遣队也到达了该城。当天，来不及撤退的意军全部投降。在这次攻占西西里的战役中，英、加、美官兵伤亡和失踪者共为31158人，其中美军损失7445人。

意德军的损失共 16.5 万人，其中被俘 13.2 万人，逃往意大利本土的有 1 万人以上。至此，进攻西西里岛宣告胜利结束。控制西西里岛后，进军意大利本土就指日可待了。

在进攻西西里的战役中，盟军的陆、海、空三军的协同作战的能力得到了极大的提高。艾森豪威尔尤其对海军的作用给予肯定："海军奇迹般地履行了护航、支援和保障等职能，并总是同其他军种的需求和支援保持精确协同。"而战场上，真正的先锋则是实施大规模轰炸的空军。除了成功击败敌人空军之外，空军还沉重打击了敌人在西西里和意大利南部的交通线，大大削弱了敌军的机动能力，对敌军部队的补给造成了困难。

作为多国联合的盟军，西西里战役不仅取得了胜利，消灭了敌人的有生力量，更重要的是也让盟军更加团结一致。英国、美国两军在作战中的战友情谊不断增强和发展。第 7 集团军在首战中建立起了良好声誉，得到了久经沙场的第 8 军的尊敬；而在美军方面，对英国和加拿大伙伴们的战斗素质则表示了由衷的钦佩。艾森豪威尔感到欣慰，因为这种国际和军种间协作精神的发展，从前一年 7 月在伦敦建立指挥部就开始了。而到西西里战役结束时，这种精神已经牢固地确立了。

## 相关链接：

### 美国 B-17 "空中堡垒" 重型轰炸机

美国 B-17 重型轰炸机是第二次世界大战最著名的轰炸机之一。它凭借其创新性的四发动机布局、无与伦比的载弹量以及强大的记载自为火力，赢得了"空中堡垒"的美誉。通过在"二战"期间对德国本土连续的大规模轰炸，B-17成功地开拓并发展了战略轰炸机的概念，对盟军赢得对德作战的最后胜利发挥了极其重要的作用。

B-17重型轰炸机的开发始于1934年后期，并于第二年被决定采购。但由于价格昂贵，其正式生产有所延迟。该机在当时采用领先设计，涡轮增压器的装备实现了优良的高空性能，大马力输出马达的搭载也使其跻身于当时世界高速飞机行列。在这之前，四引擎的重型轰炸机都是速度缓慢的，如果没有战斗机的护卫是无法在白昼进行轰炸，而B-17却颠覆了当时的这一定论。此外，在武装方面，B-17装备了多把12.7毫米机枪，威力无比。在实战中，常常能够对交战方的轴心国战斗机予以还击。在B-17正式服役的1938年，美国还是将轰炸机定义为"用于迎击对美国本土的海上入侵的防御堡垒"，而"空中堡垒"正是包含了这一层含义。

### B-24"解放者"轰炸机

当B-17"空中堡垒"赢得了如日中天的声誉时，B-24"解放者"却不动声色地创造了美国航空史上的一个纪录——总产量达到1.9万架以上，超过了历史上任何一种轰炸机的产量。B-24"解放者"轰炸机是"二战"时期美国使用的一种大型四引擎重型轰炸机，采用大展弦比机翼和平直的"第比斯"翼型，能减少巡航阻力，并增加升力。它的机身粗壮，前三点起落架可以完全收回舱内。它的外形极为粗壮厚实，因此被机组成员昵称为"大门板"，它的足迹遍布北非、东南亚、太平洋、欧洲等地。

一架美式 B-24 "解放者" 远程轰炸机执行轰炸罗马尼亚
石油工业中心普洛耶什蒂的任务

B-24 轰炸机主要被美军用于欧洲战场，它同 B-17 一起执行了许多远程战略轰炸任务。其中最为知名的一次是在 1943 年 8 月 1 日，美军第 9 航空队出动 177 架 B-24，直奔罗马尼亚的普罗耶什蒂炼油厂。这次任务飞行距离长达 1900 千米，机组人员事前反复演练，并且将 B-24 改装，尽可能地减轻重量，多带燃油。机群于当日凌晨摸黑起飞。177 架 B-24 共有 1763 名空勤人员，携带着 311 吨炸弹逼近罗马尼亚，不幸的是因为编队偏航惊动了德国防空系统，招致大批德军战斗机的拦截，B-24 机群使用机载的 1800 挺机枪和

125000 发子弹进行殊死抵抗，与德军战斗机展开了激烈的空战。最后，B-24 终于以较高的精度超低空飞行轰炸了炼油厂，摧毁了该厂 42%的加工设备。但美军也付出了高昂代价：有 54 架飞机长眠在异国他乡，310 人牺牲，130 人被俘。后人对此次战役的评价是一场付出了不可接受的代价但又是相当有效的奇袭。

# "掌掴风波"

 

 

艾森豪威尔沉浸在西西里岛登陆胜利以及盟军队伍团结一致的喜悦中时，他的军医给他送来一份关于巴顿将军殴打士兵的报告。

一个星期前，巴顿在视察一所野战医院的时候，发现一名士兵住在医院里，但是这名士兵并未受伤。于是，强压着怒火的巴顿走到士兵床前凶巴巴地问："你叫什么名字？"士兵战战兢兢地回答："报告长官，我叫保尔·G.贝内特。"巴顿继续用冰冷的语气问道："为什么身上没有伤痕，你得了什么病？"贝内特忐忑不安地说："报告将军，神经有毛病，我受不了炮弹的爆炸声。医生诊断是'炮弹休克症'。"说完，贝内特就呜呜地哭起来。

巴顿几天来一直处于高度紧张状态，他从来不相信什么"作战疲劳症"、"炮弹休克症"。他总是坚持，对任何作战条件下显示出崩溃迹象的人，可通过震撼唤起他的责任感，继续履行职责。当时，巴顿目睹了医院中伤员的痛苦，感同身受，情绪异常激动，于是他恼羞成怒，破口大骂："你这是害怕了！你这个胆小鬼，真该枪毙了！"骂完，巴顿掏出手枪晃动着，而且挥动另一只手重重地打了贝内特一个耳光。贝内特吓得号啕大哭，生气的巴顿又狠狠地打了他几下。医生们赶来劝阻，巴顿仍然在吼叫，说早晚要毙了这个"胆小鬼"。他甚至迁怒于医生，对医生吼道："谁允许你把这胆小鬼留在医院里的？绝不能让他躲在医院里，立即把他赶出去。"

没过一会儿，他又遇到了第二个情况类似的士兵。这次，他再也控制不住自己的情绪，挥手打了那个士兵的脑袋，士兵的钢盔被打落在地。在场的医生和护士拼命拦住了巴顿。这两名士兵被吓得魂不附体，其中一名得了重病，医生说他发烧快40度了。在探访的过程中，巴顿继续大声指责那些自称患上精神病的人是胆小鬼，没出息，称"他们没有资格与勇敢的战士住在同一所医院"。

艾森豪威尔接到军医的报告后，感到痛心，他知道自己手里这个危险品随时都可能爆炸。尽管如此，艾森豪威尔并不准备处罚巴顿，只想给他一个教训。他立即给巴顿写了一封信，信中说：

如果在医院打人这件事情泄露出去的话，我一定扒了你的皮。到那时，就意味着你在这场战争中的服役要结束了，我绝对不允许这样的事情发生。因为在我看来，你是确保战争胜利的人之一，是无可替代的。

我很清楚，有时候必须采取强硬措施。但是绝对不允许辱骂伤员，不能粗暴地对待伤员，更不能在下级面前失态。如果事情属实的话，我将会对你的自控能力产生怀疑。

你最好向那位士兵、医院里的护士和医生公开道歉。

你就放心吧，所有的资料都在我这里保存着，其他人那里没有留下任何记录。

每个老兵都清楚，在前线经常有必要采取严厉措施，以确保组织中的每一个人都恰当地履行职责。在一个排或一个营中，若有人畏缩不前，就必须受到处罚，但是，此时并非在战场上，而处在高度紧张状态下的巴顿这样殴打和谩骂士兵简直就是一种残暴的行为。

艾森豪威尔很担心，怕万一事情暴露出去，将会对巴顿造成不好的影响。这已经不是巴顿第一次打士兵了，几个星期前，他在视察另一个野战医院的时候，就动手打了一个逃避战争的伤兵。那时并没有引发反应，因为战事非常紧张，没有人注意到这件事情。那次，巴顿仅仅戴着手套打了那个士兵一耳光，并教训了他几句。几天后，巴顿命令第7集团军高级指挥官，严惩那些借口神经脆弱、贪生怕死、躲在医院不肯上战场的胆小鬼。事后，他向艾森豪威尔解释说："我深信，如果所有军官都有勇气像我这么做的话，借口患炮弹休克症的士兵就会大大减少。"

世上没有不透风的墙，巴顿打人的事情很快就传开了。随后，三位记者找到艾森豪威尔要求他解除巴顿的职务，否则他们会把事情报道出来。记者还告诉艾森豪威尔，在西西里有5万多名美国士兵十分愤怒，不少人表示，如果有机会的话一定干掉巴顿。

面对媒体的大肆炒作和激愤的士兵，艾森豪威尔感到很为难。他始终记得林肯总统曾经说的那句话："我不能让能打仗的人离开部队。"尽管如此，他又不得不处分巴顿，而且事情一旦公开，他将会损失一员能征善战的虎将。艾森豪威尔向记者们解释说："我已经写信严厉地批评了巴顿，他会在第7集团军为自己的行为道歉的。我向你们保证，以后绝对不会再发生类似的事情。巴顿是一位很有才华的指挥官，如果你们不报道此事的话，就能拯救他。"经过协商，记者承诺不再报道巴顿打人的事情。

巴顿收到艾森豪威尔的信后，在日记中写道："处理这件事情时我太鲁莽了，以后我会尽力改正。但是我实在无法容忍装病逃避战争的士兵存在，这现象会像传染病一样蔓延。我想其他军官也会和我一样，无法容忍自己的士兵躲避战争。"

对一向高傲自大的巴顿来讲，公开道歉无疑是一种最严厉的处罚。在认识到问题的严重性后，巴顿还是认真执行了艾森豪威尔的命令。他在巡视第7集团军的时候，向所有的人道了歉。他说："我向所有曾经被我粗暴地批评、打骂过的士兵们道歉，请大家原谅。"随后，他诚恳地解释说，"一战时，我的一个朋友在前线打仗，因怕死而装病逃避战争。后来这个朋友自杀了，因为他感到无地自容。我想，如果当时有人训斥他几句或打他几个耳光，他是会得救的。"巴顿的道歉得到了当事人的谅解，他向艾森豪威尔汇报了这一情况。

巴顿打人的事件平息后不久，风波再起，记者违背了诺言。在美国美洲广播节目里，随军记者德鲁·皮尔逊披露了这一事情。他歪曲事实、大肆夸张，很快便引发了批评巴顿的狂潮。各界人士纷纷要求国会彻底调查此事，并要求解除巴顿的职务。一些不明真相的人甚至在街头游行示威，他们大声喊叫："艾森豪威尔不该袒护巴顿。一定要严惩巴顿，将他赶出军队！"面对各界的压力，艾森豪威尔非常镇静。他在给巴顿的信中说："我的决定是正确的，希望你能明白。虽然我对你的行为很恼火，但你不必担心我会改变立场。"

11 月 24 日，艾森豪威尔奉陆军部的命令，递交了巴顿打人事件的全部报告。报告详细客观地介绍了事情的经过、艾森豪威尔的处理措施以及巴顿为了弥补过错所做的努力。艾森豪威尔说："巴顿的行为是不可原谅的，大家都很气愤，我已经亲自监督了这一事件的调查，并采取了适当的措施。在战争中，巴顿取得的成绩是不容忽视的，他鼓励、爱护、帮助士兵，因此在整个西西里战役中，第 7 集团军始终保持着高昂的士气。我相信，在任何进攻战中，巴顿都可以发挥巨大的作用，而进攻战的时候，一个集团军的指挥官应具有忠诚、勇敢和一往无前的精神，这是非常重要的。据我所知，巴顿现在每次在士兵面前公开露面时，都受到他们热烈的鼓掌欢迎。"经过艾森豪威尔的努力，巴顿没有被赶出军队，留在了艾森豪威尔麾下。这样，巴顿风波才宣告结束。

西西里战役的胜利使艾森豪威尔成为 1943 年夏天最受欢迎的人。有位崇拜他的妇女说："尽管他是秃顶，但他是我见过的最英俊、最有魅力的男人。"《时代》杂志非常赞赏艾森豪威尔，用大量的篇幅刊登了艾森豪威尔成功指挥西西里战役的事迹。这一期《时代》杂志的封面还用了艾森豪威尔的巨幅照片，这是件很荣耀的事情。

艾森豪威尔的威望空前高涨，一位来自堪萨斯州的议员还劝他竞选总统。其实在堪萨斯，很多人都希望他能成为 1944 年共和党的总统候选人。艾森豪威尔从来没有在选举中投过票，对人家要求他参加竞选的事情，总是嗤之以鼻，或者一笑了之。他给玛米的信中说："动员我竞选政治职位的人一定是哪根神经出了问题。他们不知道对一位军人而言，对国家的责任是最重要的，怎么能把注意力转移到其他地方呢？"

1943 年 10 月，艾森豪威尔的朋友乔治·艾伦给他寄来一些关于竞选总统的剪报。他还写了一封短信，询问艾森豪威尔对当总统候选人有什么想法。艾森豪威尔当即回了一封信说："简直是胡扯！我对总统候选人这个词非常反感。难道大家不知道一名战士需要什么吗？为什么不能让他安心地执行命令呢？"艾森豪威尔在萨姆休斯敦堡的一位老朋友来信说："我们准备组织一个竞选总统的俱乐部，帮助你参加竞选。"艾森豪威尔回信说："非常感谢大家的好意，但是我必须告诉你，对我来说，最厌恶的事情就是参加政治活动，我没有丝毫政治野心。我相信，我的朋友中没有人会让我不停地去向人们解释这一点的。"当总统对他说："艾克，我会支持你竞选总统的"时，精明的艾森豪威尔笑着回答说："总统先生，尽管我不知道到时候你的竞选对手是谁，但有一点我是知道的，那就是这个人绝对不是我！"这些话讲得很有意思，同时也使现任总统放心了。

关于竞选总统的事，他在给哥哥阿瑟的信中说得更为直接，他说："我现在的工作就是赢得每一场战争的胜利，这是对国家和爱好和平的人们的责任。对军人而言，在战争中，做一些与战争无关的事情，就是对祖国和人民的背叛，就是犯罪，我永远不会这么做的。"

1943 年秋，苏联红军已在库尔斯克和斯大林格勒战役中取得了胜利。他们已经取得东部战线的优势，战争开始向着有利于盟军的方向发展。为了缓解苏联红军的压力，斯大林急切盼望盟军立即开辟第二战场。而英国人主张进攻意大利，他们要求盟军继续在地中海战斗。在这一问题上，英美两国首脑一直没有达成共识。

为了决定以后如何行动，盟国参谋长联席会议在加拿大的魁北克召开。

经过激烈的争论，他们最终达成共识:盟军必须继续进攻意大利，但是横渡英吉利海峡的"霸王"行动优先。如此一来，7个师的兵力将转移到英国，为跨海行动做准备，艾森豪威尔在意大利的兵力将大大减少。

# / 意大利投降 /

7月19日，盟军开始空袭意大利首都罗马，罗马的铁路、车站、军事目标遭到严重破坏。在空袭的同时，盟军还在意大利空投了许多传单。传单上全是揭露战争根源和法西斯罪行的文字。这些传单给本已摇摇欲坠的意大利法西斯政权一记重拳，搞得意大利人心惶惶。墨索里尼忐忑不安，如坐针毡。

意大利在北非、地中海、西西里岛的惨败，加深了墨索里尼的政治、经济、军事危机。意大利举国上下笼罩在失败主义之中，人心慌乱。意军原本有22万人在苏德战场上作战，现在只剩下8万人，而在国内担任防御的47个师战斗力很弱，在法国和巴尔干负责占领任务的意军在当地游击队的打击下也已经穷途末路。意军兵员短缺、士气低落、兵力分散，国防体系已弱不禁风，不堪一击。它的"盟友"纳粹德国并没有给它援助，反而对意大利横征暴敛，令意大利人民怨声载道。在斯大林格勒惨败后，德国已经无暇顾及意大利了。

"二战"以来，由于连年战争，军费开支巨大，加上盟军空袭的打击，意大利的经济已濒临崩溃的边缘，这令人民苦不堪言。然而墨索里尼继续征兵战斗，小至14岁的孩子，大到70岁的老人都在征兵范围之内。人民早就厌倦了战争，反战情绪日益高涨。此时，意大利国王埃曼努尔三世决定抛弃法西斯和纳粹领袖墨索里尼。他与前任陆海空三军参谋长巴多格·利奥元帅、总参谋长安布罗西奥将军等人联系，密谋推翻墨索里尼。他得到很多政府官员的赞同，就连墨索里尼的女婿齐亚诺也参与进来。倒墨集团已经形成，而墨索里尼仍浑然不知，还在招兵准备反扑。

7月24日，意大利召开了法西斯最高委员会会议。经过讨论，7月25日凌晨3时30分，墨索里尼被迫下台，他在意大利21年的独裁统治宣告结束。25日下午，国王埃曼努尔在萨沃伊宫宣布，废黜墨索里尼的一切军政职务，由巴多格里奥组织新政府。巴多格里奥曾在1935年至1936年担任意大利军队的最高指挥官，领兵侵略埃塞俄比亚。1940年，他又侵入希腊，成为屠杀埃国和希腊人民的刽子手。尽管如此，他还是顺利取代了墨索里尼。几天后，几名意大利国家警察根据国王的命令，以"保护"为名将墨索里尼拘禁在蓬扎岛上。

7月26日，巴多格里奥在电台宣布了墨索里尼已经下台的消息。他发表声明说："尽管意大利的部分城市被摧毁，人民伤亡惨重，但意大利会信守承诺，会继续进行战争。"他的声明纯粹是在安抚德国人，以免遭受傲慢自大的盟友的惩罚。与此同时，意大利也不可能抛开德国，与盟军独自进行投降谈判，因为此时意大利所有政府部门已经渗透进了大量德国人。德国人一旦发现意大利有背叛的迹象，便会立刻接管意大利。

德国党卫队头子莱因哈德·海德里希（前排右三）在罗马

但是几个星期后，巴多格里奥还是背叛了他的德国盟友。巴多格里奥既怕德军，又怕盟军，所以他一方面开始和盟国秘密谈判，商讨停战协定，并表示意大利要反戈一击，与盟军一道同德作战；另一方面，他仍然宣称忠于德国，继续参战。面对意大利新政府脚踩两只船的行为，希特勒非常愤怒，骂意大利是历史上最厚颜无耻的政府。

意大利的局势让艾森豪威尔非常高兴，他利用这一机会进行谈判。而罗斯福提醒说，巴多格里奥就是意大利的达尔朗，他不希望再看到有什么协议。但艾森豪威尔想利用意大利当前的有利局势立即采取行动。他认为若能争取和巴多格里奥合作，盟军就能轻而易举地占领意大利全境，而且可以加快进攻德国法西斯的步伐。因此，他愿意冒个人风险与欧洲的另一名反动将领——巴多格里奥做一次交易。

在墨索里尼倒台的那天，艾森豪威尔起草了正式的受降条款。他在条约中说，盟军以解放者的身份出现在意大利，准许意大利得到和平，并允许埃曼努尔国王和巴多格里奥继续执政。艾森豪威尔希望美国能采纳他的建议，结果却被参谋长联席会议粗暴地否决了。罗斯福总统不愿意让意大利法西斯如此轻易地逃脱，他说，他们要意大利无条件投降，绝不和法西斯进行任何形式的交易。面对这样的压力，作为军人的艾森豪威尔只有服从。艾森豪威尔说："如果我有权力的话，我早就给意大利送橄榄枝了。"

　　为了决定如何行动，罗斯福和丘吉尔进行了商谈。罗斯福说："意大利必须无条件投降。我们的战场指挥官绝对没有权力规定任何条款，除非得到我们的批准。"而丘吉尔因为墨索里尼已经垮台，所以同意与意大利政府进行谈判，同时主张限制艾森豪威尔的权力。艾森豪威尔收到参谋长联席会议的通知，罗斯福总统批准了以他的建议为基础进行受降谈判，但只能在政治范畴以内进行，不能涉及军事问题。就这样，艾森豪威尔开始重新拟定意大利投降的协定。此时，他经常接到要求增加内容的电报。关于艾森豪威尔的这段生活，他的秘书曾这样说："可怜的艾森豪威尔在遭受折磨，各种电报，包括保密电报、私人电报和加急电报，一齐向他涌来。这些电报来自美国总统、美国陆军参谋长马歇尔将军、国务卿、英国首相、驻华盛顿的盟军参谋长联席会等，而且这些电报的指示是相互冲突和矛盾的。"夹在两国政府之间，左右为难的艾森豪威尔在给妻子的信中说："我年轻的时候常常阅读关于军队将领们的书，我羡慕他们享有决策和行动上的自由。而他们对我提出要加这样那样的条款，使我成为奴隶而不是主人！"

当艾森豪威尔拟定出他的上级可以接受的协定时，希特勒早就行动了。他源源不断地向意大利调兵，计划占领罗马以南的意大利。德军 16 个师涌入意大利北部，准备抵抗盟军的进攻。隆美尔也被调回，担任新的集团军总司令。一时间，意大利从德国的盟友变成了被它占领的国家，意大利即将面临一场血腥的战争。这对艾森豪威尔而言，是一种全新的挑战。此时，大部队已经调往英国，他只能用手中现有的兵力解决意大利的问题。面临这种情况，艾森豪威尔认为必须对巴多格里奥政府施加压力。他要让巴多格里奥下定决心，尽快敦促意大利投降，攻打德军。然而，德国人不停地给意大利施加压力，这使艾森豪威尔和意大利的谈判拖了足足一个月。意大利提出，在他们宣布投降的同时，盟军必须派一支强大的部队登陆意大利，确保意大利免遭德军的残酷破坏。同时，他们还提出，盟军必须提供一份非常详细的作战计划。艾森豪威尔担心意大利新政府背信弃义，泄露盟军的作战计划，所以他没有答应意大利的第二个条件。

为了给意大利政府施加压力，9 月 3 日凌晨，艾森豪威尔命令蒙哥马利的英国第 8 集团军强渡墨西拿海峡，向意大利进军。面对盟军强大的攻势，巴多格里奥终于屈服了，他决定向盟军彻底投降。这天，在亚历山大的司令部，意大利秘密签署了停战协定和投降协议。艾森豪威尔飞到西西里，亲眼见证了这一签字仪式。盟军代表史密斯和意大利代表卡斯特拉诺将军分别在协议上签个字，并将这份协议密封起来。巴多格里奥政府将意大利的机场、港口、海军舰艇以及一切海陆交通线全部交给了盟军。当卡斯特拉诺提及无条件投降时，史密斯闪烁其词，意大利人还以为他们签的是一份保留颜面的协议，其实不然。随后史密斯立即拿出停战协议的附件，上面有一连串的要求。文件上明确写着"意大利海、陆、空三军已经无条件投降"，这令卡斯特拉诺吃惊不已。他万万没有想到，狡猾的盟国还准备了另外一份协议。事已至此，他也无能为力了。双方约定：在 9 月 8 日下午 6 时同时宣布该协议，同时美国第 82 空降师将会占领机场，控制罗马。

盟军又一次在欧洲与反动将领署署了协议，但是这次与达尔朗协议不同，这个决定是华盛顿和伦敦做的，而不是艾森豪威尔根据事态发展自己决定的。同时，盟军利用添加附件签署该协议，也是盟国首脑商定后做出的决定。艾森豪威尔认为，应该把政治从军务中剔出去，他认为军务是纯粹的。他说："这是一个欺诈性的交易，我讨厌在停战协定中使用欺骗的手段。"

为了加速战争的进程，艾森豪威尔才与意大利人合作。然而，他没有想到巴多格里奥不遵守诺言。9 月 6 日，第 82 空降师司令泰勒少将奉艾森豪威尔之命，秘密前往罗马制订空降计划，并安排相关细节。泰勒安全抵达罗马后，发现意大利军队胆小如鼠，担心盟军无力抵抗德军对罗马的进攻，因此，意大利决定不公开发表与盟军合作的声明，不给盟军第 82 空降师提供机场。当艾森豪威尔得到泰勒告诉他的消息时，气得满脸通红，一连折断了好几支铅笔。他给巴多格里奥发了一封措辞强硬的电报："今天是发起进攻的第一天，你应该尽自己的责任。无论你采取什么行动，我都会要按原定时间广播停战协定。如果你一意孤行的话，我将向全世界人民公布此事的所有细节。你若不执行协议的规定，会对你们的国家造成什么样的影响，我想你应该很清楚。如果我宣布停战协定后，得不到你的回应的话，你的国家会面临灾难。你们今后将无法获得我们的信任，你也将亲眼见到你的国家和政府解体。"

艾森豪威尔得知他的参谋以他的名义把巴多格里奥退缩的消息向盟国参谋部反映了，并向他们寻求建议。艾森豪威尔愤怒地吼道："谁让你自作主张的，我不需要来自伦敦和华盛顿的建议。"艾森豪威尔认为，盟军司令部的参谋有勇无谋、思想保守。正如马歇尔所说："英国人在策划军事行动的时候比较保守，而且如此多的参谋，他们在观点上必然会有分歧。"

尽管如此，艾森豪威尔还是给盟军参谋长联席会议发了一份电报。他说："我刚刚召开了会议，同主要的司令官们商量意大利的问题。我们将按计划发表停战声明，并进行宣传，采取其他措施，我们绝对不允许意大利人改变态度。"没多久，艾森豪威尔就收到了参谋长联席会议的电报，同意他拒绝接受巴多格里奥改变立场。

9月8日晚上6点30分，艾森豪威尔按照原计划在阿尔及尔广播电台发表了声明。他说："我是盟军总司令德怀特·艾森豪威尔将军，我要告诉大家，意大利武装力量已经接受无条件投降了。我以盟军总司令的身份，批准了军事停战协定。停战立即生效，意大利武装部队将停止一切对盟军的敌对行动。意大利武装部队立即协助盟军，将德国侵略者逐出意大利本土。"艾森豪威尔发布完讲话后，并没有听到巴多格里奥发表相关声明。15分钟之后，艾森豪威尔让阿尔及尔广播电台一位意大利播音员把巴多格里奥的全部电函及声明流利地进行播报，并声称是巴多格里奥本人授权播发的。艾森豪威尔的声明对大多数厌战的意大利军人来说，就像是救命的稻草一样。他们终于松了一口气，因为他们并不希望意大利和德国法西斯一起对付盟军。

巴多格里奥知道艾森豪威尔的声明会带来什么样的结果，不得不回应艾森豪威尔。一小时后，巴多格里奥被迫在罗马电台广播了与艾森豪威尔相同的声明。他命令意大利军队停止一切对抗盟国的行为，并协助盟军与德军作战。巴多格里奥失败了，盟军赢得了胜利。

停战协定发布后，英美联军向滩头阵地进发。驻意大利的德军也行动了，他们奉希特勒的命令迅速包围了罗马，将意军解除武装，并占领了意大利大部分领土。9 月 10 日清晨，意大利国王和巴多格里奥乘坐潜艇，从罗马仓皇逃往意大利南部亚德里亚海沿岸的布林的西避港。在那里，他们成立了一个反法西斯的意大利临时政府，并于 10 月 13 日宣布对德作战。于是，美、英、苏三国发表宣言，承认意大利为共同作战的一方。

　　9 月 21 日，希特勒抢回了墨索里尼这个高级囚犯，并在罗马建立了墨索里尼傀儡政权。此时无论希特勒怎样努力，也改变不了法西斯大势已去的局面。墨索里尼的垮台，意大利的投降并参加对德作战，这标志着法西斯轴心国的解体。这是国际反法西斯联盟的又一重大胜利，这一胜利与盟国总司令艾森豪威尔的努力是分不开的。艾森豪威尔坚持外交、军事两手都要硬的原则，通过外交谈判争取巴多格里奥，为军事行动创造了有利的形势，同时，也为盟军今后的军事行动奠定了基础。

　　经过几个月的激战，到 1943 年 10 月的时候，盟军夺占了萨勒诺、塔兰托、那不勒斯等海港。丘吉尔给艾森豪威尔发了一封贺电，他说："这是一场猛追猛打的战斗，你的冒险政策成功了！"听到这样的赞扬，艾森豪威尔很高兴。但收到了马歇尔的电报后，他的心情被破坏了。马歇尔说："你必须集中兵力，出其不意地从敌人背后实行两栖登陆，夺取罗马。不要停留在那不勒斯之战的桂冠上，而应尽快结束在意大利的战争。"坦率的马歇尔不但没有祝贺艾森豪威尔取得的胜利，反而暗示他缺乏主动性和进攻性。这大大地伤害了他的自尊心，令他非常沮丧。布彻说："他很悲伤，连午饭和晚饭都吃不下。马歇尔的话给他造成了精神上的伤害。24 小时前是丘吉尔的赞扬，24 小时后却是马歇尔的批评，他们的话是互相矛盾的。"

事实上，正当艾森豪威尔在紧锣密鼓地准备进军罗马时，酝酿已久的"霸王"行动——横渡英吉利海峡提上了议事日程。这样，艾森豪威尔没能亲自率大军挺进罗马。他将地中海地区的指挥权移交给了亚历山大将军，准备赴伦敦筹划更大的军事行动。

意大利解放，罗马市民走上街头，围观盟军坦克

第五章

# 诺曼底登陆

# / 远征军司令 /

西西里战役结束后，艾森豪威尔开始把美英盟军从地中海战区调往英国，准备英吉利海峡的大进攻。此时，苏联人民用鲜血换来了斯大林格勒战役的胜利，第二次世界大战出现了转折点。苏联红军信心百倍地从波罗的海到黑海的漫长战线上展开进攻，他们等待着盟国在欧洲尽早开辟第二战场。

随着战局的发展，意大利战场已成为次要战场，为跨越海峡发动进攻的兵力正在集结。当夏秋战斗正紧张进行之际，罗斯福总统和丘吉尔首相准备在开罗召开联席会议。艾森豪威尔奉命迎接和保卫总统及其他人的安全。开会之余，艾森豪威尔邀请马歇尔将军和金海军上将稍微摆脱一下陪同总统一行的约束，来他的迦太基别墅游玩，从金海军上将的口中，他听到了未来关于跨海峡作战的"霸王"行动的指挥问题。此后，关于盟军总部想要撤换盟军总司令的各种消息不胫而走。

金海军上将说："前一段时间，总统曾与首相进行过一次讨论，总统明确同意了由一位英国军官来担任这个职位，大概是因为之前艾森豪威尔将军已经担任了地中海战区的指挥官，所以下一次作战应该由一位英国人来指挥。"但是，"霸王"行动中，美国兵力要远远超过英国兵力，金海军上将提到，"总统评估了公众舆论，认为舆论一定会要求由美国人担任指挥官。"罗斯福总统还将这一想法告诉了丘吉尔，而丘吉尔早已将欧洲战区指挥权许诺给了艾伦·布鲁克。罗斯福总统心目中的合适人选是马歇尔，金海军上将说："总统不顾其他人的坚决反对，初步确定了马歇尔来指挥'霸王'行动。"同时，金海军上将担心马歇尔离开了盟国参谋长联席会议将产生不良后果。

11 月 7 日，艾森豪威尔到马耳他会见丘吉尔和英国参谋长，讨论"霸王"行动的指挥权。丘吉尔坦率地说，"霸王"行动将由马歇尔来指挥，艾森豪威尔得知这一消息后，半晌没说出话来，非常失望。而这一天与金海军上将的谈话印证了丘吉尔曾告诉他讲过的一些话。这一消息让艾森豪威尔明白，他在地中海的日子屈指可数了。但他实在不愿意回华盛顿，情愿在马歇尔麾下指挥一个集团军。他写道："看来我不久就要失去战场的指挥权，返回到华盛顿去了！"

未来"霸王"行动的指挥问题，不仅是他个人关心的问题，也是国家和民众极其关注的问题。现在大家都在议论说，马歇尔是"霸王"行动盟军总司令的最佳人选。艾森豪威尔自己也认为马歇尔是"霸王"行动盟军总司令的最佳人选。在陪同罗斯福与丘吉尔、斯大林等个性超强、难周旋、处事机敏的人打交道时，马歇尔表现出了高超的政治艺术，在英国人和苏联人中均享有很高的声誉。最重要的是，马歇尔指挥美军，协同盟军在战场上同德、意、日法西斯作战，显示出了他无与伦比的军事才能。

然而总统并没有向艾森豪威尔暗示他的最终决定，只是说他很难以想象，如果华盛顿那里没有了马歇尔，未来将变成什么样。总统似乎是在自言自语，说了一句"不过折腾胜利之师是危险的"等类似的话语。艾森豪威尔表态说、"不管政府如何用我，我一定尽力而为。"

传言被证实后，艾森豪威尔非常郁闷，心情越来越糟糕。有一天在吃早餐时，布彻和史密斯询问艾森豪威尔是否会成为陆军总参谋长。艾森豪威尔无奈地说："对这个职位我一点儿都不感兴趣，我不适合这种工作。如果一旦成为事实的话，我觉得那将是一个极大的错误。我对政治家们没有耐性，这一工作会毁了我。"尽管艾森豪威尔很烦闷，但他尽力保持平静，一心扑在意大利的战事上。

与此同时，关于开辟第二战场的方案，盟国内部美英双方显然有些分歧。英方仍然主张全力积极经营地中海区战局，甚至在必要时再次推迟"霸王"行动的发起时间；而对于任何不利于在次年夏季初发动跨海峡进攻的方案，美方坚决反对。美国坚持要将一切行动紧紧围绕着是否有助于 1944 年跨海峡进攻；英国则认为，应该向意大利的方向最大限度地集中力量，有可能产生意想不到的突破，从而不必跨海峡作战，或者至多是一场扫荡战争。

英国首相及其主要军事顾问，对"霸王"计划仍然存有极大的疑虑，他们想把一切可用的海、陆、空力量全部投入地中海区，以避免一场新的两栖作战所带来的额外风险。他们列举了很多理由，但是在艾森豪威尔看来，英国想推进意大利战局，进入南斯拉夫，夺取克里特岛、多德卡尼斯群岛和希腊，给德国以沉重打击，而不必冒着全力进攻西北欧时所遇到的风险。而包括艾森豪威尔在内的美国人认为，应该继续支持在一年前已经制定的计划，只有实施了跨海峡进攻，盟军才能集中兵力，才能取得决定性的胜利。

为了讨论 1944 年开辟第二战场的作战计划和谁担任总指挥的问题，11 月底，罗斯福与丘吉尔、斯大林在德黑兰召开三巨头会议。会上，斯大林委婉地提出任命艾森豪威尔作为总指挥候选人。他还主张：放弃占领罗马，在法国南部作战。他认为，只有这样才可以牵制德国在法国北部的兵力，确保"霸王"行动的成功。经过激烈的讨论，罗斯福、丘吉尔和斯大林达成了协议，决定在1944年春天开辟第二战场。进攻时间基本确定下来了，但"霸王"行动总指挥的人选一直没有定下来。当斯大林问起的时候，罗斯福说会尽快决定的。

11月29日，美、英、苏三国政府的军事首脑开始讨论"霸王"行动。他们讨论的重点是：如何减轻苏联的压力以及苏联如何支援"霸王"行动。斯大林提出了自己的意见："霸王"行动非常重要，应尽快委任作战总司令。同时，为了使苏联能从东线支援"霸王"行动，应当尽早确定行动日期。在总指挥和进攻时间没有确定之前，"霸王"行动就不能算是在筹备之中。斯大林指出，如果可能，在法国南部的进攻应比"霸王"行动早2个月；如果不可能的话，最迟也应与"霸王"行动同时发起。

1943年11月，斯大林、罗斯福、丘吉尔（从左至右），在德黑兰会议上

罗斯福觉得会议气氛很紧张，建议休会，由盟军参谋长联席会议解决"霸王"行动的相关问题。11月30日，德黑兰会议的最后一天，三国首脑经过研究决定将"霸王"行动的发起日期定在1944年5月的某一天。为了支援"霸王"行动，他们决定从意大利抽调部队，在法国南部实施两栖登陆作战。

　　关于"霸王"行动总指挥的事情，一直是令罗斯福头疼的事情。当斯大林再次提出何时任命总司令时，罗斯福说："我还需要几天的时间考虑。"

　　斯大林提议任命艾森豪威尔后，罗斯福考虑了很多。为了审查艾森豪威尔，罗斯福决定在做出任命之前和他进行一次单独谈话。于是，他约艾森豪威尔一起出去兜风。他们谈到了历史上很多著名的战争，而且还提到了"霸王"行动，罗斯福甚至谈了他准备任命马歇尔为总指挥的想法。但罗斯福的谈话很随意，艾森豪威尔并不知道罗斯福是在考验他。他告诉罗斯福自己对参谋部的工作不感兴趣，同时，他向罗斯福保证：他是军人，不管派往哪里，都会认真工作，履行自己的职责。

　　感恩节那天，罗斯福总统授予艾森豪威尔一枚荣誉军团勋章，并亲手为他佩戴在了胸前。这天，马歇尔特意安排了感恩节宴会。宴会结束后，一位客人向马歇尔告别，并表示感谢这场丰盛的感恩节晚餐。艾森豪威尔这才知道当天是什么日子。他说："哎，我根本没有想到今天是感恩节，这令人讨厌的战争……"看着疲惫的艾森豪威尔，马歇尔将他拉到一边说："艾克，你辛苦了，不停地工作了这么长时间，连家也没有回，"马歇尔话还没有说完，艾森豪威尔就觉得一阵眩晕，他心里在想："完了，一切都完了，就这样被解职了，怪不得总统先生还为我授勋章，原来已经打算好了让我回国。"好半天他才回过神来，嘴里不停地说着："你不能这样对我，你……"他的话令马歇尔一头雾水。当搞清楚到底是怎么回事后，他俩相视而笑。原来马歇尔看艾森豪威尔太累了，让他把事情交给下属，自己去埃及休假。在马歇尔的坚持下，他才心怀感激地答应休假。

德黑兰会议结束后，任命统帅的事情交到了罗斯福手中。他想让艾森豪威尔担任陆军参谋长，让马歇尔负责"霸王"行动。如果这样决定的话，马歇尔就成为艾森豪威尔的下属。为此，罗斯福征求了马歇尔本人的意见。但马歇尔不为自己做决定，回复的还是"服从总统安排"那句话。

尽管艾森豪威尔也说"我随时准备尽责"，但他并不愿回华盛顿当参谋官，这是众所周知的。艾森豪威尔觉得罗斯福和马歇尔给他这样的机会，他应该表示非常感谢才对，而且回华盛顿是件好事，可以和家人团聚，但无论他怎么想象回华盛顿的种种好处，都无法让自己平静下来。

就在艾森豪威尔为此事烦恼的时候，罗斯福做出了决定。罗斯福总统决定，让艾森豪威尔担任"霸王"行动的总指挥。就这样，这个战争中最引人注目的指挥大权交给了艾森豪威尔。艾森豪威尔是幸运的，对他来说这是一次绝好的机会。12月2日，德黑兰会议结束的第二天，罗斯福总统给斯大林发了一份电报，电文里写着："我已经决定了，立即任命艾森豪威尔担任统帅。在圣诞节前夕，我会对外公开此事。"

12月初，艾森豪威尔收到马歇尔的电报。马歇尔在电报中说："你的职位将会有变动。"由于没有说清楚，艾森豪威尔并不知道自己的具体去向。12月7日，当罗斯福总统直接告诉他说，由他来指挥"霸王"行动时，艾森豪威尔惊讶不已。过了好一会儿，他才回答总统："这项任命的过程太艰辛了。总统先生，我一定不会让您失望的。"

起初，罗斯福是打算选马歇尔的，那时艾森豪威尔根本不在"霸王"行动的提名中。因为罗斯福希望马歇尔通过指挥这场决定全局的战役名垂青史，成为大名鼎鼎的英雄。他认为，马歇尔出任"霸王"行动的总指挥，不会对丘吉尔及英国将领让步，会把他的战略意图不折不扣地贯彻下去；同时，马歇尔在英国和苏联享有很高的声望，如果任命他，英国人和苏联人都会满意。

最终，担任盟军总司令的不是马歇尔，而是艾森豪威尔。这与斯大林的提议是分不开的，是他使罗斯福下定决心，任命艾森豪威尔为"霸王"行动总指挥，但更重要的还是艾森豪威尔出色的表现。

几天后，艾森豪威尔收到了马歇尔将军的一张便条，他将这张便条看作了自己在第二次世界大战中最珍贵的纪念品之一。

总统致斯大林元帅

已决定立即任命艾森豪威尔将军指挥"霸王"行动。

罗斯福

开罗，1943 年 12 月 7 日

亲爱的艾森豪威尔，我想你也许乐意将此便条作为一件纪念物。这是昨天最后一次会议决定后我匆匆草就的，总统立即签了字。

G.C.马歇尔

很快，艾森豪威尔收到了盟国联合参谋部发来的授权任命书。这份授权书的措辞极为笼统，这样，艾森豪威尔就能自由地行使指挥权以及制订作战的行动细节了。他成为有史以来最大的一支盟国军队的最高统帅，而且是名副其实的统帅。

这份令艾森豪威尔大悦的授权书，内容是这样的：

兹任命你为盟军最高司令，负责从德国人手中解放欧洲。你将全权负责以下事宜：

第一，你的任务是进攻欧洲大陆，并与其他联合国家协同作战；第二，你进攻的目的是横渡英吉利海峡，在法国北部登陆，夺占登陆场和港口，向德国内地进攻，协同苏联红军彻底击败德国法西斯；第三，为了有利于陆、空两军对敌作战，尽早达到目的，可以先占领海峡的适当港口，接着扩大战果，进一步占领其他基地；第四，进攻日期是 1944 年 5 月，可以根据实际情况自己定夺；第五，对联合参谋团直接负责；第六，自己协调后勤事宜、灵活协调部队及情报活动以及援助等。

圣诞前夕，艾森豪威尔已得知罗斯福总统将要发表重要演说，他在电台广播中听到了罗斯福总统的声音："将调艾森豪威尔担任'霸王'行动总指挥，任命他为盟国远征军最高统帅。"艾森豪威尔及他的下属们都很高兴，他的海军副官布彻中校开玩笑地说："下周之后，我的主要工作就成了设计印有艾森豪威尔将军尊贵头衔的正式信纸了！"

被任命为"霸王"行动的总指挥，艾森豪威尔非常高兴。艾森豪威尔深知，如果不能担任作战指挥官的职务，他需要再次面对建立组织、配备人员、制定计划等问题。此外，艾森豪威尔在协调美英作战方面也有自己的体会。他说，在地中海的经验再次证明了一个真理，即统一、协调和合作是作战胜利的关键。战争在陆、海、空三维空间进行，但三军不可分离。只有向着一个精心选择的共同目标，协调这三方面的所有力量，才能发挥出盟军的最大潜力。

现在，艾森豪威尔开始为去伦敦工作做准备，艾森豪威尔决定带走那些地中海司令部令他信赖的朋友、属下。虽然艾森豪威尔知道亚历山大将军或蒙哥马利将军本身都有能力在新的冒险事业中指挥英军，但是艾森豪威尔倾向于亚历山大，因为他们之间交往密切。艾森豪威尔对他的钦佩和友谊与日俱增，他认为亚历山人是英国战略领域的杰山军人。而他的友好、随和也让美国人从内心里喜欢他。

尽管马歇尔支持他，英国首相丘吉尔却选择了蒙哥马利。其实，丘吉尔并不同意艾森豪威尔带走地中海指挥部的优秀指挥官，他怕这样会削弱地中海地区的军事力量，丘吉尔想要在意大利取得近乎决定性的结果。当然，艾森豪威尔也能接受任命蒙哥马利来指挥新作战中的英国军队。艾森豪威尔认为，蒙哥马利有两大别人所不能及的特点：首先，他在英国军人中迅速赢得了热诚的崇敬和钦佩——这是一个指挥官所能拥有的最大个人资本；其次，他在所谓的"预有准备"战斗中具有特殊的战术才能。他在研究敌人阵地和态势的过程中，在综合运用自己的装甲兵、炮兵、空军和步兵夺取对敌战术胜利方面，认真、谨慎，而且确有把握。

12 月 18 日，艾森豪威尔又给马歇尔将军发了一个电报。这次，他要求布莱德雷指挥美军第 1 集团军，并组建一个集团军群，由自己担任该集团军群司令；要求将斯帕茨调往伦敦，担任美国空军首脑，来控制美国和英国的轰炸机部队。至于斯帕茨在地中海的职务，他建议由艾拉·埃克接替。此外，艾森豪威尔还想要的是巴顿。尽管巴顿因为在医院打人的事情弄得影响特别不好，就连罗斯福总统都收到上百封要求将打人的将军解职的信，但在艾森豪威尔看来，巴顿是美国培养出来的一位杰出军人，而巴顿也愿意接受集团军司令的职务。他对马歇尔说："虽然巴顿没有受到正式的惩罚，但已经采取了适当的措施。我可以向你保证，他会改正缺点的。"艾森豪威尔软磨硬泡，终于要来了巴顿。

12 月 25 日，艾森豪威尔收到马歇尔的电报。马歇尔在电报中要求艾森豪威尔"安排好手中的事情，秘密回国。为了有充沛的精力处理重大问题，必须按照要求回国休假"。虽然艾森豪威尔以当前时间宝贵为由反对，但马歇尔将军不同意，说"让别人指挥 20 分钟战争"。鉴于马歇尔将军的真诚邀请，在战场上累得精疲力竭的艾森豪威尔遂遵从马歇尔的旨意，于 1943 年的最后一天启程回华盛顿，开始了他两个星期的假期。

在美国短暂逗留期间，艾森豪威尔得到了与妻子一起去西点军校看望儿子的宝贵机会，后来又匆匆看望了母亲和兄弟、岳父母以及其他几个临时聚集在堪萨斯州的曼哈顿的家庭成员。艾森豪威尔说："与家人团聚是一种让人恢复活力的经历——在之前完全没有体会到，是战争让其他参与者远离了兴趣、目标和日常生活。"

# / "霸王" 行动 /

 

1944 年 1 月 13 日，艾森豪威尔离开美国，开始组织两大西方盟国所能集结的最强大作战部队。第二天傍晚，他回到伦敦。艾森豪威尔的新住所在伦敦西区的高级住宅区，名字叫海斯小屋。这是他信任的英国军事助手詹姆斯·高尔特中校为他安排的。相比于一年前的类似工作，秩序替代了混乱，信心取代了怀疑。

一回到伦敦，艾森豪威尔就投入了工作，为"霸王"行动做准备。艾森豪威尔无数次强调这次行动的重要性。他说："这次作战失败的后果几乎是致命的，这一灾难将意味着对盟军士气和决心的打击产生深远影响，甚至超乎想象。而这种失败会对俄国形势产生剧烈的反作用。如果俄国认为其盟国毫无作用，那么它很有可能会单独行动。"在准备阶段，艾森豪威尔特别强调了情报保密的重要性。"在你看来，是无关紧要的一句话，可是到了敌人那里也许是重要的情报。"然而，令艾森豪威尔生气的事情还是发生了。在酒馆，亨利·米勒少将多喝了几杯，不小心向英国士兵说，以现在的速度，只有在6月份才能做好后勤工作，那时战争早就结束了。米勒是艾森豪威尔的好朋友，也是第一个泄露军事机密的人。知道米勒在酒馆说的话，艾森豪威尔气得暴跳如雷。他不顾米勒的辩解，毫不留情地把他降为上校，并遣送回国。

在伦敦，他着手建立盟国远征军司令部，统帅部正式名称为"盟国远征军最高统帅部"，各取首字母就产生了"SHAEF"这个缩略语。他把罗斯福和丘吉尔手下大部分高级军官都弄来了，安排在伦敦的新岗位上。"霸王"行动副司令官由英国空军元帅亚瑟·特德担任；海军总司令由英国海军上将拉姆齐担任；陆军总司令由英国陆军上将蒙哥马利担任；美军地面部队司令由布莱德雷担任；空军总司令由英国空军上将马洛里担任；参谋长由美国陆军中将史密斯担任；副参谋长由英国陆军中将摩根担任。此外，艾森豪威尔还命令史密斯弄来了很多优秀的参谋官和指挥官。他们都是久经考验的战将，对在大规模作战中发展真正的盟军联合问题具有丰富经验。艾森豪威尔现在的领导班子与"火炬"行动时的班子相比，已经好多了，其司令部成员基本上都是有实战经验的司令员。

在地中海作战时，艾森豪威尔发现了一种能让所有指挥官有效协同作战的方案，那就是让陆、海、空军的首长具备双重角色。第一个角色，他们都是艾森豪威尔的参谋部成员，他们与艾森豪威尔共同制定作战计划；第二个角色，他们每个人又都是实施整个作战计划中相应的部分指挥官。

盟军最高统帅部会议，前排左起，亚瑟·泰德、艾森豪威尔、蒙哥马利，后排左起，布莱德雷、伯特伦·拉姆齐、特拉福德·利·马洛里和沃尔特·史密斯

艾森豪威尔深知空军部队在两栖作战中的重要性，在军事准备阶段，艾森豪威尔无数次强调这次行动中空军的重要性。因此，艾森豪威尔的战略设想中，特别强调了空军的作用。空军的作用不仅仅局限于支援地面作战，而且应该成为战斗主力。艾森豪威尔渴望继续摧毁德国工业，特别是石油工业。他相信，德国的石油储备日益减少，对地面作战极为有利，必将促进战争的胜利。

艾森豪威尔坚持要求指挥空军部队，让重型轰炸机部队的两位指挥官直接听命于他。直到法国和比利时战役的关键阶段，两位指挥官都不隶属于战术空军总司令，而是直接向艾森豪威尔报告。与此同时，艾森豪威尔并不打算成立"地面部队总司令"。在他看来，盟军的两栖进攻是在一个相对狭窄的地面上进行，而且只使用了两个集团军，因此在一开始，仅设一名战线指挥官，直接不间断地实施两个集团军之间的战术协同。这一重任将由蒙哥马利将军负责。但是，艾森豪威尔也并不反对在欧洲大陆尽快建立起英、美两个独立的集团军群，因为要完成关键性的突破战役时，每个进军通道上的地面部队均应有一名自己的指挥官，各自直接向艾森豪威尔报告。

战斗的枪声还没有打响，艾森豪威尔的脑海中已经浮现了关于战争的每一个细节，他需要尽快决定两栖攻击开始阶段的战略构想。盟军参谋长联席会议的指示非常简单，指示在法国海岸登陆，然后消灭德国的地面部队："你们要进入欧洲大陆，联合其他盟国，实施攻入德国心脏地区并消灭其武装部队的作战。"艾森豪威尔的作战原则是歼敌部队，而对于地理位置，"只有在其对敌人实施作战至关重要，或关系我歼灭敌陆、空军部队所需的补给和交通中心时，才予以考虑"。

鲁尔是德国的心脏，也是德国战时军火工业的主要中心。德国第二个重要的工业区是萨尔盆地。德国的大部分武器装备就是来自这两个地区。

大部队渡过莱茵河的天然通道，一条位于鲁尔以北，另一条则是穿过法兰克福地区，再往南进入斯特拉斯堡地区。而上述两条路线中，北线最重要。其原因之一是鲁尔以北的莱茵河附近地形特征有利于进攻行动；二是占据该地区便可割裂鲁尔及其工业区与德国其他地方的联系；三是从后勤的角度看，攻占北线西北欧的安特卫普港口将极大地缩短盟军交通线，而且很明显，一旦到达德国，后勤供应便成为关键问题。

但是，仅仅依靠北部路线，集中所有资源沿着北部海岸狭窄通道进行突击，并不能确保歼灭全部的德军抵抗力量，敌人肯定会在受威胁最大的地区组织武装部队拼死抵抗。这意味着盟军的先头部队与敌人进行正面交火，而敌人则可以集中全力进行防御。

　　艾森豪威尔认为，为了避免出现僵局，获得歼灭德军所必需的力量，可以在正面上向前推进，但左翼优先。这样，盟军将可以尽早夺取并使用比利时的重要港口，还可以横扫德国据说设有"秘密武器"的神秘地区，甚至直接威胁鲁尔。此外，艾森豪威尔还计划一开始就向萨尔方向推进，如果有可能确保夺取比利时港口，让左翼到达可以威胁鲁尔的位置。当向萨尔方向推进的部队与按计划从南面通过罗纳河河谷北上的进攻部队会合时，敌人将顾不上萨尔盆地的安危。整个战线和谐一体，解放法国，开辟出另一条交通大动脉，并确保从美国来的部队迅速到达，获得充足的补给。最后，切断留在汇合点后面的所有德军部队，将其消灭。艾森豪威尔的战略设想是想让盟军的所有部队全部进入战场与敌战斗，避免建立代价高昂的漫长的防御侧翼，因为在这条防线上，盟军除了执行消极被动的任务外将无能为力。

　　到 1944 年 5 月，在实施强渡莱茵河这一决定性突击时，艾森豪威尔可以利用的兵力大约为 68 个加强师，其中不包括来自地中海的师。用其中的 35 个师沿亚眠—莫伯日—列日—鲁尔轴线推进（这是沿此通道进攻的最大可容兵力），这样还剩下大约 33 个师，再加上从法国南部进入的师，可用于莱茵河畔威塞尔往南直到瑞士的这条漫长战线上的其他作战。因此，艾森豪威尔认为，除非摧毁齐格菲防线，否则也就只能防守鲁尔以南的战线；而敌人则可利用所有有利条件，集中大多数兵力任意实施强大的反击。

倘若能够夺取莱茵河全线，前景就会完全改变。只要做到了这一点，盟军的整个战区就会比较安全，能够给所有部队都分配进攻任务，而不仅仅是沿鲁尔以北战线进攻的 35 个师。

艾森豪威尔认为在发动突入德国国内的最后袭击前先占领莱茵河全线是非常明智的选择。因为盟军的目标是消灭德国的武装部队，如果能在莱茵河以西击败敌军，那就意味着以后德国将无力防守莱茵河。苏军已进入波兰，大量的德军兵力将被用于迎击东线苏军的进攻。如果不能在莱茵河天堑以西（在那里，盟军的交通线最短）消灭德军，那么又怎么能指望在莱茵河以东（在那里，盟军就不具备交通线短的有利条件了）消灭敌人呢？布莱德雷、巴顿以及整个参谋部均赞成从梅斯山口和阿登以北的两个方向推进。

艾森豪威尔由此做出下一步推论，敌人将以最强的兵力在鲁尔地区防御，那么最好的方法就是以两翼包围的方法攻克它。为此，艾森豪威尔打算在交通线所能支持的范围内，最大限度地增强北线进攻，而用剩余资源所允许的最大兵力进攻法兰克福。他认为，一旦这两路进攻大军在鲁尔以东的卡塞尔附近会合，那么从军事意义上说，德国就毫无希望了。一旦在卡塞尔地区站稳脚跟，盟军就可以轻而易举地从我们两翼发动进攻。这将意味着欧洲战争的终结。

对所有这些一连串的军事行动及其可能方案的具体讨论持续了漫长的过程。几天后，作战纲要的总体计划在参谋部会议上被精心概括出来：

登陆地点为诺曼底海岸。

集中所需资源在诺曼底—布列塔尼地区实施决定性作战，突破敌人的环形阵地。（该两阶段的陆上作战由蒙哥马利负责战术指挥。）

以两个集团军群在宽大正面上实施追击，其中以左翼为重点，夺取必要的港口，进抵德国边境，威胁鲁尔。右翼我军应与从南面入侵的法国的部队会合。

通过确保比利时、布列塔尼半岛和地中海港口的安全，在德国的西部边境建立新的基地。

在为最后决战准备兵力的同时，继续保持无情的进攻，以我们的一切手段削弱敌人，为最后决战创造有利条件。

彻底歼灭莱茵河以西之敌，同时不间断地寻找渡河桥头堡。

以两翼包围的方式向鲁尔发动最后进攻，重点仍在左翼，夺占鲁尔后立即插入德国，具体方向届时再定。

肃清残余德军。


在紧张忙碌的备战中，丘吉尔、美国大使和其他重要人物总是打申话找艾森豪威尔，这极大地影响了他的工作。1944年2月，艾森豪威尔把总部迁到伦敦郊区的布歇公园。这里很清净，不用担心受到他人的影响。在这里，艾森豪威尔可以很好地工作、休息、运动、看小说。他一向不喜欢别人打扰他的工作。

司令部的人员已经配齐，办公室也搬到了安静的地方，应该可以顺利开展工作了，但艾森豪威尔还被一些其他的问题困扰着。

首先是作战时间的确定。美国总统和英国首相在德黑兰会议时曾答应斯大林，进攻将在 5 月份开始。不过艾森豪威尔认为，选择这一年期间的任何日期，均可满足对两位政治领袖的承诺。为使战役中的好天气达到最长，发动进攻的时间越早越好。此外，德军正疯狂地增强海岸防御。依据英吉利海峡的天气条件，5 月份是能够成功实施登陆的最早日期，而潮汐与日出的第一次有利的结合也将出现在 5 月初，因此，将 5 月初作为最初的暂定目标日期。

与此同时，另外一个重要因素也影响着作战时间。在春季时，艾森豪威尔一次又一次地收到了预警情报，德国正在开发远程大规模杀伤武器，包括可能在开发细菌武器和原子武器。这些情报参谋官们告诉艾森豪威尔，美国科学家也在制造这两种重要武器，并取得了进展，因此他们能够根据自己的经验对德国类似活动做出比较精确的猜测。而通过最仔细的空中照相侦察，美国也在搜寻只能用于某种新型战争的新设施。在 1944 年作战准备的几个月中，唯一有效的应对办法就是轰炸。艾森豪威尔指挥空军断断续续地对科学家认为德国人正在生产新式武器的每一个地方，以及正在沿岸修建发射装置的每一个地点都进行了轰炸。

其次就是空军作战的问题。副总司令特德特意请来朱克曼帮他们制订"霸王"行动的轰炸方案。看完轰炸方案后，朱克曼极为反对。他说："最危险的并不是让敌人知道登陆日期，而是地点。如果敌人知道了地点，他们会及时调整兵力，盟军会面临被围困的危险。按照你们的这份轰炸计划行动的话，德国人一定会意识到地点就在诺曼底。而且在恶劣的天气里，按照这份计划行动，空军根本不能为陆军提供任何援助。"于是，在空军总司令马洛里的支持下，他们制订了另一份名叫"运输"的轰炸计划。

这个方案要求进行一次广泛轰炸，以此摧毁法国的铁路，使法国的交通彻底瘫痪。通过这样大规模的轰炸，德国人将无法知道具体的登陆地点。就算知道了，因为交通瘫痪，他们也无法增援。但是轰炸机部队的长官们没有一个人赞成这个计划。有人说，大规模地轰炸，"霸王"行动就显得多余了；也有人说，"运输"计划会使许多无辜的人受到伤害，这很不人道。一些统计学家估计轰炸会造成至少8万法国人的死亡。关于是否实施"运输"计划，在盟军内部引起了一场混乱。英国首相丘吉尔则从政治层面反对，他说："战后法国必须是我们的朋友。这并非仅是人道主义的问题，还是一个重大的国策问题。"

经过激烈的争论，"运输"计划仍然获得了批准。特德准备了一份详细的轰炸目标的名单送往战时内阁，名单中包括法国和比利时的70多条铁路，许多重要桥梁、货场。在盟军发起"霸王"行动之前，盟军空军投下76000吨炸弹，对铁路中心、桥梁进行轰炸。

艾森豪威尔并不认为死亡数字会超过8万。因为盟军会向居民发出预警，并运用一切可能的手段反复告诫法国人和比利时人远离运输系统的关键地点。此外，艾森豪威尔还计划在每次空袭前都用无线电和传单警告居民暂时撤离选定的空袭地区。艾森豪威尔后来回忆："之所以敢提出如此明确的预警，是因为我们知道，德国空军的力量已被严重削弱，而且敌人没有足够的防空能力随时掩护法国运输系统的每一个关键地点。"

空袭计划不得不精心安排，以免暴露所选择的突击地区。因此，为了强化对敌人的欺骗，盟军在每一次重要空袭时总是选择加莱一些地区的目标予以猛烈轰炸。

最令艾森豪威尔痛苦的就是登陆舰艇短缺。这会牵扯到事情的各个方面，严重影响日后的作战。艾森豪威尔说，他会因登陆舰艇焦虑而死，他的棺材应该是舰艇的形状。得知情况的丘吉尔愤怒地说，看来伟大帝国的命运拴在这该死的登陆舰上了。

为了解决登陆舰艇短缺的问题，艾森豪威尔在给盟国参谋长联席会议的报告中说："我们不能失败，所以必须想尽一切办法，解决我们现在面临的问题，否则我们不能保证取得胜利。"推迟进攻日期是解决登陆艇短缺的方案之一。但是，经过指挥官和盟军参谋长联席会议讨论后认为，即使将进攻日期推到 6 月，盟军也没有足够的登陆舰船和其他设施保证向英吉利海峡和地中海发起进攻，更何况一部分登陆艇还被用于法国南部的辅助进攻。那时，美国已在太平洋发起进攻行动，也不能从该战区调来必要的船只。面对此种情况，蒙哥马利将军建议彻底取消对法国南部的进攻行动（代号"铁砧"）。1944 年 2 月 21 日，他在给艾森豪威尔的信中写道："我强烈建议现在应全力反对'铁砧'行动。"艾森豪威尔不同意这一观点。但形势已经很清楚，除了将南部进攻的时间往后推迟，以使舰艇和登陆船只先参加"霸王"行动，然后前往地中海参加那里的战斗之外，别无其他资源。艾森豪威尔认为推迟作战时间并非特别不利，至少要比取消法国的行动强得多。与此同时，4 月，马歇尔满足了艾森豪威尔的要求，将地中海的登陆艇调给他使用。

诺曼底登陆前的准备工作：美军集中了大批登陆艇

　　艾森豪威尔的工作非常忙碌，但为了让成千上万的士兵能够见到他，为了鼓舞士气，他花了很多时间去视察。在预定发起进攻的前四个月，他视察了部队、机场、仓库、工场、医院以及其他设施。在视察部队的时候，艾森豪威尔对士兵们说："为了在战争中减少伤亡，你们必须加紧操练，做好战备。只有多一分战备，将来的牺牲和损失才会减少一分。"他非常关心士兵的生活，每到一个兵营都不会忘记检查伙房。在艾森豪威尔看来，"霸王"行动与大家的生活密切相关，为了争取幸福、美好的生活，必须在行动中取胜。因此，他非常关心士兵，总是替士兵考虑。他的这些行动赢得了士兵们的尊敬和爱戴，大家都愿意服从他的领导，并为他效命。

　　陆军作战的士气问题总是让艾森豪威尔牵肠挂肚。一位作家估计，任何想在西北欧防御海岸登陆的行动，都将导致突击部队80%~90%的损失。这种不负责任的说法广为流传，引起司令部的疑虑和不安。布莱德雷以及其他指挥官立即利用多次视察部队的机会驳斥这种说法，指出这种说法只是某些根本不懂作战、不了解事实的人做出的一种恐怖、虚假、完全误导公众的论断。布莱德雷预计，此次进攻的损失不会超过任何其他同等规模的激烈战斗。艾森豪威尔决定在报纸上向公众发布了布莱德雷的判断，并运用其他一切可用手段预防可能动摇军心的悲观预言。

为了增强作战力量，艾森豪威尔将好友乔治·巴顿从地中海调来。他参加过地中海战役，富有经验。巴顿的到来让艾森豪威尔信心大增。他们经常彻夜长谈，一坐就到了凌晨。艾森豪威尔说，"与他谈话总是让人兴奋，有时忘记了夏令时，清晨之前就要开始工作。"艾森豪威尔任命巴顿为美国后续部队的第3集团军司令。在马歇尔的推荐下，布莱德雷成为美国第1集团军群司令。艾森豪威尔对这些新任命的军官们说："你们就是一家之长，要像父亲一样对待你们的士兵，就算这些士兵的年龄比你们大，也必须如此；作为家长，必须为士兵们排忧解难，在他们有过错时，更应该站在他们身后鼓励他们，而不是冷言冷语、横眉怒对；作为指挥官，你们必须对我负责，对盟军参谋长联席会议负责，更要对千千万万在战争中经受苦难的人民负责。因此，你们必须保证部队做好一切准备工作，准备随时投入战斗。"

5月15日，艾森豪威尔召集盟军司令官在圣·保罗学校进行战前动员。会议的主席台上，挂着一张法国北部的详细地图和一张巨大的诺曼底地图。盟国军事领袖和高级司令官们把如此重要的秘密在众人面前显露出来，这真是一次隆重的、不同寻常的、引人注目的集会。

应盟国远征军最高司令官的邀请，前来参加会议的有英王乔治六世、首相丘吉尔、美国白宫和英国内阁的将军、盟军远征军最高统帅部的成员等人。

艾森豪威尔的欢迎辞很简短，他只说了 10 多分钟，但是所有的人都被他的话吸引了。有人说："艾森豪威尔的微笑能抵十几个师，而今天抵的兵力更多。"组织这样一个会议，要处理许多复杂的问题。人们认为，只有上帝才能做到，然而艾森豪威尔做到了。

在艾森豪威尔致欢迎辞之后，是几位司令的讲话，他们向在座的各位介绍了"霸王"行动中他们各自的任务。其中，最引人注目的是自信的蒙哥马利。他介绍了阵前敌军的情况，分析了德国赫赫有名的元帅隆美尔。他说："隆美尔是一位精力充沛、意志坚强的司令官，最擅长破坏对手的进攻。他从不打无准备之仗，在我们发动进攻之前，他会精心布置一切，破坏我们的行动。他会设置固定的海岸防御工事、加强据守的战壕体系、在水中设置障碍物，将我们遏制在滩头。为了阻止我们的坦克登陆，他一定会竭尽全力把他的增援部队调上来。"

听了蒙哥马利的分析，使很多人感到惊恐。最后，蒙哥马利解释道："尽管如此，但是我们没有必要惧怕他，因为我们已经做了充分的准备。只要大家无所畏惧地向敌人猛攻，打乱他们的计划，使敌人不能接近，我军就能牢牢地站稳，并取得胜利。"

蒙哥马利的讲话结束后，丘吉尔简单地说了几句。他说："任何时候都会有突发事件，我们不期望一切都会按原计划进行。依靠你们的智慧、勇敢和灵活的头脑，取得胜利吧！"

诺曼底登陆之前，艾森豪威尔（左一）陪同丘吉尔
（左二）视察美国滑翔机和伞兵部队

最后，会议在英王简短的讲话中结束。这次会议驱散了丘吉尔长期以来的疑虑，鼓舞了将士的士气。在 1944 年 1 月的时候，丘吉尔还对横渡英吉利海峡持怀疑态度。他曾问艾森豪威尔："一想到诺曼底的滩头上挤满了英美士兵时，我就怀疑这一切都会是梦。艾克，如果失败了，我们一起下台。"然而，正是圣·保罗会议使丘吉尔对这一行动的胜利坚信不疑。

为了赢得这一战役的胜利，作为统帅，艾森豪威尔需要做的事情实在是太多了，就连战士们的伙食、部队的分配等问题都是他不得不考虑的。由于承担着指挥的沉重负荷，艾森豪威尔感到非常紧张和疲乏。他在给妻子的信中说："多么希望这场残酷的战争尽快结束啊，可是我连祈祷的时间都没有。"他的联络副官布彻说："看上去，艾克精疲力竭、疲惫不堪。现在，他比过去衰老了许多。每天都出现数不清的问题，预定发起进攻的日期一天天临近，仍有许多问题等待他去处理，他的身体将会变得更差。尽管如此，一切都不会受到影响。因为艾克只要好好地睡一觉，就能恢复过来。"

# / 艰难的抉择 /

横渡英吉利海峡是一场非常大的赌博，它的赌注大得惊人。美英盟军和德国法西斯，无论谁失败都意味着输掉这场赌博。对美英两国而言，如果输了，它们毁掉的是两年来的苦心经营——巨大的人力和物力资源。对于希特勒而言，如果输掉的话，就是法西斯德国的彻底覆亡。

盟军经过商议，把登陆时间定在了 6 月 5 日。关于登陆地点，暂时还没有确定。在法国西北部的加莱地区、康坦丁半岛和诺曼底地区，是比较合适的登陆地点。为了便于成功登陆，艾森豪威尔曾多次派情报人员去现场勘察。他们发现，加莱地区的登陆条件比较有利，但那里是德军的重点设防地区，登陆必定会遭到激烈抵抗，而且不利于深入作战。最重要的是，它距离英国海港太远，会给运送部队和物资带来很大的麻烦。从康坦丁半岛来看，登陆最容易取得成功，但是因为地形不好，在那里登陆不利于进攻。相对而言，诺曼底地区的条件要有利得多，沿海地势开阔，有利于登陆作战。虽然这里没有良港，但是可以用人造港来取代。诺曼底距离英国西南海岸的各大港口比较近，有利于输送部队和运送物资，而且这里的德军力量比较弱，登陆容易成功。盟军在权衡利弊后，选定了诺曼底。

隆美尔元帅（持手杖者）视察英吉利海峡附近的德国要塞

想要在诺曼底顺利登陆，必须把17.6万名参战的士兵用上千艘军舰通过英吉利海峡送到法国海岸。这需要上千架飞机的掩护，而且必须在一天之内完成运送任务。艾森豪威尔明白这项任务十分棘手。为了减轻盟军在诺曼底登陆时的阻力，在登陆的前一周内，艾森豪威尔命令盟国空军对诺曼底和加莱地区进行了狂轰滥炸，摧毁了德军的运输线、海岸炮兵阵地等军事设施。为了迷惑敌人，他们投在加莱地区的炸弹比投在诺曼底的多了整整一倍。经过盟军一个星期的轰炸，德军82个具有战略意义的铁路枢纽被炸毁了。这样一来，德国人根本无法迅速向告急的地区调配后备队、增援部队。盟军以轰炸为目的的"运输"计划成功了，它为"霸王"行动提供了有利条件。为此，盟国付出了高昂的代价。"霸王"行动开始前的两个月，盟军损失了 2000 架飞机和 1.2 万名官兵。到诺曼底战役结束的时候，在法国上空损失了 2.8 万名空军官兵，这个损失是惨重的。艾森豪威尔说："盟军就像卷着的弹簧一样，当它所要释放的能量弹开的时候，将是飞越英吉利海峡的时刻。"

在陆地上，盟军登陆时只有 7 个师的兵力，而德国人在法国有 59 个师。尽管盟军掌握了空中优势，但要面对在数量上、装备上远远超过自己的德军，而且是在东线久战的德军精锐部队，其困难是可想而知的。盟军不得不巧妙地引诱希特勒的精锐部队，把他们的装甲师调离登陆地区。为了不让德国人知道盟军具体的登陆点，艾森豪威尔利用手下的间谍——英国情报机构的情报人员为他服务，他们顺利实施了愚弄德国人的计划。

盟军的愚弄计划是根据德国人的预想制订的。希特勒认为，盟军会在海峡比较狭窄的地方登陆，因为距离短可以缩短往返时间，而且那些狭窄的地方离鲁尔、莱茵等工业中心比较近；盟军会在诺曼底佯攻，然后在加莱地区顺利登陆。盟军正是抓住了希特勒的这种心理，设立了大规模的虚构作战力量。

英国人在加莱海峡对面的多佛建筑了一个假油料码头，英王郑重其事地视察了这一码头。在码头完工的时候，艾森豪威尔还发表了情绪激昂的演讲。英国皇家空军的飞机天天在码头上空巡逻，德国的侦察机无法进行侦察。即使德国侦察机能侦察到，他们也只能得知码头防守严密的信息。

为了使假象更逼真，盟军虚构了一个美国第 1 集团军，它将在巴顿的指挥下对加莱海峡造成威胁。很快，德国间谍就破获了第 1 集团军的行动计划。这时根据安排，巴顿在伦敦露面，名字也频繁出现在报纸上。因此，德国人对巴顿将指挥第 1 集团军进攻加莱深信不疑。此外，盟军故意发假电报让敌人截获，诸如两个汽车连需要引擎使用手册，第 80 师需要登山鞋、滑雪板绑带等。

巴顿将军在准备诺曼底登陆期间

之前盟军对德国的轰炸也给了敌人以错觉，这些都迷惑了希特勒，令他做出了错误的判断。他和德军总参谋部一致认为，为了向法国东北沿海地区实施突击，盟军将在加莱地区登陆。于是，希特勒命令德军在加莱地区沿海岸修筑防御地带，设了海岸炮阵地、坦克陷阱、防坦克壕等坚固支撑点，各支撑点之间还有大量障碍物和地雷，在水中也设置了大量的障碍物和水雷区。与加莱地区的海防工事相比，诺曼底的防御差多了。

诺曼底登陆的代号是"海王星"行动。为了不让敌人察觉真正的登陆地点，确保这一行动的成功，英、美两国军队向诺曼底集结的时候都非常小心。到开战前夕，盟军有 39 个师参加战役，海陆军三军及后勤人员总数约 288 万人。

海军 9000 余艘各型舰艇，编为东部和西部两个特混舰队。东部特混舰队的司令是英国海军少将维安，他们在格里诺克集结，由英国战术空军第 2 航空队在空中掩护。西部特混舰队的司令是美国海军少将柯克，他们将在贝尔法斯特集结，美国战术空军第 9 航空队将在空中掩护他们。此外，海军还有 100 多艘舰艇会在 5 个滩头提供支援。

陆军有英国陆军中将邓普赛担任司令的英国第 2 集团军、英国陆军中将邓肯·格雷尼姆担任司令的加拿大第 1 集团军、美国陆军中将布莱德雷担任司令的美国第 1 集团军、美国陆军中将巴顿担任司令的美国第 3 集团军，他们各自负责占领不同的滩头。

空降部队为英国第 6 空降师，美国第 82、第 101 空降师，各种飞机总共有 13700 多架。在欧洲，这是盟军所能集结的最大的空降兵力。

诺曼底登陆前的准备工作：英国喷火式战斗机正在进行紧张的训练

此时，德军的 179 个师，将近 65%的兵力在东线和苏联红军作战。德军除了海军实力较弱外，他们的空军与盟军相比，处于 30 比 1 的绝对优势。尽管德军的兵力如此强大，但由于盟军的蒙骗计划很成功，所以希特勒在诺曼底安排的守军不到 10 个师，兵力非常薄弱。

事情按照盟军的设想发展着，可以说，一切都在他们的掌控之中。可是不稳定的天气是他们无法控制的。艾森豪威尔无时无刻不在关心天气预报，他怕登陆受到天气影响。其实，每个人都期盼在预定进攻之日天气会好一些。艾森豪威尔在给玛米的信上说："不管天气多么糟糕，我都希望能按原计划登陆。如果天气太坏，登陆的部队将无法得到空军的援助。真希望情况不要太糟糕。"

德军士兵正在操作一门设置在法国大西洋沿岸的铁道炮

6月1日，英吉利海峡上空阴云密布、大雨倾盆，海面上风高浪急，根本不可能登陆。是否如期发动进攻，盟军内部的高级指挥官意见不一。空军上将特德说："我建议推迟行动，因为天气太坏，空中支援有困难。"而蒙哥马利极力主张立即进攻，他说天气再恶劣也没有关系。

因为天气原因，艾森豪威尔十分烦躁。不管是推迟行动，还是按原计划行动都会有失败的危险。如果推迟"霸王"行动的时间，在诺曼底登陆的消息肯定会被敌人知道，"霸王"行动也会失败，打败德国会变得遥遥无期。因为德军的侦察机会发现在诺曼底集结的部队，而且现在所有的盟军士兵都知道诺曼底是登陆地点，没有人能保证他们不泄密。如果按计划登陆，盟军可能在没有靠岸前就被大浪淹没了，即使侥幸靠岸，士兵也无法进行战斗了，"霸王"行动会因为天气而失败。

从6月2日开始，艾森豪威尔和他的顾问们每天至少要听取两次关于天气情况的汇报。6月2日早晨的汇报中，盟军气象人员争论了很久，但对未来几天天气如何仍没有一致的意见。英国著名气象学家说，预测英吉利海峡未来几天的天气情况是很困难的。因此，在早晨的汇报中，除了汇报风力加强外，他们没有提供给艾森豪威尔其他的消息。在晚上的汇报中，气象人员仍然没有一致的结论。

6月3日晚上的汇报，令艾森豪威尔非常烦恼。首席气象学家说："因为受西面低气压的影响，英吉利海峡未来的几天将充满危险，会有5级左右的大风，天空将被大量的云层覆盖，而且天气很快还会恶化。在未来的24小时内，天气预报是非常不可靠的。现在，要做决定还为时过早。"尽管问题很严重，但是艾森豪威尔仍然下令海军继续进行所有的准备工作。在夜里的汇报中，气象员带来了一条令所有人沮丧的消息，他说："我们担心的事情已经被证实了，风浪和浓云将持续到6月5日。"听了这样的汇报，艾森豪威尔问气象员："在这样恶劣的天气里，海军能作战吗?"首席气象学家说："绝对不能，就算他们侥幸上岸也无法进行战斗。"此时，只有蒙哥马利主张按计划行动，他说他已经准备好了。所有人都期盼天气情况能够好转，然而大风大浪依旧令海军无法行动，有好几艘舰艇被海风掀翻，士兵受伤严重。不得已，艾森豪威尔只好决定暂时把进攻推迟24小时。

6月4日，艾森豪威尔会见了一些盟军司令官和英国皇家空军斯塔格上校，继续讨论是否按计划进行"海王星"行动。斯塔格是艾森豪威尔的主要气象情报人员，他向艾森豪威尔汇报了天气情况，他说："海上情况按计划行动，空军也不能出动。因为预测的坏天气将在5个小时内出现，而且情况非常糟糕。"如果无法利用空军的援助，这次登陆太冒险了。于是，艾森豪威尔正式下达了行动推迟24小时的命令。但是蒙哥马利强烈反对艾森豪威尔的决定，他傲慢地说："事情发展到今天，无论怎样都必须按计划行动。我有信心，没有空军的支援，我们照样可以顺利完成登陆任务。"艾森豪威尔说："将军阁下的心情，我能理解。但是你想过没有，行动一旦失败，要在1944年再发起一场如此规模的战役是不可能的了。你应该明白，最终决定'霸王'行动是因为盟军具有空中优势。如果空军不能按计划参加行动，登陆就太冒险了。"

6月5日清晨，盟军总司令艾森豪威尔和蒙哥马利、特德、史密斯、斯塔格、拉姆齐等高级军官在会议室再次商议行动的事情，并听取了最新的天气预报。斯塔格上校说："36小时内天气将出现转机，倾盆大雨将在两三个小时内停止，风力中等。虽然仍然有云层，但轰炸机和战斗机可以在今天至明天晚间行动。但是以后的情况并不明朗。"听到这样的消息，军官们发出阵阵欢呼。

其实，这种天气只能使用轻型战斗轰炸机，使用重型和中型轰炸机是非常危险的。艾森豪威尔犹豫不决，烦躁地在房间里踱来踱去。他踱步的同时，不停地向在座的人提问题。蒙哥马利非常不耐烦，他的表情告诉大家，如果是他早就做出决定了。艾森豪威尔并没有注意到蒙哥马利的表情，他继续思考着。对他来说，这的确是行动的好机会。此时他不得不做出决定，就算要再次推迟行动，这也是最后一次机会。艾森豪威尔心里已经有了主意，他决定行动。于是，他抬起头与参谋长史密斯用眼神交流了一下。史密斯明白了艾森豪威尔的意思，他说，这将是一场赌博。艾森豪威尔微笑地点点头，问蒙哥马利："6月6日，你认为如何？"蒙哥马利盯着艾森豪威尔的眼镜，干脆地答道："我说干！"

尽管空军司令特德一直在强调行动的危险性，但艾森豪威尔坚定地说：

"为了给登陆部队提供支援，我们将派出大批轻型战斗轰炸机进行轰炸。"计划就这样定了下来，在座的人们都很兴奋，他们期待着即将来临的这场决定性战役的胜利。后来，史密斯说："艾森豪威尔知道自己的决定事关战役的成败，在做出重大决策时，他在沙发上坐了整整 5 分钟，思考他的决定，而他自己却说只有 45 秒而已。面临这种重大抉择，他的孤独、寂寞、压力是不言而喻的。"

艾森豪威尔冷静地比较了各个方案后，晚上 9 点 45 分，他说："我确信必须下达命令了，让我们大张旗鼓地干一场吧！"终于做出了重大的决定，艾森豪威尔既不能改变战争的结果，也不能修改战争的计划。他已经做了自己该做的，其他都将是无法控制的。

几天来，因为低气压笼罩着海岛，阴沉的云层密布，大风掀起了英吉利海峡的巨浪，空军行动的条件突然恶化。这让艾森豪威尔在 6 月 1 日至 5 日的每一次会议都苦恼极了，其他军官也是如此。6 月 5 日，他终于做出了决定，让见鬼的天气不再困扰他。他始终做着成功与失败的两手准备。他的秘书凯瑟琳·萨默斯比在她的日记中写道："艾森豪威尔的心情非常糟糕，万一决策失误，他将无法承受。"

# 横渡英吉利海峡

为了在出发前给盟军士兵一份进军令，5月初，盟军司令部就起草了内容，艾森豪威尔还修改了无数次。为了方便士兵携带，进军令只有一页。在出发前，艾森豪威尔以盟国远征军最高统帅部的名义向全世界广播：

盟军远征军陆、海、空三军的战士们：

战争就要打响了，你们即将开始远征。你们是为和平而战、为自由而战的英雄。你们和其他战线上的盟军和战友们一起英勇奋战，一定会摧毁德国法西斯、会消灭纳粹对欧洲人民的残暴统治，会保障我们自由世界的安全。

你们面临的敌人非常强大，他们顽强、训练有素、装备精良，会殊死搏斗，我们不能掉以轻心。同时，我们也不能悲观，因为敌人有他们的优势，我们也有我们的优势。虽然敌军在1940年到1941年获得了胜利，但在今年，

1944 年，形势已经发生了变化。因为盟军奋不顾身、英勇作战，德军已经遭到惨重失败。我们大规模的轰炸已经大大削弱了敌人的力量。同时，在武器和弹药方面，我们是有优势的，而且盟国给我们准备了大量的、受过训练的、可以随意使用的后备部队。

尽管任务是艰巨的，但形势在朝着有利于我们的方向发展，你们一定要对自己有信心，对我们反法西斯的伟大事业充满信心。

此刻，全世界人民都在注视着你们，全世界热爱自由的人们都在为你们祈祷。多少双眼睛在期待，期望你们带回捷报！

对你们的勇敢精神、作战能力，我深信不疑。胜利必定属于我们！全世界热爱和平和自由的人们一定会共同走向胜利！

预祝你们平安！让我们大家一起为这个光荣而伟大的事业祈福吧！


发布进军令后，艾森豪威尔还写了另一份文件，是关于瑟堡港登陆失败的文件。艾森豪威尔怕"海王星"行动开始后，没有时间写报告。


盟军参谋长联席会：

我已经下令将瑟堡港登陆的部队撤回，因为在那里无法占领一个令人满意的立足点，登陆失败。我根据所得到的最好情报，做出了在瑟堡港进攻的决定。行动中，陆军、海军和空军都竭尽全力英勇奋战，但登陆失败了。如果追究此次行动的责任，我就会一人承担。


盟军一切准备就绪，只等出发。此时德国人认为天气条件如此恶劣，盟军在半个月之内肯定不会有登陆行动。因此，希特勒并没有向部队下达战备命令。因风浪太大，德军撤回了海军巡逻船，而且德军防空部队还接到了不必执勤的命令。6月5日，德军驻守诺曼底地区的司令隆美尔返回德国，给自己的妻子过生日。看着下个不停的大雨，隆美尔自信地说，天气如此恶劣，盟军肯定不会进攻。就算他们登陆成功，也无法走出海滩。这一天，驻诺曼底地区的德军第7集团军司令杜尔曼还召集了他的高级将领，他们一起到100英里之外的地方进行沙船演习。

为了使盟军在诺曼底顺利登陆，艾森豪威尔用了以假乱真的计划蒙骗了敌人。盟军制造了许多和真人差不多的假人，把穿上军装、装上音响和实弹射击模拟器的假人空投下去。当假人接近地面的时候，他们身上会发出手榴弹的爆炸声和机枪的射击声，这些声音和真正的战斗中的声音一模一样。德军的警报声此起彼伏。扑了空的德军不再理睬"空降兵"了。

1944年6月6日早晨4点15分，登陆的士兵出发，他们将在6点发起进攻。为了鼓舞士气，艾森豪威尔决定去看望临行前的将士。遗憾的是，他没有看到美国士兵，因为他们不在这个码头上船。英国士兵发现了艾森豪威尔，他们高声喊着："好心的艾克！"登陆的舰队起航后，远远地还可以听见他们的呼喊声。

从码头离开后，艾森豪威尔视察了纽伯里附近的三个飞机场。在机场，艾森豪威尔和正准备登上飞机的伞兵们亲切地交谈。艾森豪威尔说："不要担心，你们有最好的指挥官和装备。努力吧，你们一定会凯旋的！"一个士兵朗声说："将军，现在该是德国鬼子担心的时候了，我们一点儿都不担心。"另一个士兵还尖声高叫着："希特勒，小心你的脑袋，我们来了！"

看到这些即将奋勇冲杀的战士们，艾森豪威尔想起马洛里的话，心情沉重起来。马洛里说："空降部队的伤亡将是巨大的，四分之三以上的士兵会遭受伤亡。但只有他们的行动，才能帮助部队成功地登上犹他滩头。"尽管如此，艾森豪威尔不得不下达空降命令。一想到这场可恶的战争将吞噬无数条年轻的生命，艾森豪威尔就非常难过。他在心里诅咒这场该死的战争。艾森豪威尔一直把泰勒将军送到 C-47 型飞机的机舱门前，目送他登上飞机。机舱门关了之后，艾森豪威尔对着飞机向士兵们敬了一个标准的军礼。艾森豪威尔爬上屋顶观看机场上空盘旋的飞机，久久不肯离开。

6 月 5 日，伦敦作战情报中心的工作人员度过了一个不眠之夜。这天，轮到海军上尉麦克米值夜班。凌晨 3 点左右，值班室的门被打开，海军大臣坎宁安走了进来。他看上去很疲倦，很明显，他一直没有合眼。他问麦克米："情况怎么样了？"麦克米回答说："再过三个小时，登陆艇才能在预定时间抵达海滩。"听了麦克米的话，坎安宁说，他三个小时之后再来。此后，期待着那一刻到来的丘吉尔也是一夜未眠。

华盛顿的军人们也在焦急地等待着盟军的消息。凌晨 5 点，陆军部长史汀生在床上辗转反侧，难以入眠。这场战役终于开始了。史汀生怎么能不激动呢？实际上，"霸王"行动是他提出来的。早在 1941 年珍珠港事件后，他就一直在为实施"霸王"行动而到处游说。为了促成这一战役，他和马歇尔等人竭尽了全力。1943 年 7 月，访问英国之后，史汀生给罗斯福总统提出建议，说一定要让美国取得行动的全面指挥权。尽管战争来得迟了些，但经过激烈的争执，经过绞尽脑汁的思索和长期的准备，"霸王"行动终于按照预定的时间开始。20 多万人将登上飞机和舰艇，横渡英吉利海峡。不管是胜利还是失败，这次行动本身就是一项伟大的壮举。史汀生站在窗前，望着西南方向的天空，久久无法平静。

华盛顿白宫里，罗斯福总统对他的夫人说："登陆将在明天凌晨开始，我无法入睡，我得一直守着收音机。"这天晚上，艾森豪威尔也没有睡觉，他在焦急的等待中度过了漫漫长夜。

与盟军相比，德军就没有那么紧张，他们与往日一样放松。他们被盟军真真假假的行动弄得很不耐烦，即使接到盟军登陆的情报，他们也不会相信的。也许几个小时候会发生战争，德军的将军和士兵没有一个人这样考虑过。不知不觉中，灾难就要降临到他们头上了。

登陆这天，艾森豪威尔调动了 8000 架轰炸机、4000 多艘登陆艇、284艘军舰以及其他舰艇。为了实施"霸王"行动，他调动约 300 万人的兵力。他们时刻准备着听候艾森豪威尔的调遣。为了在诺曼底地区的斯沃尔德、朱诺、果尔德、犹他和奥马哈五个海滩顺利登陆，盟军把所有的分队聚集起来。

两个德国士兵正在往炮弹壳上画画

海面上，美国的"贝菲尔德"号军舰正在全速前进着。此时，离法国海岸只有十几海里，将士们生怕铁锚链条的嘎嘎声以及舰体划过水面时击起的水浪声惊动了滩头上的德国守兵。一想到天亮之后，就要去攻打犹他滩头，兴奋的将士们就什么也不怕了。海军少将唐·穆恩和约瑟夫·科林斯将军用眼神告诉对方：为了这一刻，我们已经做好了准备，在即将到来的战斗中，胜利一定是属于我们的。

东方渐渐发白，美国的"查尔斯·卡罗尔"号运输舰已经接近目的地。此时，透过望远镜，诺曼底的地形已经清晰可见。舰上的步兵部队来自科塔将军的第116团，他们在悬挂的20艘小型登陆艇中等待着。5点20分，"查尔斯·卡罗尔"号运输舰上传来"放艇"的广播声。于是，在吊艇架绞车的嘎嘎声中，小艇开始往下放。小艇顺利地放到波涛汹涌的海面后，就朝着预定的集结地区——奥马哈海滩驶去。

6月6日，空降部队首先踏上法国领土。盟军第82空降师几乎没有遭到任何抵抗，就顺利占领了公路要地圣梅尔埃格利斯，而且还牢牢守住了梅尔得里特河上的桥梁。美军第101师空降师也顺利地到达了预定的目的地——卡郎坦以北。为了登陆部队顺利向内陆进军，他们摧毁了设置在那里的重炮炮台，占领了海滩堤道。只有英国第6空降师遇到抵抗，但是经过战斗，他们很快就占领了预定的桥梁和高地。

5点50分左右，为了掩护奥马哈这一地区的登陆行动，盟国空军将1285吨炸弹投向德军。由于受云层影响，德军损失并不大。6时许，登陆部队开始陆续逼近海滩。在斯沃尔德、朱诺、果尔德、犹他登陆的盟军官兵非常顺利，他们几乎没有遭到德军反扑。

在奥马哈登陆的盟军并没有其他登陆点的盟军那么幸运，他们受到德军的猛烈反击。隆美尔曾在此处视察，对这里的防御工事不满意，于是敌人加固了这里的防御工事。德军在盟军有可能登陆的进出道路上布置了大量的地雷；在水下修筑了许多用钢筋做的屏障，它们之间布设了水雷；在岸上修建了许多能够扫射滩头的战壕。奥马哈可以说是真正的"大西洋堡垒"。遗憾的是，盟军的侦察兵没有发现这里的防御体系和兵力部署的变化。

7点整，奥马哈的情况并不理想。海滩上的障碍物并没有完全排除，士兵伤亡惨重，前进速度很慢。德军在猛烈地反击，许多盟军士兵倒下了。海水被鲜血染红，奥马哈成为一个血染的登陆场。

诺曼底登陆战中负伤的盟军战士被集中在海滩上等待治疗

德军的嚣张气焰并没有击溃盟军官兵的士气，反而激发了他们的斗志。冲锋在部队前面的副师长科塔准将大喊着："在这块海滩上只有死人和垂死的人，我们一定会冲出这个鬼地方的！"看着师长毫无惧色，士兵们也毫不示弱，他们互相鼓励着："敌人并不可怕，可怕的是我们没有冲锋的勇气。"

敌人的火力很猛，盟军仍在前进。经过一整天的激战，盟军终于登上了奥马哈海滩。

在谢尔曼坦克的引导下，美军车队在安齐奥滩头阵地向前缓慢推进

6月6日上午7点，艾森豪威尔还没有收到消息，他在指挥所里焦急地踱步。直到晚上8点钟，他才收到令人满意的报告。报告上说：杰罗将军率领

的盟军登陆的海滩不太顺利，他们遭到敌人猛烈的反击，其他海滩登陆的行动都按预定计划顺利进行。艾森豪威尔发了一份电报给马歇尔，他说："我们一定能完成任务。前天，我视察了英美部队，战士们士气很高，而且今天我收到登陆顺利的报告。"

6 月 6 日一整天，艾森豪威尔都非常焦急不安，他的心情随着前方的战报不停地变化。直到晚上，盟军士兵已经突破了希特勒的"大西洋堡垒"，近 10 个师的部队成功登陆的消息传来，他才稍微放下心来。当布莱德雷向艾森豪威尔汇报情况时，受到艾森豪威尔的责怪。他不高兴地说："为什么不向我汇报前一天的战况？"其实布莱德雷几乎每隔一个小时就向他汇报一次战况。

当艾森豪威尔接到盟军登陆成功的消息时，隆美尔也接到了盟军在诺曼底登陆的电话。

隆美尔一刻不敢耽误，火速乘车赶往诺曼底。途中，隆美尔得知前线情况很糟糕。此时，盟军已把"大西洋堡垒"撕开了一个长达 20 英里宽的缺口。美军的两个空降师已经进入了瑟堡半岛，英军已经有 7 个师上岸。在卡昂周围，英军也有两个空降师着陆。最令隆美尔气愤的是，从盟军开始登陆以后的 10 多个小时，德军"B"集团军群的参谋长竟然没有组织起有效的反攻，因为他根本搞不清楚盟军的主攻方向到底在哪里。其实，隆美尔自己也没有搞清楚盟军的真实意图。现在，多佛海角还笼罩在一片烟幕中，盟军在英吉利海峡也许会发起另一次大规模的进攻。在诺曼底登陆，到底是盟军的真正目的，还是在掩护另一场大规模的战争，至今隆美尔也无法弄明白。

当盟军在诺曼底登陆的消息传到德国时，惊慌的人们根本无法接受这一事实。一些德军官兵都指望隆美尔依靠自己的军事才能把盟军的登陆部队赶下海去。他们根本不知道，此时主动权已经掌握在了盟军手里。

在诺曼底被俘的德军俘虏即将被押送上船

6月6日晚上10点，隆美尔赶回西线德军"B"集团军群指挥所。这时，150平方公里左右的桥头堡阵地基本连成了一片，盟军的登陆部队已经控制了诺曼底海岸。隆美尔知道已经来不及考虑盟军在其他方向的进攻，必须应付眼前的紧急情况，立即反攻，把盟军赶下海去。于是，他下令反攻。然而，由于缺乏统一的指挥，在盟军猛烈进攻的时候，德军就已经晕头转向，现在根本无法组织有效的反攻。

看到这样的情形，隆美尔气坏了。他给第7集团军参谋长贝姆赛尔打电话，命令不管发生什么情况，必须阻止盟军占据滩头阵地。电话的另一端传来了贝姆赛尔绝望的回答："现在阻止已经是不可能的事情了。"没有得到希望的回答，愤怒的隆美尔大骂贝姆赛尔无能。他没有骂完，贝姆赛尔就挂断了电话。隆美尔自己心里很清楚，战况比自己想象的还要糟糕，无论怎样责骂都已经没有用了。但隆美尔并不想就这样放弃，他抓起电话命令第12、第21装甲师立即组织反攻。这是一支机动突击部队，他们是隆美尔的希望。

第12装甲师在120公里以外，接到隆美尔的命令后，他们就往指定的进攻地点赶。途中，他们遭到盟军空军的轰炸。当他们赶到目的地的时候，已经是7日上午9点多。而当时的第21装甲师的战斗力已经大大削弱，只剩下70辆坦克。在战场上，德军已经失去了主动权，隆美尔的命令已经无法及时执行。在德军推迟反攻的时候，盟军登陆部队开始着手建立统一的登陆场。

为了摆脱被动局面，德军开始陆续加强诺曼底的反击力量。此时，隆美尔已经知道了盟军的主攻方向就是诺曼底。因为美军在奥马哈海滩登陆时，德军在被他们炸坏的船上发现了美军的作战命令；而且盟军在诺曼底投入了如此多的兵力，大有志在必得之势。隆美尔非常不安，他隐隐觉得诺曼底之役将事关德国的生死存亡；而希特勒、龙德施泰特等高级指挥官仍然认为诺曼底是盟军进攻的次要方向，加莱才是盟军的主攻方向。盟军之所以有意把诺曼底的进攻规模搞大，是为了进攻加莱。在这种错误的判断下，德军的境况越来越糟糕。希特勒的干预让隆美尔心急如焚，本来有2.1万名官兵去增援诺曼底，但希特勒命令他们继续留在比利时。德国统帅部收到消息说，盟军将于10日在比利时发动进攻。希特勒怀疑诺曼底不是盟军的重点进攻方向，才改变了调军队增援诺曼底的决心。得知希特勒并未派兵增援后，隆美尔犹如被当头猛击了一棒。本来因为情势非常危急，他才多次向德国最高统帅部要求调最好的机动力量到诺曼底的，可现在希特勒一声令下，援军又没有指望了。

隆美尔好像已经嗅到了死亡的气息，但意志坚强的隆美尔在没有增援力量的情况下，依然在沉着地组织反攻。为了控制局势，鼓舞士气，隆美尔从这个指挥所赶到另一个指挥所，亲自去指挥部队，几乎一刻也没有离开过他的那辆指挥车。他对将士们说："无论如何，我们一定要阻止盟军向瑟堡推进。"隆美尔下达了让德军守住瑟堡的命令后，准备亲临德军装甲部队的指挥所，阻止反攻。除了装甲部队外，隆美尔在诺曼底再也没有反扑力量了。

6月10日早晨，隆美尔坐车前往装甲部队的指挥所，它位于卡昂以南大约20公里的地方。因为盟军飞机的频繁活动，这位陆军元帅不得不一次次地从自己的指挥车上跳下来，狼狈地寻找地方躲避。隆美尔到达指挥所后，马上问指挥官吉尔将军："做好反攻的准备了吗？"吉尔无可奈何地说："将军，我们的部队简直无法行动。因为盟军猛烈的空袭，桥梁、公路都被毁坏了。"看着隆美尔阴沉的脸，吉尔连忙解释道，"戈林承诺的火箭旅、高炮、空军部队至今没有到达，我们连德国空军的影子都没有见到。而且我们的部队缺少汽油、弹药，让我们用什么反攻？"

尽管隆美尔知道吉尔说的是实情，知道德军已经没有能力反攻了，但他还是愤怒地说："够了，不管怎样，我们必须反攻。"送走隆美尔后不久，灾难就降临在了装甲部队指挥所。在美军一架战斗轰炸机的猛烈袭击之下，吉尔的装甲部队指挥所的参谋人员全部被炸死。一些德军高级将领对诺曼底的战况了如指掌，他们非常悲观。此时，隆美尔与龙德施泰特元帅不得不再次向希特勒发出了一份请求增援的电报。然而，希特勒命令隆美尔把德军的防御重点放在东翼，依靠现有兵力从卡昂地区向英军进攻。他根本没有给隆美尔增加空中力量，对隆美尔要求增援的电报置之不理。愚蠢的希特勒一意孤行，有勇有谋的盟军出乎他的意料，登陆行动进行得非常顺利。

6月12日，盟军的登陆地段基本上连成了稳固的登陆场。这天，艾森豪威尔陪同马歇尔、英国国王、阿诺德将军前往硝烟弥漫的诺曼底视察。他们乘坐一艘驱逐舰，登上了奥马哈滩头阵地。马歇尔向罗斯福总统报告说："艾森豪威尔冷静自信，他的胆略和指挥艺术是无人能比的。在他的指挥下，盟军成功、高效地完成了艰巨复杂的任务。"

艾森豪威尔等人的奥马哈之行象征着"霸王"行动的成功。如果滩头阵地不牢固的话，这么多重要人物是无法安全地踏上法国领土的。虽然还会存在许多问题，但伟大的"霸王"行动已经取得了成功。

6月5日，艾森豪威尔发动"海王星"行动的决定使他赢了这场和天气的赌博。若在那时，他不当机立断，后果将不堪设想。因为从6月19日后的20多天里，天气一直都非常恶劣。艾森豪威尔谦虚地说："我们在该出发时出发了！这一切归功于战争之神！"丘吉尔对艾森豪威尔的评价很高，他说：

"历史上这场最复杂、最困难的战役使盟军重返欧洲大陆。我们能够获得胜利，多半归功于能做出重大决定的人。事实证明了艾森豪威尔的决策是非常正确的，他确实令人钦佩。"

第六章

**解放巴黎**

# / **滩头之战** /

成功跨越英吉利海峡，在 5 个海滩成功登陆后，盟军必须迅速占领卡昂、瑟堡、科蒙、圣洛以及来赛等地，这样可以在西欧大陆建立稳固的战线，巩固盟军在诺曼底地区的登陆场，为收复西欧大陆创造条件。

"滩头之战"是连续而激烈的作战过程，但是这一时期的战斗也为解放法国和比利时奠定了基础。盟军自登陆之日起，除一些孤立的据点之外，战线就没有像第一次世界大战中的堑壕战那样稳定过。布莱德雷曾预计，攻占瑟堡将相当棘手，想要尽早取得在该地区的决定性胜利，必须依靠速度、大胆及其突击部队的强大，他的判断是"运气好 10 天，运气不好 30 天"。而这些预计都是建立在能按原定计划维持和集结部队的基础之上的。

在东翼，卡昂城没有如艾森豪威尔所料顺利地攻占，导致了盟军不能按计划夺取该城南面和东南面的平原，远征军的坦克和战斗飞机也因此没有发挥作用。这里的战役持久而激烈，隆美尔顽强地防御着。为了支援被盟军攻击的几个师，德国人首先把布列塔尼半岛能够集结的所有部队全部投入了交战地带，接着又从法国南部和其他国家调来了几个师。其西北欧尚未投入交战的仅有的主要预备队位于加莱及其附近，均属德国第15集团军。为与这些部队保持联系，隆美尔不得不坚守卡昂，一旦该城失守，其的两支主要部队将被分割，除非实施后撤，否则不能共同作战。因此，隆美尔匆忙将实力最强、装备最好的数个师部署在卡昂，并尽可能做好准备，力求坚守到底。

美军进展得十分缓慢，而且付出的代价很大。他们的坦克部队根本无法施展攻势，而且步兵前进的速度也非常缓慢。这是因为他们作战的地方被河岸、塌陷的公路和灌木篱笆分隔开，不利于作战。第9空军大队的战术指挥官伍德·达克少校说："灌木地形令我们目瞪口呆，从篱笆后面的射击让步兵无法前进，他们已经陷入了瘫痪状态。"

为了了解德国的灌木地形，艾森豪威尔在3架飞机的护航下飞越了德国控制的区域。飞行员克萨达说："我开的是一个单机引擎飞机，没有降落伞，要是发生紧急情况就无路可逃。虽然我平时总希望遇到德国空军，跟他们好好打一仗，但是现在最高统帅就坐在我后面，我更希望能平安飞越敌占区。"艾森豪威尔的冒险结束后，大批战地记者和摄影师来迎接他。艾森豪威尔笑着说："我们从飞机里出来的时候，看到这么多人，觉得自己像做贼被人抓了一样。"第二天，《纽约时报》的头版头条是艾森豪威尔飞越纳粹防线。报道中说，他常常处于危险之中，丝毫也不畏惧。艾森豪威尔在给玛米的信中说："我一直都非常小心，你不必担心。"

6月18日，蒙哥马利仍然认为盟国远征军具有早日攻占卡昂的条件。

他那天发布指示说："很明显，我们现在必须夺取卡昂和瑟堡，以此作为全面推进我方计划的第一步。卡昂是夺取瑟堡的关键所在……"在同一指示中，他命令英军："陆军是当前任务是夺取卡昂。"命令的最后一句话是："我希望在 6 月 24 日能够看到盟军胜利的旗帜飘扬在卡昂和瑟堡的上空！"

德国的装甲和防御部队阻止了盟军的进攻。在东线的作战目标遭受挫折之后，艾森豪威尔并不打算改变作战计划。德军在不惜任何代价地激烈抵抗，艾森豪威尔明白敌人是想将卡昂作为作战枢纽，转念一想，这也可以转变为盟军的优势，在卡昂可以抑留敌人，为其他地方积极推进盟军行动创造有利条件。6 月 26 日，也就是登陆后的 20 天，盟国远征军攻占了瑟堡港。柯林斯将军向它发动了无情的进攻，这场激烈的战斗证明他的绰号"闪电乔"名副其实。而在战斗中，海军对最后的突击给予了强大而准确的炮火支援。

在西翼，柯林斯将军的第 7 军先直接向西进攻，将半岛一分为二，然后迅速转向瑟堡，在其南翼建立防线，阻止任何企图向半岛实施增援的敌军。

糟糕的是，6 月 19 日，刚刚建好的人工港遭到了英吉利海峡风暴的严重破坏，在滩头阵地的小型跑道上，盟军的飞机根本无法降落；舰艇无法停靠，大量的舰船被迫搁浅，滩头上的一切活动被迫停止。登陆活动中止了将近 4 天，严重干扰了所有的作战。除了空军遮断作战的先期效果之外，上天真是在为德国创造最佳的反击条件。艾森豪威尔说，地面战争还是需要空军的帮助，要不是之前空军对德军的猛烈轰炸，德军早就开始在滩头的反攻了。

肆虐的风暴对盟军的船只造成了严重的破坏。艾森豪威尔在风暴过后沿着海岸线从头到尾飞了一趟，粗略估算了下，他说："有 300 多艘大小船艇都被毁坏，其中一些已经毁坏得无法打捞了。"而在风暴肆虐之时，美军第 83 师正在海滩附近船只上，不可能大规模卸载，因此该师在整个风暴期间便有了极其艰难和挣扎的经历。直到最终上岸时，许多人仍然晕船，疲惫至极。

　　攻下瑟堡后，必须立即重建港口。德军早已对港口进行了严重的破坏，在港口及其入口处布下了大量的、各种各样的水雷。为了扫除水中的障碍，深海潜水员必须潜入海底才能拆卸那些新型水雷。在瑟堡港，扫雷兵和深海潜水员的工作极其艰难，不少士兵因此而丧生。

　　英美两栖部队在海滩遭到风暴和德军袭击的时候，希特勒给英国人民造成了恐慌。1944 年 6 月 12 日，第一枚称为 V-1 的飞弹落到伦敦。V-1 飞弹是一种新式秘密武器，它实际上是一种无人驾驶的小型火箭。它以 240 公里的时速按预定路线飞行，并靠内部机械装置中止航程。它装有大量炸药，火箭着地时，其爆炸力非常大。使用飞弹，是德军为了向英国政府进行威胁，以缓和自己在西线上的压力。希特勒还扬言："我要用 5 万枚飞弹把伦敦炸成废墟。"

　　6 月 12 日和 13 日夜，德军投放了 4 枚 V-1 飞弹轰炸伦敦，有 4 人被炸死，9 人被炸伤。截止到 16 号，已在伦敦投放了 244 枚飞弹。由于飞弹袭击，人们陷入了恐慌之中。6 月中旬以后，伦敦不论白天黑夜，频繁响起空袭警报。正在英国海港待命的加拿大军队，因 V-1 飞弹的轰炸，不得不一次接一次地跑进防空洞，这就推迟了进入诺曼底战场的时间。艾森豪威尔的副官布彻说："95% 的飞弹都落在离斯特拉森 12 英里以内的地方，它是距离伦敦仅有 5 英里的郊区。飞弹使很多伦敦市民失眠，因为神经过敏，他们听到飞机发动机的声音、摩托车声，甚至关门声都会惊恐不已。悲观情绪不断滋长，有些英国民众甚至开始认为战争就要输了。"

飞弹的突然袭击令英国战时内阁非常惊慌，大家都非常关心这种秘密武器。6 月 19 日，丘吉尔对艾森豪威尔说："现在，除了最迫切的军需品之外，必须密切注意秘密武器的发射地点。当我们在这一特殊威胁方面取得明显优势的时候，才能转移视线。"

为了弄清飞弹的真实面目，空军司令阿诺德驱车前往爆炸现场，查看飞弹遗下的残留物。在距一个小村庄百码之外，有一枚飞弹着陆爆炸，200 多位村民受伤，许多人伤势非常严重。飞弹震坏了所有的房屋，极粗的大树也被震断。阿诺德观察了弹坑周围散布着的残留物后说，这种武器大约有 27 英尺长，不需驾驶员操纵。阿诺德在心里盘算：如果德军有 48 个发射设施，他们每一分钟或两分钟发射一枚飞弹的话，伦敦每天就会遭到 4 万枚飞弹的袭击。阿诺德不安地说："我们听到飞弹呼啸而来的声音，却没有人知道它将要落在哪里，没有人能躲避它们的袭击。这将造成恐慌，英国的正常生活秩序将遭到破坏。最可怕的是，飞弹会打乱我们的全部作战计划。"

因为该死的飞弹，艾森豪威尔非常沮丧。当飞弹第一次飞来的时候，因为经历的警报太多，所以他并没有在意。到了半夜飞弹再次来袭的时候，他正躺在床上看书，副官布彻强烈要求他去掩蔽所躲一下。艾森豪威尔说："我不愿意从这里来回往掩避所跑，我宁愿待在这里。我……"话还没有说完，耳边又传来一阵巨大的爆炸声。无奈的艾森豪威尔被布彻拉走了，他在冰凉的水泥地上过了一夜。第二天早晨，他咒骂："冰凉的地板、难闻的气味令我头昏脑涨。希特勒真是个该死的家伙！"这时，艾森豪威尔最担心的是盟军。他对希特勒的行动非常敏感，怕希特勒会重新赢得主动。

伦敦的轰炸仍然没有停止，艾森豪威尔派空军轰炸德军的 V-1 型飞弹发射场，但是伦敦上空的警报声依然如故。因为德军的这些发射场十分隐蔽，盟军的轰炸并没有达到预期的目的。7 月初，丘吉尔建议艾森豪威尔向德军的秘密武器发射场投放毒气。艾森豪威尔劝道："首相先生，看在上帝的分上，我们一定要理智。不管在任何时候，我们都要冷静、理智。"

此时，加拿大第 2 军团还没有开往滩头阵地，仍在多佛附近待命渡海。滩头阵地的人员拥挤不堪，这已经不是什么秘密了。尽管如此，延期仍然是令人失望的。飞弹的袭击和风暴的破坏大大影响了盟军向法国内地的推进。而蒙哥马利非常冷静，他要求自己的部下必须保持冷静、自信。

在美国第 7 军攻占瑟堡所需的 20 天里，整个战线其他方向的战斗一直在继续，所有地方仅取得局部进展，卡昂地区的战斗几乎陷入僵局。海峡上骤然刮起了风暴，并且持续了整整一天，蒙哥马利推迟对卡昂发动进攻计划，这让艾森豪威尔非常不满。他在给将军的信中写道：

我非常希望你们能够尽快攻占卡昂，而且一旦开始攻击，必须一直维持强劲的势头。我完全理解你的决定，你需要储备适当数量的炮兵弹药。你放心，我已经从各仓库调拨军需物资给你，而且我会尽力加强战斗部队和弹药的供应。

为了盟军的团结，艾森豪威尔在信里没有批评、责怪蒙哥马利推迟行动，他克制住了自己的怒火。

　　蒙哥马利推迟行动除了风暴的影响外，还有其他原因。此时，因为受到飞弹和德军炮火的重创，盟国军队遭受了损失，英国士兵的情绪非常低落。此外，士兵们通过随身携带的小收音机收听到了一些吹毛求疵的广播，还有亲属的信件，这些都影响了军队士气。新兵中的问题比老兵严重得多。有一天，一位将随其所属的铁道兵部队奔赴前线的士官对艾森豪威尔说："将军，在地图上看，这项任务很容易，但现在德国佬好像很强硬。我们需要一个振奋人心的大胜利，这样我们就一切都顺了。"

　　德军进行了两个星期的轰炸，英军第49师的一个营只剩下12名军官。部队的士气彻底崩溃了，逃兵不断增多。一名中校营长向蒙哥马利报告说："5天前，我打死了一名逃跑的少校。因为我命令他在敌人炮火密集的时候阻止士兵乱跑。他说一定会完成任务，结果他自己也逃跑了。还有两次，我不得不亲自用我的左轮手枪打死那些逃跑的士兵……尽管如此，但我觉得不应该再让年轻的生命去送死。"听了这位营长的报告，蒙哥马利觉得他们不再适合战斗。他解散了该营，并向陆军部报告了此事。他说："这位营长不再适合战斗，因为他失去了自信，认定会失败，产生了恐惧心理。"因此，蒙哥马利非常需要一次伟大的胜利，这样他的部队才能恢复信心和高昂的斗志。他认为，在任何时候都必须保持士气，所以他一定要赢，并且要为这场硬仗做好充分的准备。他对参谋说，英军必须得到一定的弹药储备后才能进攻卡昂。

收到艾森豪威尔的信后，蒙哥马利给他写了一份请求书。他写道：

在今后两周或更长时间内，我们将艰苦作战。为了使事态按希望的方式发展，我真诚地请求你帮助，别让访问者前来。不要让我们被他们任意摆布，因为我要牢牢地掌握战斗，无法接待来访者。

他的意思再明显不过，他不希望艾森豪威尔干涉他的指挥。虽然艾森豪威尔不赞成蒙哥马利的做法，但并没有强制蒙哥马利执行他的命令。

6月底这段时间对盟国远征军里所有人来说都是困难时期，总统、首相及参谋们都担心盟军陷入僵局之中。对于大陆的两栖作战，被封锁在滩头阵地是十分危险的，充足的回旋空间才是集结兵力和补给所需以实施决定性机动战斗的先决条件。

6月26日，布莱德雷指挥的美军在瑟堡取得重大进展。经过浴血奋战，他们拿下了瑟堡，那里的德国守军被迫投降。这一胜利解决了登陆部队物资供应问题。瑟堡的胜利引起了将领们的纷纷议论，他们说："在瑟堡之战中，美军承受重大伤亡，这一切都是蒙哥马利造成的。因为他为了保存实力，故意使英军迟滞不前。"对于这样的流言，艾森豪威尔并没有放在心上，他一直在鼓励蒙哥马利进攻卡昂。

蒙哥马利信誓旦旦地对艾森豪威尔说，他会和敌人决一死战，虽然天气极端恶劣，但准备继续战斗。然而不知何故，蒙哥马利没有及时攻击，这给了敌人以喘息之机。他错过了最佳进攻时间，后来，他的部队遭到德军的顽强抵抗，伤亡惨重，最终也没有攻下卡昂。6月27日，卡昂的战斗被迫停止。

夺取瑟堡以后，美军的进展也非常迟缓。英军在卡昂陷入痛苦而漫长的僵局，他们的进攻遭到德军疯狂的抵抗，到 6 月底都没有攻下来。盟军在诺曼底出现了危险的僵局，艾森豪威尔对此非常担心。

## 相关链接：

### 飞弹

1944 年 6 月至 9 月间，数千枚奇形怪状的炸弹劈天盖地地向英伦三岛打来。虽说英国人民早已经在战争初期领教了德国飞机的狂轰滥炸，但是见到这种嗡嗡作响的"会飞的炸弹"，还是头一次。这就是德国的 V-1 飞弹——世界上最早的导弹。

1930 年，在火箭专家布劳恩的主持下，德国开始了把火箭应用于军事目的的秘密研究。

不列颠之战开始后，德军集结大批飞机对英国进行了狂轰滥炸，英国依靠自己数量不多的空军力量，借助当时只有英国才有的雷达预警系统，使德国空军损失惨重，元气大伤。希特勒气急败坏，开始考虑用"神剑"——新式武器来实现征服英国的目的。

诺曼底登陆后，苏军在东面节节进逼，纳粹德国四面楚歌。这时，布劳恩的 V-1 飞弹还处在试验阶段。希特勒为解燃眉之急，急忙命令让尚未完善的 V-1 飞弹投入大批量生产，企图用这种武器来阻止盟军的进攻。

"V"是德语"复仇"一词的首字母。V-1 飞弹是现代导弹的雏形，它在飞行时会发出巨大的"嗡嗡"声，时人又称它为"嗡嗡弹"。V-1 飞弹装有自动驾驶仪，能按预先规定的弹道控制飞行路线。这种庞然大物全长 7 米多，翼展差不多 5 米，重 2 吨有余，最大时速约为 600 千米，最高飞行高度为 2000 多米。其弹头重约 1 吨，但航程只有 280 千米。1944 年 6 月 12 日，第一批 V-1 飞弹在来不及充分准备的情况下瞄准了英国。由于组织不善，只有 10 枚飞弹成功发射出去，而射到伦敦的又只剩下了 5 枚。

V-1 首次亮相，战绩不佳，希特勒为此大为恼火。可是，当下属给他读了一些伦敦新闻界对 V-1 效果所做的耸人听闻的报道后，他又转怒为喜，要求增加 V-1 的产量。从 1944 年 6 月至 9 月间，德国向英国共发射了 8000 多枚 V-1 飞弹。它飞行时发出的呼啸声在开始时对许多英国人心理上产生了强烈的震慑作用。事实上，V-1 飞弹的性能极差，它的制导系统并不可靠，准确性欠佳；其动力系统太弱，飞行速度太慢，只与当时的活塞式发动机飞机的速度差不多。在英国较为完备的防空力量的封杀下，占德国发射总量 46% 的 V-1 飞弹被英国战斗机和高炮击落，而达到目标区的只有 29%。

V-1 的实际杀伤和破坏效果都不太大，为此，德国又在短时间内研制出了 V-2 飞弹，来弥补 V-1 的不足。与 V-1 相比，V-2 有了很大改进。它外貌酷似现代的弹道导弹，采用液体火箭发动机，飞行高度 100 千米，时速 5700 千米，射程 300 多千米。V-2 飞弹试射成功后，希特勒对它表现出强烈的兴趣。他要求这种飞弹第一次使用时，就要准备 5000 枚供集群发射之用。从 1944 年 9 月到战争结束，德国向英国和欧洲大陆的美英军事目标总共发射了约 4000 枚 V-2 飞弹。V-2 的良好性能一度使英国的防空体系失去了效力，也给盟军造成了很大损失。

但是此时德意志第三帝国的崩溃已成定局。当德国人准备对飞弹进一步改进时，美英盟军和苏联红军以摧枯拉朽之势，分别从东西两面打进了德国本土。以布劳恩为首的一批火箭专家成了美军的俘虏，一批尚未发射的 V-2 飞弹也成了苏军的战利品。德国人的飞弹计划就此告终。

# / 陷入焦灼 /

按照原定计划，诺曼底战役第一位的关键目标是在瑟堡与奥恩河口之间地区建立一个安全的滩头阵地和补给通道，这一目标于 6 月底全面实现。但是在推进盟国战线时，艾森豪威尔遇到了困难。一开始，艾森豪威尔和陆军元帅蒙哥马利、布莱德雷构想出一个方案，用左旋攻击冲出滩头阵地，将前线推进至塞纳河，从而使塞纳河与卢瓦尔河之间向东至巴黎的整个地区均牢牢掌握在盟军手中。

这一战术并未实现，因此需要调整。蒙哥马利修改的计划中这样写道：

我们只有控制了格朗维尔–维尔–阿让唐–法莱斯–卡昂一线之敌，且这一线所包围的地区亦被我牢牢掌握，那么我们才能拥有想要而且能够开始扩张的立足之地。

艾森豪威尔曾经希望在 6 月 23 日，也就是诺曼底登陆这一"D"日之后的 17 天，能够建立起这条战线。蒙哥马利 4 月 7 日的说明中陈述道，作战的第二个重大阶段，也就是在"D+20"日，英国陆军能够以左翼的法莱斯为轴，"以其右翼向阿让唐－阿朗松一线旋转"。这就意味着在左旋进攻开始之前必须攻占法莱斯。而实际上，当盟军于"D+50"日才开始突破时，战线才大约位于原计划的"D+5"日的位置。这虽与预期相差甚远，却是不得不接受的事实。战斗不是单方的事情，而是不断重复的作用和相互作用的过程。作战双方都力图夺取有利地位，以给对手造成最大伤害。

卡昂是法国西部铁路和公路交汇的一个枢纽，是盟军和德军争夺的焦点。敌人知道卡昂城的重要性，布置了巨大兵力用于防御。蒙哥马利在卡昂的进攻遭到"沙漠之狐"隆美尔的疯狂的反扑，陷入僵局，即使有可能攻陷，也要付出巨大代价。如果盟军能及早攻陷卡昂，那么美军就可以向阿夫朗什地区乘胜追击，左翼胜利也能改善右翼的战斗状况，由此改变战争的巨大"车轮"。

艾森豪威尔马不停蹄地奔波，在与蒙哥马利、布莱德雷见面，视察前线部队之后，紧接着就是协调和调整船运事宜以及各种会议。此后，艾森豪威尔一直通过信函、电话和无线电台与布莱德雷和蒙哥马利保持联系。到 6 月底，滩头阵地仍然过于狭小，无法将最高统帅部迁往法国。但为了与地面部队高级指挥官经常接触，7 月初，艾森豪威尔把个人指挥所分部搬到了法国。阵地战的推进过程进展缓慢，遭到了英、美两国媒体的尖锐批评。

战术、后勤和士气，艾森豪威尔时时刻刻关注着这三个关键因素。战术能使盟国远征军获得针对包围之敌发动大规模进攻的最佳战线；后勤，要满足日常需要，囤积充足的补给品，运进盟军实施决定性进攻所需的预备部队；士气，军队只有始终保持着昂扬的士气才能让部队顽强作战。截至 1944 年的

7月2日，盟军已在诺曼底登陆了100万人，其中包括13个美军师、11个英军师，1个加拿大师。同期运抵的补给品达566648吨，车辆71532台。在前3周，盟军俘敌41000人；伤亡60771人，其中阵亡8975人。

艾森豪威尔极其担心，他和参谋部的指挥官们考虑了所有可能打破僵局的方法，也反复催促蒙哥马利加快速度，把战斗力发挥到极限。蒙哥马利发动了一次又一次的攻击，每次攻击都打得相当英勇，并得到了炮兵和空军强有力的支援，但是，仍未粉碎德军的抵抗。7月5日，艾森豪威尔回到了英国。诺曼底的情况不顺利，英国和加拿大军队的伤亡率不断上升，在灌木地区作战的美军伤亡也很大，这一切都令他非常不安。

在法国林木茂密的乡村，田地被划为非常小的块地，每一小块地的周围都生长着浓密厚实的树篱，树篱高出地面三四英尺，这导致了美军面临的问题极其复杂。有时树篱及其下面的土堤还是双层的，中间形成了现成的战壕，从而提供了最佳的战场和伪装。在几乎每一排树篱后面都隐蔽着敌人的机枪手或战斗小组，这种绝佳的阵地让美英联军受到了巨大损失。盟军的坦克作用不大，每辆企图穿越树篱的坦克都不得不几乎垂直地爬上土堤，从而暴露出毫无防护的腹部，任何穿甲弹都可将其轻而易举地击穿。同样令人恼火的是，坦克的前部直指天空，使其枪炮不能指向敌人，因而既无法保护自己，也无法消灭敌人。

为了扩大登陆战果，美军第1集团军下属的第5军、第7军、第8军、第19军在7月3日、7月4日和7月7日发动了新的进攻。虽然德军受到重创，但他们在希特勒的命令下，坚守每一寸土地。因为遭到德军猛烈的阻击，美军的进攻并不顺利，伤亡人员超过3万。为了有突破，布莱德雷决定以第7军为先锋，集中兵力向圣洛地区攻击。艾森豪威尔命令蒙哥马利必须率领英军立即进攻，配合美军的进攻行动。然而，蒙哥马利仍旧按照自己的计划指挥战争。他的做法引起美军将领的强烈不满，他们纷纷指责总司令指挥不了蒙哥马利。

蒙哥马利终于行动了，他想在德军防线中炸开一个缺口占领卡昂。在 7 月 7 日至 7 月 8 日早晨，英国重型轰炸机在德军的防御工事上投下了 2000 多吨炸弹，第 2 集团军在北面和西北面向卡昂发起激烈的攻击。在攻击的时候，英军的地面部队遭到德军装甲部队的疯狂抵抗。经过紧张、激烈的战斗，英军仅仅占领了卡昂的北部。英国的空军副司令特德愤怒地说：“要不是蒙哥马利的拖延，卡昂城早就攻下来了。”于是，特德与盟军参谋长史密斯一起劝说艾森豪威尔：“看来，陆军没有准备自己去打仗。卡昂之所以久攻不下，完全是蒙哥马利的责任。你必须迫使蒙哥马利采取行动，否则，你就解除他的职务。”

卡昂久攻不下，人们的疑虑不断增加。美国新闻界不友好的态度、陆军部的不满情绪越来越严重。虽然不满都集中在蒙哥马利身上，但他们实际上是指责艾森豪威尔无法掌控局面。美国新闻界批评说，艾森豪威尔是个有名无实的统帅。英国新闻界则不公正地报道说：“胜利都源于蒙哥马利，都是英国士兵的功劳。”看到这样的报道，马歇尔非常生气。他命令艾森豪威尔：“现在，你必须亲自指挥地面战役。”面对来自各方面的压力，艾森豪威尔仍然不打算解除蒙哥马利的职务。尽管如此，艾森豪威尔非常生蒙哥马利的气，他无法掩饰自己的愤怒，在办公室走来走去，不停地踢东西，他非常烦躁。布彻说：“艾克就像关在玻璃瓶里的苍蝇，不停地往瓶壁上撞，却飞不出去。”

当艾森豪威尔为蒙哥马利的行为感到苦闷的时候，希特勒与西线将领之间、西线将领与西线将领之间也吵得不可开交，德军负责诺曼底地区的总司令隆美尔的日子也并不好过。他心里明白，失败是迟早的事情。但迫于希特勒的命令，他不得不苦苦守着。隆美尔感到异常疲惫，不仅是身体的，更是心理上的。这么多天来，他被德军脆弱的防御搅得寝食难安。为了检查党卫军第 1 装甲师、第 47 装甲师的部署情况，他不得不冒着生命危险，从一处阵地跑到另一处阵地。战况对德军极为不利，敌我力量悬殊。盟军占有空中、海上火力优势，德军甚至完全失去了制空权。每天，盟军的飞机能出动 2.7 万架次，而德国的飞机仅能出动 500 架次左右。

为了挽救失败的命运，德军统帅部终于下决心调动 4 个师到诺曼底战场。但隆美尔心里很清楚：在诺曼底战场，英美这两个养精蓄锐多年的世界强国把全部力量都使出来了，战争很快就会结束。德军抵抗的最好战机已经消失，现在太晚了，几乎没有办法补救。现在，到了政治家出面通过政治手段结束战争的时候了。然而希特勒并没有行动，隆美尔不知道元首在等待什么，不知道德国会面临什么样的命运，也不知道自己的命运会如何。他一下子苍老了许多，头发、胡子都白了不少。凶狠好斗的隆美尔对德军失去了信心，这情绪在给妻子露茜的信中表露无遗：

现在战斗异常激烈，情况日益恶化。盟军的空中力量、海军火力、人力、物力各方面都比我们强大，现在我军的弹药等补给越来越紧张，战斗难以坚持。

在战斗中，两军的差距越来越大，盟军的优势越来越明显。我不知道元首是否认识到了局势的严重性，是否想出了一个好的解决办法。

虽然我们已经做好了迎接更大困难的准备，各部队都在拼死战斗，但双方实力相差太远，我们已经无力改变战局了……

对于希特勒的部署，隆美尔非常不满。他忧心忡忡地对一名亲信说："我们的士兵没有弹药、食品、援助，几乎什么都没有。而统帅部总是让节省弹药，这实际上是节省敌人的鲜血！他哪里知道我们的处境，战场上的情况简直让人无法忍受。"为了摆脱被动的局面、保存实力，隆美尔决定命令第7集团军向北撤退。然而，希特勒看到这一命令的副本后十分恼怒。他没有通知隆美尔，当即电令第7集团军不准沿瑟堡半岛北端后撤。隆美尔的参谋长斯派达尔对战局非常清楚，接到希特勒的命令后，他故意把命令延迟了一个小时才下达。当希特勒不准撤退的命令传到第7集团军的时候，他们已经开始撤退。数小时内接到截然相反的两道命令，第7集团军左右为难，不知道该撤还是不该撤。

为了让部队在圣索沃方向实现突破，隆美尔依然命令第7集团军从半岛上调出一部分兵力。他说："如果我们所有的部队在半岛上原地不动的话，在没有阻碍的情况下，美军在天黑之前就可能到达瑟堡。如果不撤退，第7集团军会被美军就地消灭。"事实正如隆美尔所说的那样。

希特勒下达命令后，亲自到西线视察。他的到来令隆美尔和许多德国军官非常吃惊。隆美尔和西线指挥官龙德施泰特经过充分准备后，分别向希特勒汇报了西线的残酷战况，但希特勒对此并不感兴趣。他在那里反复强调，用V-1型飞弹一定可以改变战局。他说："一旦德国向英国发射V-1型飞弹的话，它所产生的威力一定会让盟军知难而退。到那时，整个战局就会有利于我们。"尽管如此，隆美尔和龙德施泰特并不放弃说服希特勒。他们说：

"元首，您应该从德军的实际情况出发，下令部队放弃瑟堡防线，进行撤退。否则，西线的局势会恶化到难以收拾的地步。"双方争执不下的时候，空袭警报突然响了起来。德国军官们便乱哄哄地挤进了防空室，隆美尔趁机靠近希特勒，鼓起勇气说："阁下，我认为现在应该是利用政治手段解决问题的时候了……"没等隆美尔说完，眼冒凶光的希特勒狠狠地瞪了他一眼，冷冷地说："这不是你关心的事，我自有主张。你的任务是守好前线。"隆美尔哑口无言，除了遵守希特勒的命令，他还能做什么？

其实，西线的局势就摆在眼前，希特勒已经亲眼看到了，他应该很明白。隆美尔明白：在盟军的海、空军攻击下，西线德军伤亡惨重，但是幸存者仍然必须拼命死战，他自己也逃不出这一宿命。因为狂热的元首就是这样打算的，而且希特勒已经下达了必须不惜一切代价守住德国防线的命令。

6月下旬，苏军在东线战场发动攻势，东西两线作战的德军越来越被动。德军甚至连进行决战的弹药都没有了，因为盟军彻底切断了德军的补给线。此时，在前线，德军第7集团军司令多曼尔因心脏病发作而死亡。隆美尔很清楚地认识到美军凭借强大的火力，随时随地都可能突破防线。到那时，德军连还手之力都没有了。

战役的发展粉碎了希特勒的梦想，但是他仍然不放弃。在伯希特加登山庄，希特勒召集隆美尔和龙德施泰特等人开了一次高级军事会议。会前，隆美尔分别拜会了希特勒的亲信希姆莱和戈培尔。会上，希特勒再一次描述了V-1飞弹的威力和轰炸英国的效果。之后，他指明要隆美尔发言。隆美尔觉得这是陈述自己见解的好机会，他严肃地说："作为B集团军群的指挥官，作为一名在西线奋战的德国军人，我应该向在座的各位和德国人民阐明西线的局势。现在，全世界联合起来对付德国，我们面临的是……"隆美尔并没有达到自己的目的，他的话被希特勒粗暴地打断了。就在希特勒的拳头砸向桌子的同时，他用不容置疑的口气命令道："陆军元帅，我要你谈的是军事形势，而不是让你在那里乱发议论。"

隆美尔已经顾不了那么多，他看了希特勒一眼说："这是历史的要求，我觉得有必要先谈整个局势。"也许是刚愎自用的希特勒再也听不进去任何的意见，也许是隆美尔的话刺痛了他，他再次打断了隆美尔的话，怒吼道："我命令你只能讲军事形势，其他什么也不能讲。难道你听不懂我的话吗？"隆美尔没有再据理力争，只好按照希特勒的要求介绍西线的军事形势。尽管如此，希特勒还是一次又一次地打断隆美尔的话。他说："这一切都是你们自己一手造成的。西线的指挥官一个个都是废物，不指挥士兵及时进攻，就知道一味地撤退。你们一个个都是缩头乌龟！"

想到在战场上浴血奋战的德国士兵，想到大家日夜拼命死战，换来的竟是这样的侮辱，隆美尔再也忍不住了。他大声说："元首阁下，每个人都非常清楚这场战争的结局，只有您还在那里坚持。为什么您不顾将士们的死活，在那里幻想赢得这场战争呢？"愤怒的希特勒狂叫："你给我立刻滚出去，我不想再见到你！"隆美尔不说话了，在场的人也没有一个人说话。隆美尔很明白，自己的末日即将来临。他拿起帽子，头也不回地走出会场。

会后，希特勒免去了龙德施泰特西线总指挥的职务，任命克卢格将军接替。克卢格是德军的一员老将，比隆美尔大 9 岁。因为希特勒和隆美尔发生争吵，所以他没有任命隆美尔接替这个重要职务，但他也没有免去隆美尔"B"集团军司令的职务。在克卢格上任后组织的第一次会议上，他就同隆美尔吵得不可开交。克卢格愤怒地对隆美尔说："我知道，你一直独断专行。但我是你的上司，你必须和其他人一样，服从我的命令。"隆美尔并不把这位新上司放在眼里，他冷笑着说："防守西线是我的职责，我要求西线总司令按我的意愿调集一切必要的部队来抗击盟军。而且你似乎忘记了，站在你面前的是一位陆军元帅，不是普通人。"

西线将领之间的矛盾以及他们与最高元首希特勒的矛盾，直接导致了军事决策上的分歧。最重要的是，在以后的战争中，这种分歧使德军不得不使更多的士兵失去生命。

7月11日，艾森豪威尔给蒙哥马利写了一封信，提醒蒙哥马利加强攻势。7月12日，蒙哥马利信心十足地给艾森豪威尔回了信，再次向艾森豪威尔表示，他很快就会发动大规模的进攻。他在给艾森豪威尔的信上说：

将在18日发起进攻，它会产生深远影响。那一天，如果你命令空军把全部力量用来支援我的地面上来战斗，我将非常感谢。决战的时候到了，我们的士兵将在法莱斯公路上驰骋。你就等好消息吧，我会成功的。

蒙哥马利终于决定进攻了，艾森豪威尔非常高兴，立即给蒙哥马利回信，对此次战役报以希望，且对蒙哥马利所提出的空中支援的要求痛快答应。

7月18日，战役打响。由于空军的大规模轰炸，进展非常顺利。很快，英国第2集团军就攻克了卡昂。7月20日下午下起倾盆大雨，卡昂周围变成了沼泽地，部队根本无法向前推进。当部队进到奥恩河的时候，蒙哥马利命令部队停止进攻。虽然占领了卡昂，但英军突进7英里，用了8000多吨炸弹，每英里要付出1000吨炸弹的代价。像这样打仗，何时才能越过法国？此外，欧洲战场的美国军官对蒙哥马利的行为也非常不满，他们说："英军要对这次行动负责，蒙哥马利也应该被解除职务。"

此时，隆美尔已经支撑不住了，他写了一份报告给希特勒。他沉痛地写道：

诺曼底的情况越来越糟，不久敌人就会成功地突破我军薄弱的防线，向法国内陆挺进。而我们的预备队正在卡昂西线激战，根本无力阻挡敌人强大的攻势。

我军枪支弹药、食物都已经不多，急需补给。而现在送上前线的补给品只有极少的一部分，根本无法供应前线如此大的需求。由于交通线路的毁坏和敌人不停地空袭，补给越来越困难。

敌人的进攻很凶猛，前线的战况非常惨烈。我军伤亡很严重，现在已伤亡的官兵有97000之多，而且伤亡人数每天还在递增，战斗力量在迅速减弱。此外物资也损失很大，仅坦克就损失了上225辆。事实上，像这样的物资消耗战，援兵再多、士兵再勇敢也无法打赢了。这场寡不敌众的战役将接近尾声，采取政治措施已势在必行。

希特勒对隆美尔的话充耳不闻，他是个战争疯子。

艾森豪威尔命令蒙哥马利恢复进攻，但蒙哥马利踌躇不前，他说："我们承担不了伤亡，英国不能再补充第2集团军的损失。"艾森豪威尔说："虽然美国在欧洲的部队比英国多，但是为了共同的目的，我们必须并肩前进，共享荣誉、分担牺牲。从长远来看，现在发动进攻会减少伤亡，你必须乘胜前进。"对于艾森豪威尔的命令，蒙哥马利置若罔闻。

蒙哥马利耽误了时间，这给敌人提供了有利的时机。他们组织 125 辆坦克进行反击，使英军损失了 100 多辆坦克。艾森豪威尔得知蒙哥马利不肯接受他的建议，致使英军遭受损失时，气得脸色铁青。他打算解除蒙哥马利的职务，但遭到丘吉尔、布鲁克等人的反对。蒙哥马利的表现令艾森豪威尔失望，他已把突破前沿阵地的希望寄托在布莱德雷身上。

对蒙哥马利的表现，罗斯福也忍不住了，他对马歇尔说："我要派陆军部长史汀生起赴伦敦，敦促艾森豪威尔尽快接掌指挥权。蒙哥马利是个太好表现自己的家伙，实在无法忍受了。"据统计，这一役英军损失 3 万多人，美军却损失了 6 万多，几乎是英军的一倍，这也难怪美国人气愤。而丘吉尔却说："英军已经占领了卡昂，这是不容否认的胜利。"他还专门给蒙哥马利发了电报，祝贺他在卡昂取得的胜利。斯大林也发了电报说："祝贺英军成功解放卡昂城！"

此时，德军的士气低落，处境日益不妙。而盟军的士气高昂，各方面的情况都比德军好，局势正向着有利于他们的方向发展。

## / **全面突破** /

7 月份，整个战线发生了一些战争中最激烈、最残酷的战斗。布莱德雷的许多部属一战成名，确立了自己在美国为数不多的最佳战术家的地位。更不用说成百上千的下级军官了，他们都表现出了顶尖战斗领导人的良好领导素质和战术素养。在部队中，无论其国籍和旗号，都以作战勇敢和顽强著称，从而预示了敌人不可避免的失败。

战斗中还涌现出了一些发明。面对密密麻麻的土堤和树篱，一位名叫库林的美国中士以一项简单的发明解决了这一困境，不仅让坦克恢复了原有的威力，而且极大地提高了整个陆军的士气。他的发明就是在坦克前面牢固安装两扇结实的钢刃，其作用类似镰刀，将土堤和树篱切开。这样一来，不仅使坦克可以平稳通过障碍物而且能够同时射击，此外，在一定距离内，其铲起并挂在前面的树篱还发挥了天然伪装的作用。

库林中士向连长演示自己的发明，便立即引起了第 2 师将军的注意，他又向布莱德雷将军演示了这种装置的使用。布莱德雷立刻下令按这种方式改装尽可能多的坦克，以为即将到来的战斗做好准备。这项发明让艾森豪威尔极为开心，官兵们高兴的地方还在于用于制造铲刀的钢铁全部来自德军为阻止盟军在诺曼底沿岸海滩登陆而设置的障碍物。

7月刚刚过半，美军第1集团军就夺取了圣洛至西海岸一线，他们由此可以发起强有力的突击。7月20日，盟军在法国卡昂一战中获胜。"D"日7周后，也就是7月25日，进攻终于从大约为原来预期"D+5"日所要占领的战线，也就是从卡昂经科蒙至圣洛一线开始了。在此之前，美国空军一直对圣洛地区之敌实施持续的地毯式轰炸，并取得了极好的效果，这使德国越来越陷入被动。

第一天的进展十分缓慢，布莱德雷将军对艾森豪威尔说，此类进攻的初期阶段通常较慢，他说第二天以后盟军的部队会神速向前推进。事实证明他的预测完全正确。在此后的一周内，布莱德雷向南直插半岛底部，穿过阿弗朗什咽喉地带，并插入德军后方。8月1日，巴顿将军率第3集团军在第1集团军右翼加入战斗。与此同时，蒙哥马利由于仍遭德军纵深防御的抵抗，便将主力由卡昂转向其右翼的科蒙，向维尔河和奥恩河之间的高地发起攻击。

布莱德雷计划将所有能使用的部队直接向仍滞留于卡昂与阿夫朗什之间德军的后方发起攻击。经过激烈战斗，目标顺利实现，其后，他希望能够包围另一部分敌军，但是仍需要加拿大和英国军队的参与。为实现这个战略目标，布莱德雷压缩了夺占布列塔尼半岛部队的数量。为不使第3集团军的大部分兵力用于这项任务，艾森豪威尔指示巴顿将军仅将米德尔顿少将指挥的第8军调回该地区。

当敌人看到美国第1集团军集中力量向南，并最终突破阿夫朗什的咽喉地带时，被希特勒严令坚守阵地，并被盟军空军所击溃的德军，立即将所有可用的装甲和士兵从卡昂向西调动，对美军突入其后的狭长地带实施反突击。艾森豪威尔十分担心，如果反突击一旦成功，德军将切断盟军突破部队的后路，盟军就会陷于险境。由于盟军的推进走廊仍然狭窄，所以德军认为，即使其反突击部队在一旦失败的情况下要冒被消灭的巨大风险，但也是值得的。德军最终选择在8月7日的阿夫朗什以东的小镇莫当开始发起进攻。

陆军的进攻需要空军的直接支援，要使陆空协同做到完美无缺，这并不容易。万一空军轰炸不准，炸弹就会落到自己人的头上。在战斗中，由于轰炸机部队的失误，美军第30师和第9师的一个营遭受了重大伤亡。麦克奈尔将军也在轰炸中丧生，他曾不顾布莱德雷的警告，亲自到前线视察轰炸情况，结果不幸遇难。在西北欧，他是美军牺牲的级别最高的军官。

为避免悲剧的发生，艾森豪威尔要求在进攻部队的一辆坦克中配备一个空中联络组，每组都携带一部能与空中飞机联络的电台。这样不仅可以避免误伤，而且能为飞机指示有价值的具体目标。地面部队和空军之间，都制定了周密的改进技术和机制，这项措施取得了显著成效。

自从布莱德雷攻下瑟堡以来，美军就一直在灌木丛里顽强战斗。德军猛烈的抵抗使美军进展缓慢，伤亡十分惨重。美军第1集团军自踏上诺曼底以来，已经死伤62000人。放在露天墓地的尸体不时散发出阵阵恶臭。为了改变战争局面，布莱德雷提出了"眼镜蛇"行动的计划。它是一次以美军为主的进攻作战行动，主要目的是打开诺曼底僵局，在瑟堡和奥恩河口之间建立一个可靠的滩头阵地，把战事推向前进，向敌人发动大规模进攻。布莱德雷计划投入 4 个步兵师、2 个装甲师、大量的美国空军，进行地面进攻，把第 1 集团军从灌木地形的束缚中解放出来，同时为巴顿的第 3 集团军参战创造条件。美军的轰炸机和战斗机首先将会在罗和皮尔镇的公路上炸开一个缺口，让第 7 军团能顺利通过。

美军步兵师、装甲师将穿过美国空军轰炸的地域，对德军发动强攻。听了布莱德雷的计划后，参谋人员都觉得不可行。因为英军之前的尝试证明，炸弹坑会给坦克的前进带来麻烦，而且这次行动实在太危险。尽管遭到反对，但布莱德雷十分自信。他对柯林斯将军说："我们用大炮猛烈地轰炸，在敌人防线为你的第 7 军团开出一条路来。如果进攻顺利，我们只要一星期时间就够了。我们一定会成功的！"起初，柯林斯并没有立即同意。布莱德雷详尽地陈述行动的利弊后，柯林斯同意冒一次险。于是，"眼镜蛇"行动提上了日程。继续掌控权仍然是这次行动的优势，布莱德雷正是想利用这一点突破德军防线。艾森豪威尔说："一旦成功，战果将是无法估量的。我会立即命令巴顿的第 3 集团军出动，并派他们奔赴布列塔尼，在那里打开港口。"

要保证行动的成功，必须在天气有利的时候神不知鬼不觉地打击敌人，而且要击中目标。为此，"眼镜蛇"行动计划被推迟了一次又一次。7 月 20日，艾森豪威尔终于下达了"眼镜蛇"行动战斗命令。然而，第二天的暴雨迫使"眼镜蛇"行动再次推迟。

"眼镜蛇"行动计划需要蒙哥马利指挥的英军配合，而当艾森豪威尔从空军将领特德那里得知蒙哥马利阻止英军的装甲师继续推进时，他写了一封信给蒙哥马利。他这样写道：

你应该很清楚地认识到，战场上的勇敢进取至关重要，我们不仅仅要迅速夺取布列塔尼半岛，而且要动用一切力量来打击德军。我们把希望寄托在布莱德雷的攻击上，但德军的阻击力量很强，地形也对他不利。现在，时间非常紧迫，布莱德雷的进攻一开始，阁下率领的军队就应全力以赴。

看到战事仍然没有什么进展，美国舆论大哗，很多人认为："我们的军队现在孤军作战、损失惨重，而这一切都是为了英国的利益。"这年是美国总统选举年，为了不让民众的不满影响大选，美国陆军部长亨利·史汀生奉总统之命，前来视察了瑟堡的美国部队。他到欧洲后，看到的情景令他忧心。为此，他和艾森豪威尔商谈了好几个小时。他说："我们不能对英方的努力抱有幻想，让蒙哥马利指挥第9军团是件非常令人担心的事情。现在，我们不得不听听美国民众的声音。在总统选举年里，很可能因为这里的战事影响英国与美国民众的关系。其实，这一切都是由于英国限制兵力造成的。"看到艾森豪威尔和布莱德雷为目前的境况忧心，史汀生奉劝艾森豪威尔："为了防止国内对蒙哥马利产生过激的批评，你还是尽快把指挥部迁到瑟堡半岛，亲自指挥地面部队的作战吧。"特德也一再要求，让艾森豪威尔把指挥部搬往法国。

美国空军第9航空队的战斗轰炸机开始了轰炸，美军第1集团军的部队也发动了进攻。尽管盟军损兵折将，但是空军的战果是辉煌的。他们炸死了1000名德军官兵，德军的一个装甲师基本上被消灭，士气一落千丈。同时，盟军得到堆积如山的物资。回到伦敦后，艾森豪威尔写信给布莱德雷说：

"一刻也不能让敌人喘息，要彻底毁灭他们。"

7月27日，柯林斯不负众望，打得敌人溃不成军，将部队推进到了古当斯。此时，在特罗伊·米德尔顿的指挥下，第8军顺利攻克了格朗维尔和阿弗朗什。德军的防御全线崩溃，美军向前推进了15至20公里。布莱德雷的部队也深入敌阵，很快就会取得突破性的胜利。布莱德雷高兴地致电艾森豪威尔，他说："胜利已经不远了！今晚，第1集团军要得意忘形了。如果你在这里，我相信你一定满意今天的战果。"

艾森豪威尔意识到关键时刻已经到来，他命令布莱德雷继续向前推进。同时，他继续给蒙哥马利这位傲气十足的英国将军施加压力。7月28日，他致电说："蒙蒂，抓紧时间，一个小时也不要浪费。我们现在用3个师的兵力进攻，比诸事齐备后用6个师进攻更为有利。"虽然蒙哥马利和布鲁克一直埋怨艾森豪威尔缺乏战略意识，但此时，他也开始有紧迫感了。他命令英国第2集团军的迈尔斯·登普西中将，要不怕伤亡，不顾一切地袭击敌人。

德军溃不成军，一路撤退。他们慌不择路地逃窜，把公路挤得水泄不通。撤退的德军都慌了，没有组织防空，从盟军飞机上扔下的炸弹将德军炸得血肉横飞。公路上到处都是敌人的尸体，惨不忍睹。

7月30日，通往诺曼底南部和布列塔尼的大门——阿弗朗什已经被美军先头部队拿下。这个障碍顺利解决后，德军的防线终于被盟军突破。美国军团像洪水一样汹涌而来，夺取布列塔尼、消灭德军残余力量的时刻就要到了。

7月31日，美军第1集团军已经向南推进了60公里，抵达塞纳河地区。至此，"眼镜蛇"行动圆满结束。看到胜利在望，艾森豪威尔不禁露出了微笑。

事实上，作为一次突击，"眼镜蛇"行动非常成功，它是诺曼底登陆战役的一个重要转折点。至此，"霸王"行动的第一阶段"海王星"行动已经结束。在欧洲大陆，另一个阶段的战争——"霸王"行动本身已经拉开了帷幕。

## / 乘胜追击 /

英美盟军战线逐渐向前推进，德国军队节节败退，迫切想要结束战争的消极情绪在德国士兵中蔓延。和隆美尔一样，许多军官认为德国败局已定。他们不愿与希特勒同归于尽，毅然决定暗杀希特勒。德军将领斯陶芬伯格筹划了这场暗杀计划。

7月下旬的一个中午，希特勒召集各兵种负责人在普鲁士腊斯登堡的防空洞里举行战况通报会。德国军事将领斯陶芬伯格得知这一消息后，把一个装有重型炸弹的公文包带进了会议室。斯陶芬伯格把装炸弹的公文包放在会议桌底下，在定时炸弹快爆炸的时候，他悄悄溜了出去。报告在继续，没有任何人注意到他的离开。突然，只听一声巨响，防空洞里硝烟弥漫，定时炸弹爆炸了。有数名纳粹将领被当场炸死炸伤，而希特勒却没有被炸死，只是擦破了一点皮。原来，是一位将军挪动了公文包，因为他觉得桌子下的公文包碍事。就这样，希特勒躲过了一劫。

"七二〇"密谋刺杀希特勒的组织者之一，德国陆军元帅埃尔温·冯·维茨勒本

　　希特勒遇刺令人难以相信，特别是在诺曼底战役的关键时刻。但更令人惊讶的是，暗杀的主谋竟然是西线德军的几名主要将领。希特勒密令警察大规模地清查与谋杀事件有牵连的人，进行血腥的报复。警察共逮捕了7000 名涉案男女，有 5000 人被处决，其中就有斯陶芬伯格的父亲。此外，德军西线战场的主要指挥官也都先后受到怀疑和牵连，隆美尔就是其中之一。

　　尽管隆美尔是希特勒一手提拔起来的干将，但他现在的表现无法令希特勒满意。隆美尔悲观地预测战事，一次又一次地顶撞希特勒，要求党卫军第 12 装甲师归他直接指挥，这一切使希特勒忍无可忍。希特勒趁机解除了隆美尔 "B" 集团军指挥官的职务，还逮捕了 "B" 集团军参谋长斯派达尔。当时的隆美尔一直在关注西线的战局，他并没有意识到杀身之祸临近了。

隆美尔元帅戎装照

10 月 14 日，希特勒派秘密警察到隆美尔家里逼他自杀。希特勒开出的条件是：不伤害隆美尔的亲属，举行国葬，建立纪念碑，而且他的妻子露茜可以领取陆军元帅的抚恤金等。隆美尔别无选择，他在秘密警察的监视下服毒自杀了。当天，德国政府发布了一条讣告。讣告写着：在战场上，隆美尔将军不幸负伤而亡。讣告的最后特别附言：谢绝吊唁。

隆美尔被迫服毒自杀，取代隆美尔的克卢格将军也吞下了氰化毒剂自杀。

在一定程度上，隆美尔之死削弱了德军在西线战场的战斗力，加快了诺曼底战役的进程。

为了乘胜扩大战果、推动局势发展，8月1日，艾森豪威尔把巴顿紧急调到欧洲战场。他将指挥由第8军、第12军、第20军组成的第3集团军，挥师向西扫荡布列塔尼半岛。

巴顿将军善于驾驭战场上多变的形势，与希特勒的V-1飞弹一样，巴顿也是艾森豪威尔的秘密武器。德国人认为，他是盟军中最具有挑战性的将领。艾森豪威尔在实施"霸王"行动的时候，正是利用德军的这种心理，虚构了一个巴顿指挥的美国第1集团军，造成威胁加莱海峡的假象，以此来欺骗德军。对此，希特勒深信不疑，诺曼底战役开始好多天后，他都不敢把加莱的军队调走。

在执行秘密任务期间，巴顿一直在密切关注着"霸王"战役的发展。作为将军，同僚们都在激战而他却被置于一边。眼看着时间流逝，他非常焦急。他在日记中写道："我参加战斗之前，一切都已经结束了。我的感觉一向很准，这次也不会有错。"现在，他终于等到了上战场的机会。艾森豪威尔在电话里说："巴顿，我命令你火速赶到法国，准备投入战斗。"听到这样的命令，巴顿意识到，"霸王"行动已经到了紧要关头。他兴奋不已，恨不得所有人都站在旁边观战，由他一手包办，来赢得整个战争的胜利。

对巴顿而言，8月1日是最让他兴奋的日子。他又可以重新指挥军队冲锋陷阵了。出发前夜，在军用帐篷里，巴顿召开了第3集团军指挥、参谋人员会议。听完情报处长和作战处长的汇报后，巴顿开始了战前动员。这一天，新的较量开始了。艾森豪威尔正式对外宣布，整个远征军编成两个集团军群。一个是布莱德雷指挥的第 12 集团军群，它由美国第1、第3两个集团军组成；另一个是蒙哥马利统帅的第 21 集团军群，它由英国第2集团军和加拿大第1集团军编成。他们一南一北，展开了大规模的陆上进攻。对这两个集团军群的支援，分别由美国第 9 航空队和英国皇家空军负责。

盟军的号角就要吹响了，此时，希特勒大本营十分恐慌。情绪低落的希特勒一直在面壁沉思。德军节节败退、盟军乘胜追击，令这个杀人不眨眼的狂魔清醒地认识到自己的末日已经来临了。尽管如此，这只濒临死亡的"巨兽"还要做垂死前的挣扎。

1944 年 7 月 31 日深夜，巴顿在进行战前动员，希特勒也没有坐着等死。在会议室的地图前，希特勒和参谋长约德尔、副参谋长沃尔特·沃利蒙特等 7 名军人正在秘密谋划计策。虽说是商量"大计"，但没有一个人发表意见。20 多分钟的沉默后，希特勒缓缓开口，他说："目前，我们已经没有力量打运动战，只有撤出海岸。这样一来，我们从法国获得的许多重要财富只能扔掉了。我们还能守多久？就算顺利撤出海岸坚守的话，我们也无法防守，哪怕是一条狭窄的阵线也会守不住的。尽管如此，我们必须死守，必须拼死抵抗来犯的敌人，不让他们前进。因为我们手中还剩一张牌，那就是我们新的航空部队。我们必须全力保护它，不让敌人破坏。只要我们获得空中优势，哪怕是很短的时间，就有可能扭转局势。"

巴顿的部队越过了阿弗朗什公路，艾森豪威尔非常高兴。因为德国空军定期轰炸阿弗朗什公路，这在过去几乎是不可能的事情，而巴顿却勇往直前。之后，艾森豪威尔命令巴顿集团军的主力部队集中力量在东线消灭德军，尽可能扩大战果。同时，他命令巴顿的手下米德尔带领一个军向布列塔尼挺进。艾森豪威尔的副官布彻说："听到巴顿的战绩，艾克非常高兴，他说很快就可以席卷布列塔尼，把土崩瓦解的德军割成几段。"

8月3日，巴顿发现第8军第6装甲师停下步伐，他生气地责问师长格罗将军："你为什么不奉命向布雷斯特进军？"格罗不解地说："长官，我是奉命行事。"巴顿气急败坏地吼道："胡说，我什么时候下令让你停止了？"尤辜的格罗拿出米德尔顿的条子给巴顿看，只见上面写着："为了便于我们进入圣马洛，你集中部队在正面负责保护。"看了条子，巴顿说："除非我下令，以后不准理会其他任何要你停止前进的命令。继续行军吧，一直到布雷斯特。关于这个条子，我会去找米德尔顿的。"

格罗为这次耽误付出了血的代价，攻下这座城市的时候，他损失了将近1万人。本来一天以前，格罗有机会攻克布雷斯特，因为在希特勒没有下令死守之前，这个港口城市的防务非常弱。然而8月6日格罗到达目的地的时候，那里增加了兵力，防守严密。格罗延误了时机，所以这一仗他打得非常艰苦。他动用了3个步兵师，直到8月16日才攻下布列塔尼半岛上这个最大的港口城市。

8月7日，艾森豪威尔搬进了前线指挥所。这是设立在诺曼底一个苹果园里，由拖车和帐篷组成的司令部。这里靠近格朗维尔，离贝叶西南大约10多英里，离莫当不到25英里，几乎就在前线上。为了总司令的安全，这里派重兵把守着，防守莫当的士兵也很多。而艾森豪威尔让保护他的兵力都撤走，他命令布莱德雷用少量部队保护莫当，将其余的作战部队火速调往南面。

希特勒和德国统帅部为了反击盟军，密切关注着局势的进展。终于，希特勒欣喜地发现，盟军在阿弗郎什有一处狭窄的连接处存在着断点。于是，希特勒亲自指挥了在阿弗郎什反击的战役。

艾森豪威尔和布莱德雷都意识到，德军的反攻是有备而来，因此对战争态势进行了认真研究。艾森豪威尔说："在现在的地域上，我们拥有足够的兵力，如果我们仅仅采取守势，抗击德军反攻，那么敌人不可能前进半步。但是，为使莫当的防御具有绝对把握，我们就不得不减少向敌后方进攻的师的数量，这样就丧失了我们所希望的全歼敌人的机会。"布莱德雷明白艾森豪威尔是想让他大战一场，此时，天气状况十分有利，艾森豪威尔告诉布莱德雷，如果需要的话，盟军的空中运输部队每日将 2000 吨补给物资空运至暂时被切断后路的部队所指定的战场。

艾森豪威尔向布莱德雷保证，即使德军取得暂时胜利，也照样能为他提供补给支援。布莱德雷当机立断，在莫当仅保留最小规模兵力，而令其他部队向南、向东攻击，包围德军的先头部队。当他在电话里向蒙哥马利解释他的计划时，艾森豪威尔就在他的司令部。尽管蒙哥马利对莫当阵地表示了一定程度的担忧，但他也同意这样做可以取得巨大战果。因此，他让布莱德雷全权决断。蒙哥马利迅速下令，要求整个部队与此计划保持一致，并与布莱德雷以及指挥英国第 2 集团军的迈尔斯·登普西中将当面协调了行动细节。

当初，艾森豪威尔和布莱德雷作出这一大胆决策的另一个因素是出于对作战指挥官的信任。在突围成功后巴顿立即接手指挥右翼的第 3 集团军，而在美军的左翼，坚定稳重的霍奇斯继续对德军施加压力。这两位指挥官和他们的部队都经过了战斗的考验，他们在任何情况下都无须等待上级指示便会采取措施狠狠打击敌人。

布莱德雷充分证明了他有能力守住莫当重镇，然而，一旦德军坦克和步兵在莫当成功突破，那么已经越过莫当的所有部队虽然可以通过空运得到补给，但也会面临严峻形势。德军很可能会成功地切断了交通线，甚至切断了盟军部队所必需的退路，从而影响整场战役。艾森豪威尔不无担忧，让人高兴的是，德军在莫当被当即击退，损失严重。8 月 12 日，布莱德雷计划的行动取得了令人满意的进展。

根据布莱德雷将军的指示，巴顿将军派海斯列普少将指挥的第 15 军向南直插拉瓦尔镇，并在该镇东侧向北转向阿让唐。库克少将指挥的第 12 军受命向第 3 集团军南侧的奥尔良推进；沃克少将指挥的第 20 军向夏特勒推进。稍后不久，卡勒特少将的第 19 军也加入了包围战。蒙哥马利指示加拿大第 1 集团军继续向南方的法莱斯推进，以期与阿让唐方向的美军会合，完成对滞留于该城以西之敌的包围。与此同时，美国第 1 集团军和英国第 2 集团军继续向被围之敌进攻，迅速歼灭该敌。

从南部实施包围行动的首要目标是歼灭莫当—法莱斯地区的德军部队，同时，向塞纳河各渡口广泛用兵，扫清德军第 1 和第 7 集团军的残部。艾森豪威尔设计的作战构想如下：蒙哥马利集团军群依托原诺曼底滩头防御阵地全部向南进攻；同时布莱德雷的部队以其左翼初期突破地点附近的阵地为轴实施大包围，以此将仍位于其进军纵队与英国第 21 集团军群当面之间的全部德军装入"口袋"。与此同时，盟军空军不间断地破坏塞纳河沿岸德军可能通过的任何渡口，以阻止合围前德军渡过塞纳河向北逃窜。要实现这个作战方针，需要极其完美的协同作战。

8 月 13 日夜，在非洲战役的老兵，奥利佛将军率领下的美军第 5 装甲师进抵阿让唐郊外。雅克·勒克勒尔将军的法军第 2 装甲师也到达其附近，美军第 79 师和第 90 师位于可以实施近距离支援的位置。德军仍在卡昂以南做垂死的挣扎，此时，他们在那里已经建立了整个战役期间最坚固的防线。加拿大军队连续猛烈攻击后，仍然拖到 8 月 16 日才最终占领了法莱斯。

8 月 13 日，艾森豪威尔向盟军司令部发了一个通报。

只有最高昂的斗志、最坚定的决心和最快速的行动才能抓住这次机会，所以我向你们发出比以往任何时候都要紧急的呼吁。

我要求每一位空勤人员要肩负起夜以继日不间断地轰炸敌人的责任，使其既无法战斗，也无法飞行。

我要求每一位水兵要确保敌军部队无法从海上逃走，也无法得到增援，并确保我们的陆上战友能随时得到其所需要的枪炮、舰船和船员。

我要求每一位陆军官兵以敌人不投降就让他灭亡的决心向着分配给你们的目标勇往直前，所得阵地寸土不让，所建战线一孔不漏。

面临灭顶之灾的德军拼死坚守即将封闭盟军布设的"口袋"的出口，以便从崩溃中救出尽可能的部队。德军指挥官集中力量挽救其装甲部队，仍有一部分装甲师渡过了塞纳河，但他们损失了大量装备，8 个步兵师和 2 个装甲师几乎全部被俘。

与此同时，由于盟军大部分部队都是从一个巨大半圆的周边实施向心突击，所以确定各部队在什么实际位置停止，以免与迎面而来的友军迎头相撞，这就成了艾森豪威尔所面临的一个棘手的问题。

在此次作战中，实施大迂回的布莱德雷所部要比英国和加拿大部队跨越更远的距离去封闭包围圈。因为英国和加拿大所面对的是装备精良的德国防御之敌，他们在狭窄的地域上小心防御，难以实施较大的向前运动。蒙哥马利密切注视着态势的发展，但是美军的运动是如此之快，以致前线出现了混战。艾森豪威尔伤透了脑筋，他知道只有命令部队就地停止，才能避免盟军内部的误伤，但是因此也会付出让德军逃脱的代价。根据情报，确实有相当数量的德军成功逃脱，虽然他们逃跑时丢弃了几乎全部的重装备，而且付出了惨重的人员伤亡代价。艾森豪威尔完全支持布莱德雷的决策，命令所有部队遵守所划定的各集团军群之间的分界线。

8月12日至8月20日，盟军的包围圈逐渐合拢。为了避免全歼的危险，德军拼命地在封闭的包围圈战斗，他们冒死抵抗。这个包围圈封闭48小时后，艾森豪威尔巡视了整个战场。他说："一口气行走几百码，踩在脚下除了死尸和烂肉堆外再也没有别的了。这种境况，没有人能想象得到。尤其法莱兹战场，是战争中最大的杀戮场之一。"蒙哥马利说："土伦的屠杀简直令人难以置信，那里火光熊熊，尸横遍野。腐尸的气味冲上几百英尺的高空，令我们的飞行员都觉得恶心。"有记者这样记录这个杀戮之地：被轰炸的地区，树梢上挂满了尸体的腐肉，士兵们的遗体暴晒在炎炎烈日之下，根本不存在死亡的尊严。道路上塞满了破碎的坦克、燃烧的卡车、死马等，根本无法通过。有一个英国士兵说："要是每一个人都闻一闻那混杂的恶臭，也许世界就不会再有战争。"

法莱斯战役之后，人们更加盼望德国彻底崩溃。艾森豪威尔说："胜利是美好的，只有彻底消灭残暴的德军，战争才能结束。上帝啊，我恨这些德国人！因为他们，我们还要经历很多苦难。"

德军的惨败也令德国的许多将军震惊。德国第 12 装甲师师长说："希特勒的决定是愚蠢的，但是他听不进去任何人的劝告和建议。"德国将领克鲁格为了说服希特勒，给他写了一封信让他明白德国人的抵抗是没有用的。但是克鲁格的信根本起不到任何作用，希特勒骂他是个不会战斗只会投降的失败主义者。连希特勒最宠信的人迪特利西也说，希特勒简直是个疯子，他必须为自己的愚蠢行为负责。

当盟军终于完成对塞纳河以西的德军部队包围时，德军在西欧战场的最终失败就已成定局，这只是个时间问题了。巴黎像一块磁铁，吸引着每一个人，他们都想得到解放巴黎的光荣。盟军在法莱斯大获全胜后，他们开始席卷法国，美国第 1 集团军、第 3 集团军挥师东进，直指巴黎。

8 月 20 日，戴高乐拜访了艾森豪威尔。他说盟军应该立即采取行动，解放巴黎，并要求调雅克·勒克莱克将军的法国第 2 装甲师到巴黎。对此艾森豪威尔坚决反对。戴高乐气冲冲地说："如果你不下命令，我自己会下的，他有权力执行我国政府的命令。"后来，英国广播公司公布了巴黎被盟军收复的消息。艾森豪威尔对布彻说："看来，我们将被迫进入巴黎了。"

艾森豪威尔不得不配合巴黎城内"自由法国"的行动。在整个法国境内，"自由法国"部队的价值不可估量。他们不仅活跃在布列塔尼，在前线各处，也对盟军予以支援。如果没有他们的帮助，解放法国，击败西欧的敌军，均需耗费更长的时间，也意味着要付出更大的代价。当巴黎城内的"自由法国"部队举行起义时，艾森豪威尔命令部队快速行动，为其提供支援。

8 月 21 日，艾森豪威尔做出了解放巴黎的决定。他让雅克·勒克莱克将军所统帅的法国第 2 装甲师、美军第 4 师、英军的一支分遣队一起进入巴黎。他强调，不允许进行剧烈的战斗、不准轰炸巴黎。勒克莱克指挥的法军第 2 师从 3 年前的乍得湖开始，进行了几乎不可能完成的穿越撒哈拉沙漠的进军，与英国第 8 集团军会师，参加了非洲战役后半部分的战斗。现在，1944 年 8 月 25 日，勒克莱克将军奉命光荣地接受了德军的投降。对他而言，这是从中非到德国漫漫征程中最令人振奋的时刻。巴黎终于获得了解放。

自由法国战士在法国沙特尔大教堂门前休息

巴黎一被攻占，艾森豪威尔便立刻通知戴高乐将军，希望他能作为法国抵抗运动的代表进入首都。随后，当艾森豪威尔得知戴高乐已经在巴黎内建立起指挥部时，艾森豪威尔带着英军助手高尔特上校前往拜访。8 月 27 日，艾森豪威尔秘密进入巴黎。戴高乐非常高兴，就像欢迎老朋友一样欢迎艾森豪威尔。在他眼里，艾森豪威尔是一个言而有信的人，是一个真正的战士。戴高乐将军在为巴黎人民的生计发愁，他想让盟国对法国提供食品和其他物资，让市民免于饥饿。艾森豪威尔表示将会积极协调。

巴黎人民举行了盛大的庆祝游行，成千上万的市民涌向街头。姑娘们甚至爬上缓缓驶来的坦克，拥抱、亲吻着解放她们的士兵。当游行的人群看见艾森豪威尔走过来时，他们齐声高喊着艾森豪威尔的名字。一个高个子法国男人还冲到艾森豪威尔面前，在他的脸上一边亲了一下。兴奋的人群都尖叫着，都想挤上去亲吻这个解放了他们的英雄。布彻说："艾克的脸都红了，奋力从人群中挤了出来，但是脸上还是留下姑娘、小伙子们的吻。"布莱德雷生怕被人吻，不管艾森豪威就一个人溜掉了。不过，他的脸上还是留下一个法国女人的口红印。他说："不管怎样，总比艾克被男人吻好多了。"

这次战役的胜利，使艾森豪威尔成为当时世界上声名斐然的人物。因为指挥诺曼底登陆作战有功，年底他还被授予陆军五星上将军衔。然而英国人好像并不喜欢艾森豪威尔，英国人对他在法国受到的礼遇表示愤怒。英国媒体说："仗好像都是美军打的，风头都被他们抢光了。"其实，这时蒙哥马利的第21集团军群正沿着海岸线向比利时挺进，根本无法让英国的大部队开进巴黎。为了盟军的团结，艾森豪威尔一直尽可能地远离法国人。

8月底，盟军在欧洲大陆的兵力大约为20个美国师、12个英国师、3个加拿大师、1个法国师和1个波兰师。英国已再无可用的兵力了，但在英国还有6个美国师，其中包括3个空降师。空军所有可用的作战飞机大约为：重型轰炸机4035架，轻型、中型和鱼类轰炸机1720架，战斗机5000架。另外还有一个部队空运司令部，拥有英、美两国的运输机，总计2000多架。

巴黎的解放标志着诺曼底战役的结束。从此，德国遭到盟国的武装力量在东、西、南三面的夹击。诺曼底战役的胜利是欧洲反法西斯战争新的转折点，它使战争进入了最后的决战阶段。

第七章

# 向德国本土进军

# / **战场内外** /

诺曼底登陆战役的胜利，极大地鼓舞了盟军的士气。1944 年夏末，德国本土仍拥有可以使用的大量军队。艾森豪威尔知道，任何企图以少量兵力突击冒险，渡过莱茵河，直插德军心脏地带的想法都是彻头彻尾的空想。即使以 10—12 个师这样的总兵力发起进攻，其力量势必也要逐步被削弱，最终将面临不可避免的失败，如此，那就正中敌人下怀。

至 8 月 1 日，盟军在欧洲大陆上的实力是 35 个师，同时还有在英国的 4 个美国师和 2 个英国师。到 10 月 1 日，盟军在欧洲大陆的总兵力，包括经由法国南部向前挺进的第 6 集团军群，共计 54 个师，还有正从英国运来的 6 个师。所有的师都缺乏步兵补充兵员，而且在地面部队的实力总数上德国人仍占明显优势。盟军的部队分布在北起莱茵河畔，南至瑞士边境长达 500 英里的战线上。

战场之外，让艾森豪威尔烦恼的还有媒体的报道。部队进入巴黎之时，部分英国媒体就评论说"美国人就爱炫耀"。还有媒体带着几分批评的意味评论说，英国军队也参加了解放法国的战役，不应让美国独占了这种荣誉。之后，那家出言不逊的报纸在了解到真实原因后，很快收回了上述评论。

8月份，英、美两国媒体又报道了盟国内部矛盾。诺曼底战役结束后，艾森豪威尔宣布直接指挥盟军地面部队的行动，这使蒙哥马利受到严重打击，因为蒙哥马利已经晋升为陆军元帅，军衔比艾森豪威尔高，这件事导致了傲气的蒙哥马利与艾森豪威尔之间的关系越来越紧张。美国报纸报道称，蒙哥马利已不再拥有地面部队的协调控制权，他和布莱德雷将军同样，都需要直接向艾森豪威尔报告。盟国远征军最高统帅部否认了这个消息，因为当时这一安排还没有正式生效，直到9月1日才会施行。

然而，英国报纸对此报道愤愤不平，抱怨蒙哥马利取得了战争胜利却被降职。另一方面，美国媒体却对此报道欢呼雀跃，因为这表明美军部队现在是真正独立作战了。而盟国远征军最高统帅部对此予以否认，这在美国引起了混乱。马歇尔将军得知后，立刻给艾森豪威尔打来电话。艾森豪威尔给他发了一封长长的电报，把指挥权临时性的变更的细节向他重复了一遍。艾森豪威尔还在电报中表达了某种程度的愤怒，说："在观众们看来，赢得伟大的胜利还不够，赢得胜利的方式似乎更重要。"其实，英美两国的反应完全正常，民众都是出于强烈的民族自豪感和爱国主义精神。

艾森豪威尔说："在整个战争期间，媒体与军事当局之间从没有实现过完美的合作。对于指挥官，保密是自卫的武器；而对媒体来说，则是魔咒。我们的任务就是要建立一种程序，使双方能够相互理解。"当时，驻战区的各大主要媒体包括各类报纸、期刊、广播电台和摄影机构，既有临时的，也有常驻的，有时这些人扩充到相当大的规模，在欧洲战场的媒体代表就曾一度达到 943 人，有些指挥官对他们的存在感到很不舒服。

在非洲战场上，艾森豪威尔第一次见到亚历山大和蒙哥马利将军时，他们采取了给媒体代表规定严格规章制度的办法，列出了长长的新闻检查清单。虽然他们也都知道记者出现在战区是政府授权，但他们太关注保密了。指挥官们非常讨厌记者，而非视为与国内沟通的桥梁，也不认为他们会对战役能起到正面作用。

相比较而言，英国人对待媒体的态度显然更为谨慎和保守，特别是在战争初期。当然，这是有其深刻原因的。战争刚刚开始时，尤其是在 1940 年到 1941 年期间，英国孤军奋战，除了欺骗，对德军也没有别的好办法。他们使出浑身解数，包括设置假指挥部，发送假消息，以使德国人搞不清其可用兵力的数量，更重要的是使其不知道部队的部署。当时的这种必要做法逐步变成了习惯，以致后来也很难改掉。

媒体有时也给艾森豪威尔带来不少麻烦，让他不得不在战争期间两次对媒体采取限制措施，一次是在北非强制实施了临时政治新闻检查，另一次是扣发了关于诺曼底最终指挥安排的预告。但他认为指挥官应该把媒体代表看作准参谋军官，理解他们在战争中的使命，并帮助其履行使命。在整个地中海战役和欧洲战役期间，一些热情、洋溢着爱国主义情怀的通讯记者们通常都是公正、坦率和善解人意的。在对待媒体问题上，美国的做法是给记者提供一切便利，让他们随时去想去的任何地方。

8 月 25 日，巴黎解放对各地人民产生了巨大影响，人们似乎看到了希特勒的末日。德军损失非常大，登陆以后，德军已有 3 名陆军元帅和 1 名集团军司令被希特勒解职。隆美尔 7 月 19 日被美军的一架强击机打成重伤，几个月后，自杀身亡。1 名集团军司令、3 名军长和 15 名师长被击毙或被俘。德军伤亡和被俘的总人数达到40万，其中半数是战俘，仅在7月25日之后的一个月里被俘的人数为135000人。

此外，德军还损失了1300辆坦克，2万辆其他车辆，500门自行火炮和1500门火炮。空军损失惨重，飞机被击毁近4000架，士气受到沉重打击。不过德军整体上显然还没有达到崩溃的地步，他们无疑还有能力实施顽强抵抗。德军不顾失败和混乱将大量部队撤过塞纳河，此时，德军第15集团军还有部分部队滞留在加来地区，在那里为撤退的第1集团军和第7集团军部队提供了坚强的核心。

收复巴黎比原定时间表提前了好几周，但在特别重要的补给能力方面，盟军却大大落后了。由于敌占的大部分地区都是在8月1日以后的扫荡行动中夺取的，所以维持持续进攻所必需的公路、铁路、仓库、维修站等，仍远远地落后于前线后方。补给能力的不足影响了艾森豪威尔的推进计划。当德军在诺曼底前线失败已成定局之时，艾森豪威尔立即指示空降兵部队制定实施空降计划，然而空降行动需要仔细权衡空降行动本身所面临的各种选择，准备空降进攻意味着要将原来用于补给目的的运输机撤回来。让艾森豪威尔为难的是，他无法判断将这些飞机用于实施补给行动是否能够取得更大的收获。8月下旬，盟军的补给状况越来越糟。

美英军队全线穷追溃逃之敌，4天之内，英军前锋以及在其右翼并肩前进的美军先头部队就突进了190英里。这是盟军大追击之中的一大壮举。到9月5日，巴顿的第3集团军到达南锡，并在该城与梅斯之间渡过了摩泽尔河。霍奇斯的第1集团军于当月13日直抵齐格菲防线，其后便向亚琛进攻。德军被迫至本国边境后，德军防御明显日渐顽强。9月4日，蒙哥马利集团军进入安特卫普，德军在慌乱中进行大撤退，根本没时间进行大规模破坏。8月28

日，盟军占领马赛，对这个大港进行了修复。

这些发展确保了后勤问题的最终解决，这也就意味着，在一定时间之内，盟军能在德国边境以敌人无法招架的规模和强度发起会战。但是，在此之前还有很多事情要做，过度紧张的补给线严重不足。在南部，帕奇和布莱德雷的部队必须会合，通往罗纳河上游的铁路线必须修复。在北部，面临的困难甚至更大。

9月2日，艾森豪威尔来到凡尔赛，他将和布莱德雷、霍奇斯和巴顿讨论未来的作战问题。艾森豪威尔的秘书凯瑟琳·萨默斯比说，在去凡尔赛之前，艾克就做好了批评巴顿的打算，因为巴顿把战线拉得太长，给补给带来了困难。一见面，艾森豪威尔就对巴顿不冷不热，巴顿滔滔不绝地说着击败德国的计划，巴顿想让第1军和第3军立即向齐格菲防线挺进，他试图说服艾森豪威尔。然而艾森豪威尔说："这样不利于汽油和弹药的供应。"会议结束后，艾森豪威尔提醒巴顿，让他小心自己的名誉。巴顿趁机提出了自己的要求，他说："为了保障我的军队继续前进，希望阁下开恩，拨给第3集团军额外的汽油。因为我的部队在前方，机会非常好。"艾森豪威尔答应了巴顿的要求，并允许他继续向曼海姆和法兰克福发动进攻。此外，他还让布莱德雷把第4集团军部署在巴顿的左面——阿登以南的地区。

当艾森豪威尔从凡尔赛返回格朗维尔的时候，他的座机突然坏了。他不得不改乘一架L-5型飞机。在途中，碰上了暴风雨，汽油也快用完了，被迫在沙滩上降落。跳下飞机，艾森豪威尔和驾驶员一起把飞机推过潮水线。在推飞机的时候，艾森豪威尔扭伤了膝盖，无法走路。飞行员安德伍德中尉扶着艾森豪威尔穿过海滩。艾森豪威尔焦灼地观察着地面，以防踩上爆炸物。瓢泼大雨中，他们欣喜地发现了一辆吉普车，把他们送到格朗维尔。一名医生从伦敦飞来，给艾森豪威尔检查完伤势，打上了石膏，要求他必须卧床休息一个星期。几天后，膝盖消了肿，但艾森豪威尔只能依靠拐杖慢慢移动。他给妻子玛米的信中说：

真是烦人，都不能自由活动了。不过你不用担心，除了一点儿疼痛外，一切都很好。毕竟年纪大了，我以后会小心的。

就在此时，蒙哥马利突然提出了一个建议，他说，"如果我们以所有可用的补给设施支援第21集团军群的话，那么我就可以直插柏林，结束战争。"艾森豪威尔完全清楚，这是一种错误的想法，但在当时，蒙哥马利的热情被之前一周的快速进军点燃，从而确信德军已完全丧失斗志，激进地宣称要直插柏林，并让艾森豪威尔给他提供充足的补给。

蒙哥马利纠缠着艾森豪威尔，为了让蒙哥马利完全了解作战计划，艾森豪威尔不顾有伤在身，决定去布鲁塞尔和他见面。9月10日下午，艾森豪威尔拖着病体飞往布鲁塞尔。疼痛使艾森豪威尔无法走下飞机，只好和蒙哥马利在他的座机中进行谈话。艾森豪威尔向蒙哥马利解释了盟军的供给现状，指出："我们需要尽早使用安特卫普港，建立起能够覆盖安特卫普及其延伸至前线的铁路和公路的战线。同时，如果没有莱茵河上的铁路桥，手头没有大量的物资储备，就不可能在德国维持一支能突入其首都的部队。在德国中部，敌人仍有相当庞大的预备力量。"艾森豪威尔主张全线挺进，首先逼近莱茵河，再从正面横渡莱茵河，最后集中兵力进攻柏林。蒙哥马利的计划与他的这一全线挺进的主张相悖，所以，艾森豪威尔几乎没有考虑，就断然拒绝了。

蒙哥马利仅仅了解他所面临的优势，如果支持他的建议，将意味着除了第21集团军群，其他部队的行动都将会停止下来。事后，艾森豪威尔在日记中说："这个狂妄的家伙，他居然想让我把什么都给他。"经过激烈的争论，艾森豪威尔同意了蒙哥马利提出的代号为"市场—花园"的计划。蒙哥马利实施这一计划的本意是，由他向柏林发动主攻。而艾森豪威尔想在莱茵河对岸建立一个桥头堡，他说："抵达莱茵河对岸的阿纳姆桥头堡后，你的主要任务是扫清凯尔德湾、开放安特卫普港，否则，我不会同意的。"经过讨价还价，艾森豪威尔和蒙哥马利达成了协议。

布莱德雷写了一封信给艾森豪威尔，认为"市场—花园"计划实在是太冒险了：

第一，它会使战线拉长，不利于补充给养；第二，它无法使盟军在德国进行重大的作战行动。第三，这一计划将使巴顿和霍奇斯进行防御战，停止现在的进攻。

他指出该计划的"实质是由蒙哥马利主攻柏林，拒绝两路突击的战略。"

看了布莱德雷的信后，艾森豪威尔为了让他放心，给布莱德雷打电话说："所有的事情你都不用担心。在计划实施的时候，允许巴顿和霍奇斯向莱茵河进军。而且只有这时，蒙哥马利才享有优先补给权。一旦行动结束，蒙哥马利必须立即回师，这是我们的约定。"

艾森豪威尔之所以同意"市场—花园"计划，第一，他想通过这个计划在阿纳姆建立一个桥头堡；第二，利用这一计划检验空降部队的实力；第三，把德军的注意力从伦敦吸引过来，因为德国 V-1 型飞弹不停地在那里进行轰炸。

9 月 17 日，盟军按照原定计划向阿纳姆发起了进攻。艾森豪威尔要求蒙哥马利夺占桥头堡作战的任务后，要立即回头夺取瓦尔赫伦岛以及安特卫普航道地区。蒙哥马利满腔热情地投身到执行任务中。艾森豪威尔把盟军第 1 空降集团军划归蒙哥马利指挥，竭尽全力为他提供补给。3 个空降师从北到南依次空降。最北面的是英国第 1 空降师，再往南是美国第 82 和第 101 空降师。进攻开始进行得很顺利，但是，恶劣的天气使北面的先头部队没有得到足够的增援，从而导致英国空降师伤亡惨重，整个作战仅取得了部分胜利。盟军没有夺得桥头堡，但战线已足以防卫安特卫普基地。

当行动失败后，所有的人都责怪蒙哥马利，说他应该承担全部责任。蒙哥马利说："我没有任何责任，如果艾克听取我的意见，命令巴顿停止前进，把一切力量都集中在左翼就不会是现在的局面。"面对失败，艾森豪威尔并没有像蒙哥马利那样一味地推卸责任。他说："我批准了蒙哥马利的计划，这是我的过错。谁都没有我的责任大，一切应该由我来承担。"艾森豪威尔知道，他与蒙哥马利涉及美英两国关系问题，因此势必要以大局为重。

现在，至关重要的是要避免进一步推迟夺取安特卫普航道的行动。蒙哥马利的部队过于分散，其凹凸不齐的战线一直延伸到莱茵河下游。他必须在斯凯尔特河口集中相当大数量的兵力，而且还要为一些小港口提供部队，以坚守海岸线。为确保其有机会在斯凯尔特河作战中集中兵力，艾森豪威尔派了两个美军师配属他，一个是林德赛·麦克唐纳德·西尔维斯特少将的第 7 装甲师，一个是参加过突尼斯战役和西西里岛战役的、由特里·艾伦少将指挥的第 104 师。

美军第 1 集团军在结束其由塞纳河至德国边境的辉煌进军后，几乎是立即发起了最终夺取德国门户之一的亚琛的作战。守敌德军防御凶猛顽强，但柯林斯及其第 7 军的进攻是如此巧妙，以致 10 月 3 日就包围了守敌，进入该市。敌人被迫且战且退，撤至中心的一座大型建筑中。拿下这个目标的方法非常简单，直接拽过几门 155 毫米的"长臂汤姆"的远程火炮，在距离大楼 200 码的地方把墙打得粉碎。几颗炮弹洞穿大楼后，德军指挥官于 10 月 21 日投降，并沮丧地评论道："当美军把 155 大炮当狙击枪使用时，就是该放弃抵抗的时候了。"

美国军队越过德比边境，进入德国亚琛地区

南面德弗斯的第 6 集团军群投入作战，并从 9 月 15 日起归艾森豪威尔指挥。现在，由盟国远征军最高统帅部控制的战线南起地中海，北至莱茵河口，绵延数百英里。

德弗斯的部队包括帕奇中将指挥的美国第 7 集团军和塔西尼将军指挥的法国第 1 集团军。布莱德雷的集团军群由第 1 集团军、第 3 集团军以及由威廉·H.辛普森中将指挥的新组建的第 9 集团军编成。蒙哥马利仍统领登普西的英国第 2 集团军和克里勒的加拿大第 1 集团军。直属于盟国远征军最高统帅部的盟军空降集团军暂时配属给他。

夏末，盟国远征军最高统帅部从格朗维尔迁到了巴黎城外的凡尔赛。在选择新址时，艾森豪威尔希望在巴黎以东的较远距离上找一个合适的地点，以免首都地区的拥挤妨碍去前线的路程。但是由于巴黎以东地区缺乏通信主干线路和现有设施，参谋部最初不得不接受凡尔赛作为最佳地点。此外，艾森豪威尔还在兰斯城外设立了一个前进指挥所，即使是在无法飞行的时候，也可以方便地到达战线的任何部分。

为了保证后勤供给，盟军在法国的主要公路线建立起卡车运输体系，这些"特快列车公路"上不间断地行驶着无数卡车，每辆车至少行驶 20 小时，替换的驾驶员都是从各部队抽调而来，而卡车只有在装卸和维修时才允许停下来。

在二战结束后的几个月中，当艾森豪威尔与苏联领导人一起回顾战役时，这些苏军将领无一例外地迫切让艾森豪威尔解释，他们是如何安排补给体系 r，从而能使盟军从狭小的诺曼底滩头一路势如破竹，横扫法国、比利时、卢森堡全境，直逼德国边境。而艾森豪威尔也不厌其烦地描述着如何修复和建设铁路系统，组织卡车运输和空中补给，汽油和燃料如何通过英吉利海峡海底的输油软管输送到欧洲大陆，再通过铺设在地面上的管道从海滩泵压到各个地方。在这个过程中，空军工程兵以惊人的速度建设起降跑道。所有部门都表现出高昂的士气和敬业精神，一点不亚于战区内的任何战斗分队。

# / 战斗在推进 /

9 月，美英盟军云集德国边境。借助险恶的山川地形，敌人的防御阵地仍很稳固。德弗斯率领的美国第 7 集团军和法国第 1 集团军正向东方，直捣形成天然防御屏障的孚日山脉。北面的齐格菲防线依凭莱茵河构成了防御体系，只有补给充足、果敢的部队才能实现突破。

盟军仍然只能依靠瑟堡港和阿罗芒什港。有限的港口容量和对外交通都不可能囤积大量的储备物资和预备兵力，甚至保证每天投入充足兵力用于持续的前沿阵地交战都难以为继。安特卫普港和马赛港还没有发挥作用，布莱德雷在 9 月 21 日给艾森豪威尔的信中说："未来作战计划与莱茵河的补给密切相关，安特卫普港至关重要。"后勤将是最终击败德国的关键因素，他对此从未忽视过。

极端恶劣的天气和地形，使 1944 年的秋天成为一个令人难忘的时期。瓦尔赫伦岛、亚琛、赫特根森林、罗尔水坝、萨尔盆地和孚日山脉，都会在秋天的几个月中作为会战战场，加快欧洲战争结束的进程，成为战役名称。秋冬的天气、弹药和补给的缺乏，给盟军造成了困难。但是，盟军将士的坚毅、勇气和机智从未像这个时期那样经受住了全面考验，战果也从未像这一时期那样辉煌。

1944 年秋季，盟军的空军实力包括 4700 架战斗机，6000 架轻型、中型和重型轰炸机，4000 架侦察、运输和其他类型飞机。强大而高效的空军的存在，增强了地面部队的力量。按照原定计划，在秋季几个月集结兵力的进程中，还有很多作战行动。在北方，除夺取通向安特卫普的航道之外，还要争取封闭莱茵河，因为正是从这一地区，盟军将发起强渡该河的最猛烈攻击。再往南，布莱德雷将要实施一些为最终歼灭莱茵河以西残敌作准备的预备性战斗。艾森豪威尔仔细盘算了一下，盟军不仅要消灭莱茵河的敌人，而且还要确保萨尔地区安全，在包围鲁尔时，与北面的部队联手，由此发动了强有力的攻击。

夺取安特卫普航道的战役非常艰难，斯凯尔特河口水雷遍布，9 月初，盟军向东北方向实施猛攻时，未能成功夺取该地区。与此同时，要进入敌人阵地的唯一通道是一个连接南贝弗兰德岛与陆地的咽喉地带。加拿大第 2 师受命进入这个咽喉地带，由此沿地峡向西进攻南贝弗兰德岛的德军。海水漫过了官兵们的腰身，他们在水中与德军顽强作战，战斗连续进行了三天，终于攻至地峡末端。不过到 10 月 27 日，该师在岛上已站稳了脚跟。英军第 52 师于 10 月 25 日至 26 日夜在南贝弗兰德岛南岸登陆。然后，这两支部队实施向心突击，直至会师。到 10 月 30 日，南贝弗兰德岛全部被盟军攻占。

11 月 1 日，盟军两栖突击瓦尔赫伦岛时，遭到了德军的激烈抵抗，这次抵抗是欧洲作战海岸防御中最强的一次。盟军只能使用小型舰只提供火力支援，毫不畏惧地逼近瓦尔赫伦岛海岸，与陆上要塞的敌人进行持续不断的交火，支援抢滩上陆的部队。舰船损失非常严重，但船员用勇敢和坚韧成功登上了陆地，最大限度减少了突击人员的伤亡。艾森豪威尔命令大型轰炸机轰炸该岛低地部分拦海堤。顷刻之间，海水通过被炸毁的堤坝淹没了防御阵地，发挥了巨大作用。

11 月 9 日，盟军彻底扫除了岛上抵抗到最后的德军。至此，俘获德军 1 万人，包括一名师长。但不幸的是，这次作战也付出了高昂代价，加拿大和英国部队几乎全部伤亡，共计 27633 人。与此形成鲜明对照的是，在西西里，盟军击败了 350000 人的守军，自己伤亡不到 25000 人。作战结束后，盟军开始清除斯凯尔特河河口的水雷。

敌人在疯狂进攻。11 月 26 日，第一艘船抵达安特卫普港开始卸货。从 10 月中旬开始，德军向该城发射 V-1 和 V-2 飞弹。虽然这种飞弹像打击伦敦的飞弹一样，常常没有准头，但还是让这一地区遭到了严重破坏。许多市民和士兵被炸死，交通和补给工作时常中断，安特卫普的市民勇敢地承受了这些打击。一枚 V-2 飞弹曾击中一个拥挤的剧场，炸死了数百市民以及士兵。敌人还使用了大量的高速鱼雷艇和小型潜艇干扰美军使用安特卫普港。尽管存在上述各种困难，但安特卫普港还是很快成为盟军后勤系统的北方据点。

就在北方壮观而又令人激动的战斗正在进行之时，其他战线也在逐步推进。蒙哥马利带领第 21 集团军群攻占瓦尔赫伦岛后，11 月 15 日立即向东推进。12 月 4 日，他还是肃清了马斯河以西的残敌。在英军的南侧，布莱德雷于 10 月 22 日又投入了美国第 9 集团军。11 月 16 日，布莱德雷重启战线北部向莱茵河进攻。战斗缓慢而又激烈，此次进攻的右翼，第 1 集团军进入赫特根森林，进行了一场整个战役中最艰难的争夺战。敌人进行了坚固的防御，进攻的美军则由于森林茂密，只能依靠步兵武器战斗。最终还是坚韧的美军赢得了胜利。从此以后，凡美军第 4 师、第 9 师和第 28 师的老兵谈起战斗的激烈程度，都会与"赫特根森林会战"比较。

与此同时，第 3 集团军于 11 月 8 日在阿登森林以南发动了一次进攻，进攻总目标是萨尔地区。进攻首战告捷，在梅斯以北，渡过摩泽尔河建立了桥头堡。11 月刚刚过半，其先头部队便越过了德国边境。盟军包围了梅斯，切断了它与外界的联系。11 月 22 日，梅斯投降。但是，其附近的一些据点仍在顽抗，将近 12 月中旬才将最后一个据点清除。

秋末时节，从瑞士到莱茵河口的整个战线上，战斗陷入让人厌恶的步兵拉锯战，战斗进程缓慢而又艰难，进展通常只能以码而不能以英里计。作战变为主要拼炮火、拼弹药，在部分地段主要是拼步兵的耐力、韧性和勇气。在此情况下，步兵伤亡巨大，特别是步枪排。在各类战斗中，一般都是步兵的伤亡占多数，而现在则实际上伤亡的全是步兵。步兵伤亡比例异常，绝不仅仅是由于敌人行动造成的，还有其他方面的原因。冻伤、战壕足病、呼吸道疾病在步兵中的发病率均远高于其他兵种。步兵的伤亡迅速削弱了各师的行动能力。由于没有步兵执行在炮火弹幕后推进和机动的任务，盟军的进攻实力显著下降。

当秋末到达德国边境时，艾森豪威尔和参谋部门研究了用空军炸毁西岸德军赖以生存的莱茵河上的桥梁。但是，根据当时的报告，共有26座重要桥梁横跨莱茵河，除非炸毁其中的大约20座，否则炸桥行动便不能充分发挥作用；而且即使在最佳飞行条件下，轰炸也需要持续一段时间，并付出巨大的努力。但是，欧洲秋冬季节极少出现能够满足高空精确轰炸的天气，而敌人的防空火力仍然强大而有效，低空轰炸会造成太大损失。因此，炸桥的唯一方法就是在云上实施盲炸。据空军参谋部计算，炸毁大部桥梁所需时间是目前所无法满足的。

在所有这些任务中，最重要的一项是消耗德军的燃料油储备。截至当时，德军燃料油补给已经呈现出不稳定状态。艾森豪威尔命令重型轰炸机部队尽其所能保持对敌所有产油地、炼油厂和油料供给系统的猛烈轰炸。这一战术不仅对德国整体战争能力具有全面的巨大影响，而且对前线也有直接作用。所有德国指挥官一直都在根据其可用燃料制定计划。坚持对敌轰炸，以增大其供油困难，将对盟军极为有利。

12月初，巴顿将军及其第3集团军准备对萨尔再次发起进攻，突击预定在12月19日开始。巴顿非常希望进攻能发挥决定性作用，但是，为了坚决避免此次作战变为一场旷日持久、代价巨大的非决定性进攻，布莱德雷和艾森豪威尔都同意，第3集团军的进攻必须在一周之内取得巨大战果，否则，便停止进攻。如果此次进攻赢得巨大优势，那么，敌人势必集中其他方向的兵力予以迎击，因此巴顿的胜利将有助于增强其他方向的安全；另一方面，如果将大量的兵力投入代价巨大且行动缓慢的推进之中，那么，盟军不仅收效甚微，而且在战线的其他方向都无法快速反应。

前线电报像雪片一样纷纷飞往最高统帅部。艾森豪威尔说："仅仅关注所有负面情报判断的指挥官是永远打不了胜仗的，他永远只会满怀恐惧地坐等所预言的灾难降临。"

# / 希特勒的孤注一掷 /

盟军在西欧战场上步步推进，德军损失惨重。到 1944 年秋，英美盟军、苏联红军已从三面逼近德国本土，法西斯德国危在旦夕。希特勒不想坐以待毙，他要扭转局势，夺回主动权。希特勒决定孤注一掷，在西线集中兵力向盟军发动一次强大攻势。

9 月 25 日，德军统帅部的高级人员到拉斯滕堡参加高级工作会议。在会议室里，指挥官们默默等待着希特勒的到来，他们每个人心里都在猜测着元首到底又要发布什么命令。希特勒终于出现了，对于他的改变大家都非常惊奇。他弯腰驼背，面色苍白，双眼深深地陷进去，明显地衰老了许多。但是他的精神状态似乎仍然非常好，双眼依然闪烁着疯狂的光芒。

这次希特勒一改往日咄咄逼人的态度，平和地开始了他的长篇大论：

"我们的敌人是成分复杂的盟军，联盟中的每一个伙伴都抱有各自的政治目的：英国打算保住它在地中海的地盘、俄国想取得巴尔干、美国企图……

总之，他们为了各自的利益争吵不休。我们只要像蜘蛛那样坐在网中央观察形势的发展，不难看出这些国家之间的矛盾越来越深。

"目前，最要紧的是打破敌人必胜的信念。尽管现在敌人暂时处于优势，但是要到最后才知道谁是真正的赢家。在任何时候，我们都要让敌人知道：无论怎样我们绝不会投降。敌人已经到我们的边境了，我们必须死守阵地。"会议结束后，希特勒亲自将参加会议的将领送出门。但他留下了凯特尔、古德里安、约德尔以及代表戈林的克莱佩等几位将领，告诉他们决定反扑的事情。经过秘密商议，他们把进攻发起地点选在了阿登地区。

1944 年 12 月 12 日深夜，德国西线战场上的高级将领进入希特勒的大本营——一个位于法兰克福附近的秘密地下室。军官们很纳闷，不知道在这个时候元首为什么突然把他们召回来。进入密室后，希特勒镇静地说："今天，我要宣布一件事情，我已经做出一个决定，我们要发起反攻。4 天后，我将在西线发动一次猛烈的反攻。如果一切顺利的话，我们一定能扭转局面。"现在，正是我们抓住机会反攻的时候。只要我们发动几次有力的攻击，这个矛盾重重、靠人为力量支撑的共同战线一定会崩溃的。

元首突然反攻，而且时间就定在 4 天后，这令军官们非常诧异。他们哪里知道，希特勒早就做好了反攻的准备。10 月的时候，他就下令秘密征招 15 岁到 60 岁的男子入伍。经过几个星期的短期训练，大批新兵都将参加西线的战斗。11 月末，他拼凑了 2500 辆新坦克、1000 门重炮、3000 架战斗机。12 月初的时候，他已经征调了 28 个师。至于进攻的具体计划，在他的授意下，早就由他的高级参谋约德尔制订好了。没有发起进攻之前，希特勒只允许约德尔等几位高级将领知道计划的内容。为了欺骗盟军，他还为这一计划起了一个代号，叫"莱茵河卫士"。

希特勒一声令下，阿登反扑的最后准备工作开始了。在集结和调动兵力的时候，希特勒采取了严密的措施。为了不让盟军觉察出反攻的意图，各进攻部队都是利用夜幕的掩护悄悄开进进攻阵地点的；为了掩盖火炮的声音，在前线上空，他们让飞机不停地飞来飞去；为了对损坏的摩托车辆、坦克和火炮进行伪装，希特勒还命令建立了一支道路特种勤务部队。此外，在集结地域，还严禁在行军道路、岔路上设置路标、电话、电台报话站、部队指挥所的标志灯等。就这样，德军按预定计划开进了集结地区。

12月15日夜，德军步兵部队、装甲部队开始了最后的动员。第5装甲集团军向所有部队宣读了总司令给德军西线总司令部、第5装甲集团军、B集团军群的三份电报，激励将士们为国家的生死存亡而奋勇战斗。

这天夜里，在阿登地区，德军集结了25个师的兵力，火炮、坦克、飞机等也全部到位。所有的准备工作全部完成，只等最高统帅部一声令下，他们就会开始行动。德军已经为最后的反扑做好了充分准备。

12月16日早晨，阿登山脉上空响起了炮弹轰炸声。在盟军毫无准备的情况下，德军的攻击开始了，20万德军像潮水一样扑向美军第8军。德军接连几次突破盟军阵地，美军损失惨重，阵脚大乱。

当时，艾森豪威尔正与前来的布莱德雷将军讨论怎样克服步兵补充兵员严重短缺的问题，一位参谋军官急忙进来报告，德军在阿登地区突入米德尔顿将军第8军正前方和杰罗将军第5军右翼浅近纵深。参谋军官急忙跑到艾森豪威尔的作战图上标出已经被德军突破的位置，艾森豪威尔随即和布莱德雷讨论了这一态势。

艾森豪威尔当即断定这不是一次局部进攻。德军在承认西部战线的最终失败之前，一定企图实施一次孤注一掷的反攻。布莱德雷同意艾森豪威尔的观点，认为德军现在好像正在发起这种进攻。

16日凌晨，德国人向第8军防区发动了猛烈进攻，现在部分地段已被突破。德军正逼近巴斯托尼、圣维特这两个重要的交通枢纽。到12月17日夜，一支德军装甲部队已经抵达斯塔佛洛。纳粹德军驾驶着缴获的美军坦克、吉普等横冲直撞，第8军无法抵挡，开始溃退。盟军败退，主要是因为天气给德军帮了大忙。这些天来，盟军因为无法进行空中侦察，所以无法判断敌人后备队的位置和行动，以洞察敌人的阴谋。

盟军在阿登地区溃退的消息已经陆续被报道。这引起世界人民的关注，罗斯福总统甚至想用原子弹、毒气教训德国。最终他放弃了自己的想法，他对公众说："大家相信艾克吧，为了给我们和平，他自有办法教训德国人。"然而，要教训德国人，并没有罗斯福说的那样轻松。

艾森豪威尔的处境很不妙，他作为盟军最高司令官，刚刚接管盟军地面部队的指挥权就首战败北。若德军吃掉第8军的话，盟军真的要败走巴黎了，甚至会被赶回海边。这会挫伤士气，辜负世界反法西斯人民的希望，而且万一被敌人打败，所有的努力都会付诸东流。他果断地做出决定，命令布莱德雷火速召见巴顿，要求巴顿全力配合霍奇斯，围歼敌人。同时，他命令霍奇斯一定要死守巴斯托尼、圣维特，并派第18空降军的两个师增援第8军。接到命令后，巴顿立即开始准备，打算晚上就让第4装甲师行动。

已经穷途末路的希特勒居然能如此厉害地反扑，实在太可怕了。在他们进攻的时候，盟军没有任何准备，势单力薄的第8军艰难地抵挡着。为了缓解第8军的压力，必须尽快调兵遣将增援阿登地区。19日中午12点，艾森豪威尔在凡尔登召开了高级军事会议，各集团军、各兵种的主要负责人都参加了会议。会议开始的时候，大家神情严肃，艾森豪威尔幽默地说："机会就在我们眼前，大家应该高兴地去抓住它，所以应该兴高采烈才对。"听了他的话，性格有些冲动的巴顿脱口而出："咱们准备吃大餐吧！这帮杂种一路冲到巴黎才好呢，到时候我们就能把他们切烂剁碎，一口一口地把他们吃得骨头都不剩。"在场所有的人包括巴顿自己，都笑了起来，他们踊跃发表自己的看法。艾森豪威尔说："但是我们务必要确保敌人不能越过默兹河。"

很显然，这是德国拼尽全力的一次进攻，而防御部队通常会有两种应对方式：一种是仅仅在遭受攻击的整个地区，选择某些诸如河流等便于坚守的地形，建立一条安全的防线，予以坚守；另外一条就是一旦集结了必要兵力，就立刻发起进攻。艾森豪威尔选择了后者。"我们必须做好进攻准备，迅速奔赴阿登，向德军发动强有力的反击。为了彻底挫败敌人，我们最少需要6个师的兵力。目前，我们可以从巴顿的第3集团军抽调三个师。同时，在缺乏预备兵力的情况下，我们必须让唯一拥有预备队和指挥组织能力的蒙哥马利来指挥第1、第9集团军。"蒙哥马利担任盟军陆军总司令。

会议结束后，艾森豪威尔送巴顿走时，他说道："巴顿，真有意思，我肩章上增加一颗星时，就会遭到敌人的大举进攻。"巴顿耸了耸肩回应道："没有办法，艾克。每次遭殃的总是我，我必须为你护驾。"巴顿不说，艾森豪威尔心里也很明白，他非常感激这位骁勇善战、不停给自己解围的老朋友。

艾森豪威尔之所以选择后者，不仅因为盟军处于战略进攻的地位，还因为，他认为敌人脱离齐格菲防线为盟军提供了一个应该以最快速度抓住敌人的最佳机会。艾森豪威尔对蒙哥马利说："我们最大弱点在那慕尔方向。我们的总体计划是在北面堵住缺口，同时在南面发动进攻。"在第二天的电报中，艾森豪威尔具体说道："如果有必要的话，我们可以放弃北翼的一些地方，以便缩短战线，集中强大预备队在比利时境内歼敌。你觉得如何，请迅速告诉我。"

这次凡尔登会议，艾森豪威尔险些丢了性命。原来，盟军抓住了几个穿着美军制服的德国人。于是，他们大肆搜捕这些假美军。经过审讯，他们从一名德军将领口中得知，这些假扮美军士兵的德军有好几队人马，在希特勒的授意下，假扮美军军官押送德国高级将领前往凡尔赛审问，然后伺机谋杀艾森豪威尔。幸亏盟军士兵及时发现了敌人的阴谋，否则后果将不堪设想。

尽管这次刺杀行动失败了，但是希特勒并没有罢手。盟军的情报人员发现，敌人的一个暗杀小组正向巴黎靠近。为了盟军总部官员的安全，盟军保安部门将盟军总部和官员们居住的地方连夜装上了铁丝网。大门口还停放了几辆坦克，日夜都有人守护。任何从这里进出的人都要检查证件，而且必须经过艾森豪威尔助手的亲自确认后才可以进出。艾森豪威尔住的小别墅更是布满了岗哨，行动非常不便，连出去散步都不可以。他甚至不停地接到这样的询问电话："最高统帅还活着吗?"还有更荒唐的事情：记者为了证实最高统帅是否活着，强烈要求采访玛米。玛米非常担心艾森豪威尔的安危，就不停地给他写信，可是她并没有收到回信，这更使她惴惴不安。

到 19 日夜，艾森豪威尔接到报告说，德军进攻迅速，其先头部队继续向西北方向挺进。其进攻方向似乎越来越清楚地显示，德军的计划是在列日以西的某处渡过默兹河，并从那里继续向西北进攻，夺取突破口以北盟军所有部队的主要交通线。北翼显然是危险的一翼，战斗将更加激烈。此外，很明显，德军可能企图向更北面发动第二波助攻，以便割裂盟军部队，完成对整个北翼的两翼包围。情报部门掌握了敌人已计划此类助攻的证据。

巴顿已经行动了，仅仅 3 天的时间，他就出色地完成了战略大转移——第 3 集团军向北前进了 100 多英里。在西线战役中，这是最惊人的成就之一。他首先计划从巴斯托尼发起进攻。巴斯托尼是敌人的后勤基地，战略地位非常重要，阿登南部的 7 条主要公路都在这里汇合。如此重要的地方，德军并未派重兵把守，他们仅仅把这里看作一个小小的补给中心。

12 月 22 日，巴顿的第 3 集团军对巴斯托尼的德军发起猛烈攻击。虽然暴风雪很大，但是战士们非常勇猛，战斗进展得很顺利。此时，敌人看到了巴斯托尼的重要性。为了不被盟军破坏补给系统，影响他们西进，他们出动了大批部队团团围住巴斯托尼。狂妄自大的德国人派兵劝盟军投降，遭到第 101 空降师麦考利夫的臭骂。麦考利夫的行为极大地激励了美军士兵，他们一个个都下定决心坚守阵地。毕竟寡不敌众，巴斯托尼就要守不住了。在危机时刻，巴顿果断向那里提供大规模的空军支援，艾森豪威尔也派出战斗机和轰炸机。

战争中，所有负责任的人的精神都高度紧张，在类似德军在阿登主动发起的会战中，这种紧张达到了顶点。但是，在训练有素的战斗部队中，所有将士们均能承受这种紧张。阿登会战需要比平常更多地展现坚定、沉着和乐观，只有这样，才能洞察相互冲突的报告、疑虑和不确定性所编织的扑朔迷离之网，击溃敌人的每一个弱点，夺取胜利。

敌突破口以北的三个盟军集团军以及另一个集团军的一部分占领了一个巨大的凸出部，凸出部分即是德军迅速推进的地方，战线呈半圆形，绵延约 250 英里。最北面是第 21 集团军群，沿莱茵河下游和马斯河向北向东部署；在其南面是美国第 9 集团军，向东部署；与其南翼相接的是美国第 1 集团军一部，现在向南部署，紧邻突破之敌的北侧。所有能从第 1 集团军和第 9 集团军抽调的部队集中起来，建立了一条抵御德军突击的东西向防线。

为了控制整个态势，艾森豪威尔决定将北面凸出部的所有部队置于一位指挥官控制之下，而达成这种统一的唯一办法就是由蒙哥马利暂时指挥北面的所有部队，布莱德雷将全部精力用于南面。战争进行到现在，艾森豪威尔毫不怀疑美英团队的合作精神。不幸的是，战争结束后，蒙哥马利召开了一个记者招待会，经第 21 集团军群随军记者所撰写的新闻报道大肆渲染，从而在美国人中造成了蒙哥马利自称为美军救世主的不良印象。这一事件给艾森豪威尔带来了痛苦和烦恼，也许蒙哥马利将军从来也体会不到一些美军指挥官是多么愤怒。

12 月 22 日，艾森豪威尔下达了一份在战争期间所写不多的"每日命令"。艾森豪威尔写道：

冲出固定防御阵地之敌可能为我们提供了将巨大冒险转变为完全失败的机会。因此，我号召盟军全体官兵，鼓起新的勇气，坚定信心，奋发努力。让我们所有的人都树立起唯一的信念，那就是将敌人消灭在地面、空中和任何地方，一个不留！我们要以这一决心为基础团结起来，坚定不移地为我们的事业而战斗，在上帝的帮助下奔向最伟大的胜利！

圣诞节前夕，前线地区突然放晴，利用暂时有利的天气，英美空军终于开始轰炸了。他们轮番轰炸德国供应线和公路上的军队、坦克。艾森豪威尔调来了第 11 装甲师，它和第 87 师一起支援正向巴斯托尼以西进攻的巴顿左翼，但冰雪覆盖的道路极其难行，致使这些新部队行动成效不大。到 12 月底，米德尔顿指挥的第 8 军重整旗鼓后再次投入战斗，加入向北对巴斯托尼的支援。直到 1 月 3 日，德军始终没有停止进攻。

新年在战火中来临，巴顿下令用一种独特的方式辞旧迎新。12 点整，巴顿的第 3 集团军的各炮兵阵地同时开炮。阵阵巨响过后，他们听到了德军阵地传来的鬼哭狼嚎。德军高级将领建议希特勒撤兵，但是他根本听不进去任何撤退的建议。他下令继续猛攻巴斯托尼，并向前推进。最终，希特勒败下阵来，然而他并没有放弃反攻计划，继续调集兵力，酝酿一场更猛烈的反击。

1945 年 1 月 1 日，德国空军发动几个月以来最猛烈的轰炸。经过一整天的轰炸，摧毁了盟军 260 多架飞机。德军新一轮的进攻如此猛烈，使盟军的形势紧张起来。为此，艾森豪威尔再次受到英国报纸的猛烈攻击。为彻底粉碎德军的反扑，艾森豪威尔命令盟军对德军进行大规模的攻击。

是歼灭德军的时候了。1 月 3 日，蒙哥马利命令柯林斯的第 7 军从北面向德军发起进攻，巴顿、布莱德雷纷纷开始攻击敌军。经过 5 天的激战，击退了德军的进攻。应丘吉尔的要求，1 月 12 日，苏军从波兰的维斯杜拉河猛攻德军。这一进攻使德军遭到了重创，柏林也因此受到严重威胁，希特勒只好从西线调兵抵挡苏军的进攻。于是，盟军乘胜追击。

1月16日，巴顿领导的第3集团军、霍奇斯领导的第1集团军在赫法利策胜利会师；23日，美军攻占圣维特；27日，第3集团军的前锋已抵达乌尔河；到29日的时候，德军全部被赶回反扑前的阵地上。最终，阿登战役以盟军的胜利宣告结束。

这一战役使德军损失惨重，彻底丧失了反攻的能力。根据战争结束后德军指挥官们所承认的，其损失约为9万人。此外，德军还损失了坦克和突击炮约600辆，飞机约1600架，其他车辆约6000辆。在阿登之战中，盟军地面部队第一次在地面战斗正使用了新型的"近炸引信"，这一发明极大地增强了盟军火炮的威力。

但盟军损失也不小。在这场战争中，盟军损失了大量武器装备，伤亡人数高达7.7万，胜利是将士们用鲜血和生命换来的。艾森豪威尔在视察战场的时候，看到了一幕终生难以忘却的画面：一位年轻的美国士兵，虽然已经去世，但手里紧握着的枪仍死死指着德军阵地，右手食指正准备扣动扳机。如果火爆脾气的巴顿看到了这一幕，肯定会上去骂："胆小鬼，你得了炮弹休克症吗？不用再害怕，敌人被打跑了。"这是一位战死的士兵，因为阿登地区的冬天太寒冷，他的尸体被冻僵了，但他却一直保持着战斗时的姿势。看到这一幕，艾森豪威尔心里骂道：该死的法西斯，因为你们，不知道还有多少像这样冻僵的尸体在阿登山区。艾森豪威尔万分难过，他暗暗下定决心，一定要以最快的速度彻底打败德国，让他们无力东山再起。

阿登战役的胜利使艾森豪威尔从舆论界的批评中解脱出来。令艾森豪威尔高兴的是这次战役中蒙哥马利的真诚合作，为此，艾森豪威尔将拨给自己的一架新飞机送给了蒙哥马利。

# / 跨越莱茵河 /

阿登战役结束之后，艾森豪威尔决定率领盟军向德国本土进军，夺取莱茵河。虽然阿登一役双方都损失惨重，但盟军能得到及时的补充，而德军根本无法及时补充兵力和装备。尽管德国在西线还有 66 个师的兵力，但其中很多部队的武器装备非常差，有些师连坦克、大炮都没有。德国损失惨重，且士气低落，艾森豪威尔预计敌人今后的抵抗将极为疲弱。1 月 12 日，苏联红军已经开始了他们蓄势已久的强大冬季进攻，且进展顺利。可以肯定，盟军进攻得越快，德国西线就越不可能增援。此时，希特勒已经没有能力阻止盟军的进攻了。

为了尽快向德国本土推进，艾森豪威尔制订了一个分三步走的计划：第一步，先冲破奇格菲防线，肃清莱茵河以西的德军；第二步，强渡莱茵河，合围鲁尔地区的德军；第三步，发动总攻，与苏联红军在易北河会师。艾森豪威尔的智慧和经验在这一计划中将充分地体现出来。打败德国后，盟军统帅部参谋长史密斯曾说，这次行动除了巴顿的一个不影响大局的违令外，完全是按照最高统帅部的计划进展的。

艾森豪威尔拟订的这个计划得到了丘吉尔和罗斯福两位元首的同意。他们一致认为计划的第一步尤为重要。因为齐格菲防线防护着萨尔、鲁尔两大工业区，只有先攻破这一防线，破坏了德国的经济命脉后，接下来的两步才会顺利。然而在雅尔塔会议上，英国总参谋长、陆军元帅布鲁克找出各种借口反对这一计划。原来在计划的第一步，艾森豪威尔在莱茵河中游地区安排了布莱德雷指挥的第 12 集团军群，而把蒙哥马利指挥的第 21 集团军群安排在北部莱茵河下游地区。布鲁克不同意这样的安排，他极力要求艾森豪威尔调换蒙哥马利和布莱德雷的位置。几番争论后，艾森豪威尔才明白，英国人是怕布莱德雷抢在蒙哥马利之前渡过莱茵河。

艾森豪威尔不厌其烦地向布鲁克解释，如此部署绝非分散兵力，与此相反，当盟军做好对莱茵河对岸的德国发动最后进攻时，盟军就能以协调一致的强大兵力对敌，促使敌军的崩溃。艾森豪威尔并没有说服他，他说："我希望将第 12 集团军群部署在鲁尔以北，并将英军部队配置在中央。"他的话暗示艾森豪威尔的计划导致英国人怕布莱德雷抢在蒙哥马利之前渡过莱茵河。

艾森豪威尔有些生气地反驳道："我不希望看到英军损失，当然也不希望看到将美军置于战斗稠密、伤亡巨大的境地。我已经将一个完整的美国集团军加强给蒙哥马利集团军群，因为我没有其他办法在鲁尔以北展现快速实施我们的计划。我不是基于哪个人或国家的荣誉而制定计划！我必须告诉你，对我来说，任何战斗荣誉都抵不过血的代价。"由于该计划得到了丘吉尔的同意，布鲁克勉强同意了。但他的附加条件是：渡过莱茵河的主攻方向，必须是蒙哥马利负责的地区。艾森豪威尔说，辛普森的美军第9集团军将归蒙哥马利指挥。其实这意味着，蒙哥马利承担着突破莱茵河的重任，直到战争彻底结束也是如此。这下，布鲁克和蒙哥马利都高兴了。蒙哥马利还给布鲁克写信说，风暴终于过去，现在天终于放晴了。

第一步冲破齐格菲防线，肃清莱茵河以西德军的行动由蒙哥马利指挥。英军第21集团军群、辛普森的美军第9集团军共同负责完成这一行动。为了行动顺利进行，他们必须先夺取罗尔河水坝。

2月4日，美军开始进攻罗尔河水坝。经过一周的激烈战斗，美军终于夺取了罗尔河水坝。在进驻罗尔河水坝之后，他们发现德军抢先炸毁了水坝，这样横渡罗尔河的时间被迫推迟了两个星期。

第21集团军继续推进，部队很快发现自己处于泥水遍布的沼泽之中，并遭遇了强烈抵抗。进展放慢之后，代价巨大。德军把部队迅速调集到21集团军推进的方向，抵抗变得越来越顽强。蒙哥马利对德军重兵转移并未感到不快，这意味着美军一旦开始攻击，就能以很高的速度推进。此时，美军除了望河兴叹之外，无事可做，只能准备待洪水退却之后架桥发起进攻。

2月13日，艾森豪威尔带着儿子约翰前往那慕尔会见布莱德雷。艾森豪威尔为了让儿子尽快成长，把他托付给了布莱德雷。此时，约翰已经从西点军校毕业，被分到第71师当步兵排长。1月，他就随军上前线了。

为儿子赴前线的事，玛米写信给艾森豪威尔说：

儿子正被派往危险的境地，我不能眼睁睁地看着他去送死。你为什么不

想想办法，以你现在的能力只要你开口说一句话就可以办到。求求你，一定
要救我们的儿子。


　　丈夫在前线，现在唯一的儿子也要奔赴前线，玛米的心情是可以理解的。
事实上，艾森豪威尔也是非常能理解玛米的，但是他有他的原则和立场。在
给玛米的回信中，艾森豪威尔苦口婆心地劝慰：


　　我知道你难过，可是我无法满足你的要求。现在战事紧急，正是需要人
的时候，我怎么能像你说的那样做呢？在战场上什么事情都有可能发生，作
为总指挥，当看到战士们战死沙场的时候，我也非常难过。千千万万的母亲
都在为战场上的儿子担心，你是其中之一。我们只有赢得了这场战争，才能
让所有的母亲放心。
　　现在，约翰也被卷进了这场无情的战争，你就为他祈祷吧。若我真的利
用自己的权力去干预的话，约翰不仅不会感激我，反而会恨我一辈子的，何
况我不会这样做。


　　最后，艾森豪威尔告诉玛米，请她放心，他会尽最大的努力来保护他们
的儿子。
　　2月23日，第9集团军对罗尔河对面的德军发起总攻。经过5天的激
战，2月28日，德军溃败，辛普森的第9集团军终于渡过了罗尔河，并向
杜塞尔多夫挺进。到3月5日，莱茵河西岸残敌已被肃清，盟军可以顺利
渡河了。

在此期间，丘吉尔和布鲁克一再要求任命亚历山大为地面部队总指挥。在收到布鲁克关于此事的来信后，艾森豪威尔回信说："对于你主张任命亚历山大的事情，我非常反对。现在他的任务是处理各解放国家的经济问题。而且我不能容忍在我和各集团军群司令之间，安插任何形式的司令部。"艾森豪威尔把给布鲁克的回信另外抄了三份，分别给了马歇尔、丘吉尔和亚历山大。马歇尔当然是站在艾森豪威尔一边，反对任何形式的任命；丘吉尔则说，艾森豪威尔的英国副统帅被降到了只执行这种非军事性的行动，令他非常吃惊。艾森豪威尔只好不断地向这位首相表示，他并无特殊目的。

连一向和艾森豪威尔作对的蒙哥马利也说："我对目前的形势非常满意，完全没有必要再任命谁来负责战事。"蒙哥马利站在了艾森豪威尔这一边，这令人非常惊讶。任命亚历山大一事，遭到艾森豪威尔和蒙哥马利的强烈反对后，丘吉尔和布鲁克只好作罢。

盟军顺利冲破齐格菲防线，肃清了莱茵河以西的德军。第一步的任务已经完成，现在，盟军就要抢渡莱茵河了。这次行动主要由蒙哥马利的第21集团军群、布莱德雷的第12集团军群实施。行动前夕，艾森豪威尔对所有指挥员说："莱茵河是一道不可逾越的天堑，它河身很宽、水势难测、水位和流速变化无常，而且敌人能在大河冬眠期打开那些支流的闸门。这里确实是一个可怕的军事障碍，河的北端尤其如此，大家一定要高度重视。"

德军为了阻止盟军横渡莱茵河，在每座桥梁下都安放了足够的炸药。一旦有危机，德军就会炸毁，莱茵河上的桥梁。

柯林斯的第7军取得巨大进展的同时，霍奇斯指挥第3军和第5军向东南莱茵河方向发起进攻。为了占领一座能够跨过莱茵河的桥梁，第9集团军的辛普森将军等人费尽心思也一无所获。第3军于3月7日抵达莱茵河边的雷马根。就在这里，该军遇到了一个千载难逢的战机。美军惊奇地发现，横跨莱茵河的鲁登道夫桥依然屹立在雷马根。按照德军的作风，任何跨过莱茵河的桥梁本应被炸毁。德军当然已经精心做好了炸毁莱茵河桥梁的先期准备，鲁登道夫桥也不例外。但是，由于美军进展神速，德国守军中引起了极大混乱，以致负责引爆桥下炸药的分队犹豫不决。很明显，守敌不相信美军已经大批抵达，或者他们认为应当推迟炸桥，以便让仍在河西的大批德军部队能够撤回。

伦纳德将军指挥的第9装甲师是向该桥推进的前锋。威廉·霍格准将B战斗群所属的一支英勇分队毫不犹豫地冲过桥去，保护桥梁，使其免于完全被毁，尽管桥下的一个小装药已经爆炸。

这一消息被报告给了布莱德雷。碰巧当时盟国远征军最高统帅部的一位参谋正在布莱德雷的指挥部，于是立即讨论了应当跨过该桥部队的数量。如果桥头兵力过少，河东德军一次快速集中兵力的突击就能将其消灭；另一方面，布莱德雷感到，如果以大量兵力越过莱茵河，则可能干扰盟军的下一步计划。布莱德雷马上给艾森豪威尔打电话。

当布莱德雷的电话打来时，艾森豪威尔正在兰斯的指挥部与美军空降部队的几位军、师指挥官共进晚餐。当他报告说我们已经拥有了一座莱茵河上的永久性大桥时，艾森豪威尔简直不相信自己的耳朵。虽然艾森豪威尔在开会时常常讨论一些遥不可及的事情，但对此从来不抱希望。

艾森豪威尔简直是在对着电话喊叫："你在那附近有多少能够过河的部队？"

他说：“我有 4 个以上的师。不过，我打电话给你，是想确认让这些部队过河不会干扰你的计划。”

艾森豪威尔答道：“好，我们原来预计会有多个师会被拴在科隆周围，现在他们自由了。前进，至少立刻过去 5 个师，其他事就是要确保桥头堡的稳固。”

他高兴的声音在电话中回答道：“这正是我想做的，但又担心与你的计划发生冲突，所以我想向你核实一下。”

这是艾森豪威尔在战争中的愉快时刻之一。战争中的大多数胜利通常在数天或数周前就已经预见到了。当胜利真正到来时，高级指挥官和参谋人员其实已不太在意，而是沉浸在下一步的计划之中。这次完全出乎预料，盟军从一座永久性的桥上跨过了莱茵河，屏护德国心脏地带的传统防御屏障已被穿透。长期以来，艾森豪威尔一直预计将在 1945 年春季和夏季战役中最终打败敌人，现在这一胜利突然到来了。

餐桌旁的客人们也被艾森豪威尔的激动所感染。他们中多是成功空袭过敌人和面对过各种激烈战斗的老手。他们无一例外地愉快地预言战争将很快结束。可以肯定，从此以后，他们所有人将在战争必定胜利信念的鼓舞下，意气风发地投入战斗。

当盟军为意外获得这一桥头堡高兴的时候，希特勒都要气疯了。他下令解除了西线总指挥龙德施泰特的职务，并处死了守卫雷马根桥头堡的 8 位军官。接替龙德施泰特职务的是凯塞林，他将去收拾残局。希特勒下令说：“你必须想尽一切办法改变雷马根大桥的被动局面。”

在希特勒的授意下，凯塞林调来了重炮、飞机、浮雷和蛙人，甚至发射了 11 枚 V-1 飞弹来破坏这座桥头堡。但是德军并没有得逞，盟军已经在莱茵河东岸站住了脚，而且建起了 6 座渡河的浮桥。

很快，盟军突破了齐格菲防线，并于 3 月 2 日攻占特里尔。两天后，第 12 军在基耳河对岸建立了桥头堡。第 8 军向东北进攻，突破了所有德军的抵抗。于 3 月 9 日抵达莱茵河边的安德纳赫不久便在那里与第 1 集团军会合。与此同时，第 12 军沿摩泽尔河北岸向东北发起进攻，并于 3 月 10 日抵达莱茵河。该两军缴获了敌人大量补给品和装备，而当其先头部队沿莱茵河会合时，便将敌人所有作战部队全部包围起来。

第 1 集团军和第 3 集团军取得了辉煌胜利，完成了歼灭莱茵河以西德军计划的第二步。现在所剩下的仅有位于萨尔盆地的大量守敌。这些敌军部队成三角形配置，其底边在莱茵河沿线，其余两边在莱茵河以西 75 英里处交汇。这个三角北面的斜边北以摩泽尔河为屏障，南面的斜边则由齐格菲防线中一些最坚固的防区构成。艾森豪威尔感到难理解的是，德国人为什么在看到其摩泽尔河以北部队全面崩溃并被歼后，不首先迅速撤出其萨尔盆地的部队，以便将这些部队从暴露阵地转移出去，并将其运用于莱茵河防御呢？

艾森豪威尔分析认为，这样一种愚蠢战术，反映了敌人担心放弃哪怕一寸强占的土地，就将其不可战胜的虚假神话暴露无遗。此外，艾森豪威尔的参谋中有些人还认为，在萨尔地区，德军坚守不退是出于对摩泽尔河和齐格菲防线防御实力的信心。此外，敌人还可能对位于萨尔凸出部以南第 7 集团军的实力毫无察觉。因此，这样一个军事决策更像是希特勒凭直觉做出来的！

现在是舞台的第三幕。布莱德雷准备打击三角形凸出部的顶角和北面的斜边。德弗斯准备突击它南面的斜边。进攻于 3 月 15 日开始，南面和西面的进攻虽遭到坚固阵地防御之敌的顽强抵抗，但进展比较顺利，德军似乎将全部注意力都集中在了这两个方向的大规模进攻上，第12军强渡摩泽尔河下游的进攻颇为奏效。该军于3月14日开始渡河，整个作战期间从未遭到顽强和有组织的抵抗。这或许是因为德军判断该军会往北向莱茵河下游推进，以便与雷马根桥头堡地区河东的部队会合。不管怎样，第12军直接向南跃进，实施了此次战争中最富戏剧性的进军，深入到萨尔防区心脏地带的行动，完全出乎德军意外。

敌军出现了大溃退，守住阵地已毫无希望。凸出部周边的所有美军奋勇向前，第12军有效切断了几乎所有可能的逃跑之路。巴顿在其部队抵达莱茵河时，甚至连停都未停，3月23日建立了盟军的第二个桥头堡。歼灭萨尔之敌的作战迅速完成，到3月25日，莱茵河以西已经没有有组织的抵抗了。

所有这些作战现在都是以空地协同模式完成的。盟军强大空军在深远纵深和宽大正面上同时攻击重要目标，几乎使德军的所有机动力量陷于瘫痪，并摧毁了敌人大量关键补给物资和装备。尽管天气对空中作战并不理想，但从未坏到飞机完全不能起飞的程度。

在华盛顿生日那天，盟国空军曾实施了一次规模空前绝后的作战，有时甚至在前线一个地区就一天出动了超过1万架次飞机。此次作战被称为"号角"，其目的是对德国运输系统实施沉重打击，使其在尽可能长的时间内无法修复。从英国、法国、意大利、比利时和荷兰基地起飞的9000架飞机参加了袭击，空袭目标几乎分布在德国的所有重要地区。敌人反应极其微弱，显然是因为此次袭击地域广阔，使德国空军无力提供有效的防卫。这次空袭非常成功，摧毁了德国的战争潜力。

3月24日早晨，是蒙哥马利渡河之日。就在这天，在埃迪、科德曼的陪同下，精神饱满、一身戎装的巴顿以胜利者的姿态来到莱茵河的浮桥上。他情不自禁地往河里吐了一口唾沫，说："莱茵河是一道不可逾越的天堑？这简直是屁话！"

关于横渡莱茵河的事情，还闹了一个笑话。英国广播公司播出了这样一个消息："祝贺蒙哥马利元帅成功渡过莱茵河，他是现代史上第一个渡过莱茵河的英雄！他打破了无人能攻渡莱茵河的神话！"这一消息播报的时候，蒙哥马利还没有过河，他计划在 24 日渡河。而此时，巴顿的第 3 集团军早就顺利过河了。原来，这是丘吉尔首相提前写的一篇演讲稿，由于播音员的疏忽，被提前播放了。

巴顿将军的军队在德国科布伦茨南部越过莱茵河上一座大桥

3月24日，丘吉尔首相、英国总参谋长布鲁克、盟军远征军司令艾森豪威尔亲自来到莱茵河畔视察，慰问将士。艾森豪威尔看到一位士兵好像很沮丧，便走过去询问。这位士兵说："我刚从医院归队，有些不适应。"于是，艾森豪威尔便邀请这位士兵和他一起到河边散散步，并安慰他说："其实，我和你一样紧张，但我们一定要相信自己的力量。这次计划准备得非常充分，我们一定能彻底粉碎德国法西斯的。鼓起勇气，全力以赴。"这位士兵看到盟军总司令如此关心自己，笑着对艾森豪威尔说："长官，谢谢您的鼓励，我已经不紧张了。"说完，他给艾森豪威尔敬了一个标准的军礼，就跑步回队了。

当得知蒙哥马利已经聚集了5000辆坦克、36艘渡河用的登陆艇、3500门大炮、3000架战斗机、500架重型轰炸机和大量的供应物资时，丘吉尔非常满意。他还给斯大林写了一封信说："大量的船只、浮桥已准备就绪，我们百万大军的先头部队也准备好了，我们即将发动强渡莱茵河的主攻。尽管对岸的德军配备有各种现代化武器，一旦我军渡河成功，他们将被我们强大的装甲预备队打败。"与巴顿相比，蒙哥马利的渡河声势可以说是大张旗鼓。

3月24日夜，蒙哥马利的两个师成功地渡过了莱茵河。25日，丘吉尔和艾森豪威尔一起到莱茵河边观战。丘吉尔高声欢呼："亲爱的艾克将军，我们就要胜利班师回朝了！"丘吉尔还对艾森豪威尔说："艾克，我们坐船过去看看情况吧。"艾森豪威尔回答说，他是这里的最高统帅，必须要保证首相的安全。

盟军顺利渡过莱茵河，德国彻底丧失了在西线的最后一道天然防线。到 3 月 25 日，莱茵河以西已经没有有组织的抵抗了。现在死守柏林是希特勒仅存的一线希望。

战争进行到这个时候，希特勒没有了百万雄师、强兵猛将，他已经成为孤家寡人。德军指挥官们，尤其是陆军总参谋部的军官，越来越害怕元首召见他们。因为他们的元首禁止任何人说德国会失败的话，他已经丧失了理智，变得神经质，动不动就大发雷霆训斥人。此时，希特勒的随从除了希望他能够温和一点儿之外，不敢有其他的奢望。为了避免他莫名其妙地乱发脾气，他身边的人都非常小心。

希特勒就像一只被人砍断利爪、拔掉獠牙的老虎，浑身上下除了一张虎皮什么也没有。尽管如此，不愿认输的他威风依然。每天，他依然霸气十足地指挥仅剩的残兵拼死血战到底。甚至直到此时，他还抱有征服世界的狂热野心。他对他的指挥官们说："谁能坚持下去，谁能坚持得更久，谁就能获得最后的胜利，就能在危险中得到一切。现在如果我们说打够了，就此停战吧，后果只会使我们彻底消亡，德国民族也不会再存在。但现在如果美国人说停止战争，结果完全不一样。他们的一切都不会改变，纽约仍然是纽约，芝加哥仍然是芝加哥，旧金还是旧金山，美国人照样会好好的。所以，我们必须坚持下去，这是情势所迫。现在我们不要指望能从美国和英国那里得到优厚的条件，这是不可能的。"

早在 1943 年的卡萨布兰卡会议上，美、英、苏等国就德国无条件投降一事已经达成共识，但对于德国人来说，意味着已经排除了任何向西方盟国投降的可能性。此外，希特勒利用种种欺骗、蒙蔽手段，煽动起德国的民族主义，使更多的人将纳粹视为民族复兴的标志。所以，越来越多的德国人在热切地盼望德国秘密武器将会得到发展，德国会取得战争的胜利。

## / 德国战败 /

　　成功强渡莱茵河之后，德国大部分兵力在齐格菲防线被歼灭，盟军完成了春季战役第二大阶段。此时，艾森豪威尔需要评估形势，以完成第三阶段的任务，最终歼灭德国军事力量和占领德国领土的军事行动。

在莱茵河东部地区，德军向巴顿将军的部队投降

行动的第一步仍是包围鲁尔，这一直是盟军的主要作战计划，两翼包围鲁尔不仅将彻底切断该工业区与德国其余部分的联系，而且将歼灭敌人尚留在那里的一个重兵集团。蒙哥马利 3 月 24 日在北线跨越莱茵河时，德军又急忙开始沿鲁尔地区北线建立防线。因此，两翼包围将围住这些防御部队，在中央撕开一个宽阔的缺口，打开向东穿越这个国家的通道。

　　此时，艾森豪威尔已经知道盟国关于在德国划分战后占领区的政治协议。该协议给英、美两国规定的南北线，是从丹麦半岛基部东侧的吕贝克附近开始，往南到爱森纳赫城，再继续向南直至奥地利边境。

　　而关于德国的未来决定并不影响最终征服该国的军事计划。艾森豪威尔认为，制定军事计划的唯一目标就是速胜，以后再将各国部队调整集中到各自的占领区。

　　鲁尔之后的目标当然是柏林。柏林作为残余德国权力的象征，具有政治和心理上的重要性。但是艾森豪威尔认为，柏林并非西方盟军部队最想要的目标。当 3 月最后一周艾森豪威尔站在莱茵河畔时，距柏林尚有 300 英里，而易北河屏障也还在前线 200 英里之外。

　　苏军部队已在距柏林仅 30 英里的奥得河西岸建立了一个稳固的桥头堡。盟军的后勤能力，包括每天向前线部队空运大约 2000 吨补给品的能力，支撑着先头部队横穿德国。但是，如果仅仅为了包围柏林而计划强渡易北河的行动，那么就会面临两个问题：其一，苏军可能在美军抵达之前很久就已包围了柏林；其二，要从莱茵河主要基地在如此之远的距离上维持一支大军，必将意味着在其他方向上的部队实际上失去机动性。艾森豪威尔并不认为这是明智的，相反，他认为这简直就是愚蠢。

　　艾森豪威尔决定，一旦第 12 集团军和第 21 集团军群完成对鲁尔的包围，便立即实施由三个基本部分组成的下一步主要的进军。

第一部分是由布莱德雷直接穿越德国中部实施的强大突击。沿此路线，其所属各集团军将穿越德国的中部高原。这样，他们就能在一些河流的源头附近渡河。在那里，这些河流不像在靠海的德国北部平原那样构成重大障碍。艾森豪威尔还为布莱德雷集团军群组建了一个新的第 15 集团军，负责接管前进部队后方的军事管制事务；提供必要兵力在莱茵河西岸建立面向鲁尔的警戒防护，防止该地区德军袭击河西补给线的重要部位；牵制比斯开湾圣纳泽尔港和洛里昂港的德国守军。

总体计划的第二和第三部分是，紧随布莱德雷与苏军在易北河某地会师，由两翼发起快速进攻。北翼切断丹麦，南翼则进入奥地利并占领其西部和南部的山区。在布莱德雷进攻的早期阶段，南面第 6 集团军群和左翼第 21 集团军群的推进以支援布莱德雷的主攻为主要目的，同时尽快向其各自的最终目标前进。

反过来，布莱德雷完成其中路的使命后，应支援北面蒙哥马利和南面德弗斯完成其计划任务的最后进攻。

这一总体计划送交了斯大林大元帅。根据 1 月份做出并经联军参谋长会议批准的安排，艾森豪威尔认为将这项计划通报斯大林大元帅完全是职权范围内的事。

艾森豪威尔的这一决定遭到丘吉尔和英国军界人士的指责。丘吉尔不同意该计划，并坚持认为，由于当前战役即将结束，部队调动已具有政治意义，因此，各种作战计划的制定均须政治领导人广泛参与。他显然认为艾森豪威尔通知斯大林已经超越了仅就纯军事问题与莫斯科沟通的权限。艾森豪威尔的计划中没有抽调美军中所有能抽出的部队配属给蒙哥马利，并让他实现在苏联人之前攻占柏林的梦想破灭，所以他感到非常失望和不安。他把他的观点汇告给了美国政府。

丘吉尔当然知道，无论盟军向东推进多远，他和美国总统早已同意的英、美占领区都仅限于柏林以西 200 英里的界线。因此，他极力坚持运用所有资源确保西方盟军先于苏军到达柏林，是想让西方盟国获得巨大威望。

从 3 月 29 日起，马歇尔与艾森豪威尔之间的电报往来频繁，艾森豪威尔表示了抗议。马歇尔将军在电报中告诉艾森豪威尔，英国三军参谋长联席会议对他与斯大林沟通的程序以及他们所谓的计划的改变表示关注。英国的参谋长们告诉马歇尔，艾森豪威尔的主攻方向应当穿越德国北部平原，因为此举可使盟军打开德国西部和北部的港口。他们指出，此举还能迫使德国放弃使用"U"形潜艇，让盟军自由进入丹麦，打通与瑞典的交通线，将瑞典和挪威将近 200 万吨的船只解放出来，为盟军所用。

艾森豪威尔在电报中指出：

我军应尽早从卡塞尔地区直接向东对德国残余工业能力所在的心脏地带发起主攻，直至夺取莱比锡城以及该地区，通过这种行动与苏军协同，割裂和消灭德军，除非苏军在该地西部与我相遇。此次会战的第二个要点是使蒙哥马利的部队在左翼推进，并在主攻方向完成任务之后，尽早将第 9 集团军调往左翼，以支援蒙哥马利肃清基尔和吕贝克以西之敌。实现上述两个行动的要求后，我将挥师东南，力求与苏军在多瑙河谷会师，并防止纳粹在德国南部建立堡垒。

4 月 7 日，艾森豪威尔就这一问题在致马歇尔将军的最后一封电报中，写了以下内容：

我发给斯大林的文电纯属军事行动问题，是按照原先联军参谋长会议给我的充分权力和指示进行的。坦白地说，我从未有过事先与联军参谋长会议协商的念头，因为我一直认为，对本战区军事行动效果负责是我的责任，并认为，向苏军首脑询问其下一步主要进攻方向和时间安排，并将我自己的意图简要通报他们，是自然而然的事情。

马歇尔还是支持了艾森豪威尔的决定，一切结果都是按照艾森豪威尔的计划继续进行。艾森豪威尔对军事正确性坚信不疑，他在参谋部的密友都知道他在据理力争。其实，艾森豪威尔的计划最终得到英国的同意，是因为他在联合参谋长委员会的报告中说："在这个计划中，蒙哥马利起着非常重要的作用。他将负责攻占德国北部的港口、占领卢军克、渡过易北河下游，而且主攻的时候，他还会得到一个美军兵团的兵力。如果联合参谋长委员会认为，盟军尽力占领是为了达到政治目的话，我将按照大家的意见修改计划。"

其实，放弃首先占领柏林反映了艾森豪威尔的政治智慧。

第一，从军事上来讲，艾森豪威尔认为阿尔卑斯山是比柏林还重要的战略目标。夺取柏林需要付出高昂的代价，因为希特勒还在柏林，他会利用德国青年对他的狂热崇拜建立"民族堡垒"和盟军殊死决战。美国情报局已获悉希特勒在阿尔卑斯山修建了飞机制造厂、储备了大量的枪支弹药。如果盟军强攻柏林，将会付出重大的伤亡代价。后来艾森豪威尔在《远征欧洲》一书中说："一切迹象表明，德国打算建立'民族堡垒'，我们绝对不能让他们得逞。一旦希特勒建立了'民族堡垒'，我们将被迫陷入代价惨重的游击战。"布莱德雷回忆时说："我们不能轻视'民族堡垒'，它会对我们造成严重威胁。"

第二，为了和盟国之间保持友好的关系，盟军必须放弃柏林。因为早在雅尔塔会议的时候，就明确谈到了战后柏林的归属问题。那时苏美英三国首脑就达成协议，签订了《雅尔塔协定》。按照协议的规定，柏林是在苏联占领区内。后来谈起此事的时候，布莱德雷说："就算美军付出惨重的代价占领了柏林，依然要把柏林让给苏联。谁会为了政治上的威望付出重大的牺牲呢？"

第三，在和苏联红军争夺柏林的比赛中，盟军已经输掉了。因为在卢宾桥头堡，苏联红军集结了100多万军队，准备随时向柏林进攻。这个桥头堡距离柏林只有35英里。此时，盟军的力量主要分布在莱茵河以西，那里距离柏林有250多英里。布莱德雷回忆说："当时就算我们到易北河之后，苏联红军再强渡奥得河的话，我们依然会输。因为从易北河到柏林还有80公里，仍然比苏军距柏林远，而且这80公里全是湖泊。想顺利到达柏林，我们大约会损失10万人。"

艾森豪威尔的新作战计划在盟国内部引起争论的时候，也引起了记者的关注。在3月27日的记者招待会上，一名记者很直接地问艾森豪威尔："将军，您认为是英美联军还是俄国人先进入柏林？"艾森豪威尔回答："看看距离，你就知道了。"听了艾森豪威尔的回答，记者继续追问："这么说，您是改变了挺进柏林的计划？"艾森豪威尔笑笑说："和上一个问题的答案一样。"

3月28日，艾森豪威尔开始实施自己的计划。这天，除了把自己的新计划送给斯大林外，还给他写了一封信说："进攻柏林的机会就留给苏联红军吧，我军将主攻柏林以南。这样，我们可以把这个国家一分为二。"

南线布莱德雷的部队和北线蒙哥马利的部队稳步向预定在卡塞尔附近会师的地点推进。蒙哥马利集团军群右翼的辛普森第9集团军遇到了比从法兰克福地区向前推进的第1集团军和第3集团军顽强得多的抵抗。

4月1日，美国第1集团军和第9集团军在利普施塔特胜利会师，形成了对鲁尔区的包围圈。鲁尔被合围后，艾森豪威尔非常高兴。

德军遭受了一系列重大失败。从沉重击败敌军使之夭折的阿登突击开始，盟军便势如破竹。德军连续遭到一系列惨重损失，局面有如一团乱麻，没有丝毫理智和逻辑可言。盟军东西两路大军如今正在德国本土作战。德军完全丧失了鲁尔、萨尔和西里西亚，其残存的工业散布在国内的中央地带，不可能支持其军队继续作战的企图。通信设施也被严重破坏，纳粹高级指挥官再不能确保其命令下达到想要命令的部队。尽管许多地方仍有能够实施局部凶猛顽强抵抗的部队，但仅由有西部战线东西两翼的部队规模还不足以迟滞盟军的推进。

3月31日，艾森豪威尔向德国军民发布公告，敦促德国军队投降。艾森豪威尔向德国民众讲清了目前形势，指出继续抵抗只会进一步增加痛苦。艾森豪威尔还下令说，如果敌人不投降，继续顽抗，就彻底毁灭他们！但是，希特勒通过盖世太保和党卫军四处散布消息，说他们还在牢牢掌控政权。这个国家的血腥统治仍在继续。

当布莱德雷到达卡塞尔地区时，面临着双重任务。首先，他必须将鲁尔守敌压缩到一个足够小的包围圈内，以便能以少量的师进行围困，并有效防止敌人袭扰盟军交通线；其次，他要组织所属三个集团军，穿越德国中部高原向莱比锡推进。他的三个前线集团军由北到南依次是辛普森的第9集团军、霍奇斯的第1集团军、巴顿的第3集团军，总兵力达到48个师，是美国历史上最大的一支部队。

鲁尔包围圈内的是莫德尔陆军元帅指挥的德军。他最初企图向北突围，但失败了；又企图向南突围，也未成功。德国守军除了最终投降，毫无前途。布莱德雷持续以重锤猛击，迫使敌军节节后退。4月14日，美军发起局部进攻，将包围圈一分为二。两天后，东半部土崩瓦解；18日，残敌全部投降。盟军原先估计，在鲁尔地区可能俘敌15万名。最后统计，总数竟达32.5万人，其中包括30名将级军官。盟军共歼敌21个师，缴获武器无数。希特勒一定希望围攻鲁尔的战斗会像在布雷斯特一样，经历顽强的反复争夺，但鲁尔被围18天就投降了，其被俘人数甚至比两年前突尼斯最后陷落时被俘的人数还多。

与此同时，布莱德雷迅速组织部队向东推进。到鲁尔守敌投降时，他的几支先头部队已经到达卡塞尔以东150英里的易北河。布莱德雷的进攻在宽广的战线上展开，南面的巴顿第3集团军直指捷克斯洛伐克边境，指向位于该国正北的开姆尼茨市，并于4月13至14日抵达该地区。巴顿左面的第1集团军于4月11日开始进攻，只遇到了零星的抵抗，他们的进展迅速。14日，柯林斯第7军的第3装甲师实际上已抵达易北河畔。该军参加了最初对诺曼底的突击，不久又攻占了瑟堡，横穿欧洲西北部，从法国海岸一直打到易北河。

一名美国士兵被眼前德国人掠夺的艺术珍品所惊呆了

　　在德国本土的战争中，巴顿的第 3 集团军仍然英勇无比，一路向北挺进。4 月 6 日，巴顿的军队在赫斯费尔发现了一个价值 3.5 亿美元的纳粹宝库。宝库里充满了血腥味，宝贝都是纳粹从欧洲各地的私人住宅里掠夺来的奇珍异宝。宝库里全是金条、欧洲各国铸造的大量金币、美国金币、金盘、银盘、装饰品、大量油画和其他艺术珍品等，看得士兵们眼花缭乱。艾森豪威尔察看了这个宝库后，对纳粹的丑恶行径更是感到无比憎恨，因为他们给人类和人类文化带来了巨大的灾难。

　　查看了纳粹金库后，在巴顿的陪同下，艾森豪威尔又看了纳粹的集中营，它位于哥达城附近。他视察了集中营的每个角落，第一次目睹了纳粹犯下的灭绝人性的罪行。看到的一切，让艾森豪威尔决定把纳粹丑恶的罪行公布于众。于是，他分别通知了华盛顿和伦敦政府，让他们派记者、国家立法机关代表团到德国来参观、报道。

美军第 80 师解放布痕瓦尔德集中营

盟军在德国腹地飞速进军，胜利的喜悦令他们越战越勇。然而，4 月 12 日，传来罗斯福总统因脑出血而逝世的消息，全军上下悲恸不已。艾森豪威尔无比悲痛地对巴顿和布莱德雷说："也许罗斯福总统的逝世将会影响未来世界的和平。"罗斯福总统的逝世激起了将士们的决心：一定要彻底粉碎法西斯来悼念罗斯福总统。

在第 1 集团军推进期间，有 15000 多名敌军被围困在哈尔茨山脉。守敌顽强战斗，一直坚守到 4 月 21 日。他们极难对付，经过一周苦战，才歼灭了包围圈内的敌人，并击退了企图解围的德军。再往北，辛普森的第 9 集团军与中路和南路保持同步推进。到 4 月 6 日，该集团军在威悉河上建立了一个桥头堡，尔后向易北河推进，并于 4 月 11 日在马格德堡正南抵达该河。第二天，该集团军第 2 装甲师在马格德堡以南 10 英里处的易北河上获得了一个小型桥头堡。当第13军第5装甲师在马格德堡以北建立另一个小型桥头堡时，由于敌人炸毁了桥梁，该行动失败。在这一地区，敌人显然打算放弃易北河以西地区，但对任何渡河企图都坚决抵抗。德军立即对第2装甲师的桥头堡进行反击，使盟军不得不于4月14日放弃，该桥头堡再往南的第83师还保持着一个渡口。

　　几乎同时，苏联红军由奥得河阵地向西发动了强大攻势，进攻正面宽达200多英里。苏联红军各处进攻均进展迅速。北路向丹麦半岛方向推进，中路指向柏林，南路指向德累斯顿地区。4月25日，第5军第69师的巡逻队在易北河遇到苏联红军第58近卫师的部队。会师地点在柏林正南约75英里的托尔高。盟军和苏军一致同意，在两支相向前进的部队相遇时，当地指挥官应根据当地作战的考虑，在两军之间划出满意的会合线。双方急切地希望在两军之间划出以便于识别的地理特征为基础的总体会合线，双方同意在战线中央的会合线沿易北河和穆尔德河划分。在未来某个时间，双方的部队将撤至各自的占领区。

美苏两军在易北河会师

在中路实施决定性进攻的同时，北路的第21集团军群和南路的第6集团军群也根据所受领的任务实施了作战。

北路蒙哥马利的第21集团军群向不来梅和汉堡进军，并派遣一路纵队向易北河挺进，以掩护布莱德雷北翼的安全。蒙哥马利的向东推进主要由英国第2集团军实施，同时加拿大集团军越过阿纳姆向北突击，以肃清荷兰东北部以及向东直到易北河的沿海地带之敌。在当面展开三个军兵力的英国第2集团军向东进攻，于4月6日抵达威悉河，4月19日抵达易北河。在不来梅，英国集团军遇到了决心顽抗到底的敌军。英国第30军于4月20日抵达不来梅市郊，但经过一周的顽强奋战，才最终降服守敌。

与此类似，蒙哥马利左翼向北推进的加拿大集团军一开始就遇到了拼死抵抗。但是，该集团军一路上的推进还算令人满意，于4月15日攻占阿纳姆。阿纳姆的陷落是该地区之敌退入后面一个沼泽地带从而进入荷兰要塞的信号。这一沼泽地区成为盟军进入荷兰西部的严重障碍。蒙哥马利认为，立即发起进入荷兰的战役将导致这个本已不幸的国家遭受更大痛苦，荷兰人民已经因食品匮乏而苦不堪言。该国的大部分田地由于河水泛滥、轰炸和德军建构防御工事而已经荒芜。盟军决定推迟进入荷兰的作战，并做一些能够减轻荷兰人民痛苦和缓解饥荒的力所能及的事情。

德弗斯第6集团军群4月初的任务是保障布莱德雷右翼进攻的安全。为完成此项任务，德弗斯按部就班地组织了左翼帕奇第7集团军和右翼法国第1集团军的推进。

一开始，第6集团军群当面遇到了敌人的全面抵抗。德军不顾北面的溃败和每日战斗伤亡，继续负隅顽抗。当第 7 集团军到达内卡尔河时，经过顽强战斗才建立了一个渡口，尔后不得不苦战一周才歼灭了守敌。该地德军士气并不像遭到盟军二三月份强大突击的德军那样受到严重挫伤。第 10 装甲师于 4 月 7 日向克赖尔斯海姆方向进攻，第 15 军于 4 月 16 日抵达纽伦堡，但又经过数天战斗，该城守敌才最终崩溃。

罗斯福的逝世在希特勒的大本营激起了阵阵浪花，这群疯狂的人一度以为希望降临了。在德国，最先得知这一消息的是宣传部长戈培尔。当他的秘书告诉他罗斯福去世的消息时，他激动得神采飞扬。他一面让秘书给他拿酒，一面打电话约请记者。身为宣传部长，戈培尔知道这意味着什么。他决定对此事进行宣传，让德军重整旗鼓。记者来了之后，戈培尔与他们热烈地交谈着，抒发自己的心情，畅想着不久以后法西斯德国的胜利。记者告别的时候，他还一再要求他们尽快把这一消息发布出去。

送走记者，戈培尔拨通了希特勒的电话。他掩饰不住自己的激动，兴奋地说："元首，我向您祝贺！罗斯福死了，我们的机会来了！元首，这是我们一直期待的奇迹。星象图的语言真灵验啊！这是腓特烈大帝在暗中庇护我们，这回我们一定能赢。"

听了戈培尔的话，希特勒看了一眼墙上腓特烈的画像，久久没有说一句话。电话那头的戈培尔知道，元首也和他一样激动。良久，希特勒才说："这确实是一个机会，很快美军和苏联红军之间就会打得不可开交。到那时，我们就坐收渔翁之利吧。"

法西斯头目之所以如此相信戈培尔口中的星象图，是因为好多年前它就预言：1939 年将会爆发世界大战，1941 年前德国会获得胜利，之后会发生转折面临失败；但是到了 1945 年 4 月中旬的时候，德国会有新的转机。之前的事情都如星象图预言的那样发展着，所以罗斯福的死被这群狂热的人看成为星象图所预言的转机。

这张星象图和腓特烈传记成为德国法西斯麻痹人们的工具。戈培尔凭着如簧的巧舌大肆宣传，上至德国领袖，下至普通士兵、平民，没有一个人不相信星象图的预言。

得知罗斯福去世的消息后，希特勒的暗堡里洋溢着喜庆，暗堡中所有的人都强烈地要求庆祝。他们哪里知道，这只不过是一场梦罢了，醒来后一切都不会有丝毫改变。

在希特勒的命令下，纳粹头目狂欢了一夜。暗堡里，觥筹交错，载歌载舞。如果没有盟军在柏林上空的轰炸，他们一定会跑到街头狂欢的。所有的人都认为，这是上帝对他们的恩赐。

在大本营最后的日子，希特勒就是靠这张星象图的预言支撑着。

随着布莱德雷集团军群在易北河站稳脚跟，盟军进入实施最后行动的阶段。敌军已被分割为南北两个孤立的集团，无法恢复一个完整的战线来抵盟军了。面对四面楚歌的环境，德军官兵完全丧失了战斗意愿。4 月 15日，盟军发起了最后的总攻。16 日凌晨 5 时，奥德河畔近万门大炮齐声怒吼。4 月 26 日蒙哥马利部队最终攻克了不来梅，迅速将其主攻方向转到英国第 8 军方向，该军于 4 月 29 日发起了强渡易北河的进攻。美国第 18 军在靠南一点的地方同时渡河，并在英国第 2 集团军后续进攻中提供右翼掩护。

5 月 1 日，英国第 8 军的第 11 装甲师开始了穿越石勒苏益格—荷尔斯泰因向波罗的海的出色进攻，并于 5 月 2 日下午进入吕贝克。这样就封锁了丹麦的敌人，并防止任何德国败军撤往该国。蒙哥马利迅速巩固其战线的战果。5 月 3 日，美国第 18 军在蒙哥马利当面与苏军会师。柏林城大火燃烧，苏联红军北路穿越德国向盟军方向横扫过来，一切抵抗都被击溃了。从苏军战线蜂拥而退的德军开始投向英、美军队，易北河畔的美军每天都在接收数千名战俘。

南线同样在进行具有决定性的反击。主要进军路线是沿多瑙河谷而下，向东南直指林茨，其目的是在奥地利与苏军会师。由于布莱德雷的中路进攻已经达到目的，艾森豪威尔还把第 3 集团军用于实施这一进军，而第 6 集团军群则全力以赴攻占更向西、向南的"民族堡垒"地区。第 3 集团军沿多瑙河而下的进军于 4 月 22 日开始。敌人企图在雷根斯堡设防，但第 3 军和第 20 军很快在那里建立了桥头堡，分别从该城的东侧和西侧渡过多瑙河，并很快沿河而下。第 12 军的第 11 装甲师于 5 月 5 日率先插进奥地利的林茨市，接受了德国守军的投降。

盟军部队遍布西德。此时，希特勒仍然希望出现奇迹。然而事实是无法改变的，希特勒建造的纳粹大厦已经摇摇欲坠。

末日来临了，希特勒成为孤家寡人。为他效力的人再也顾不了他了，他们各自都在为自己打算。听到布尔什维克党人要来的消息后，外交部部长里宾特洛普匆匆收拾了 5 个大皮箱，拿起早就准备好的假护照逃跑了。纳粹财政部长冯·克罗西克伯爵也收拾好东西，仓皇离开柏林，逃命去了。4 月 24 日，一心想掌握德国权力的法西斯集团的三号人物希姆莱起草了一份投降书。他说："希特勒不日将自杀，我有权向盟国做出投降的决定。"然而，希姆莱没有得到自己想要的权力，盟军拒绝了他的谈判要求。从新闻报道中，希特勒知道了希姆莱向盟国投降的消息，于是，他下令逮捕"卖国贼"希姆莱，并革除其一切职务，并开除党籍。至于法西斯集团的二号人物戈林也被希特勒逮捕了，因为他想篡权。

苏联红军的攻击仍然猛烈，德国并没有任何转机。将军们纷纷劝希特勒逃到南方去，他们说："元首，赶紧走吧，过不了几天敌人切断去南方的路，就走不了了。"尽管很多人都已经纷纷逃命，但希特勒不为所动，他仍然相信腓特烈大帝会显灵，相信他的军队可以打败俄国人。

4月20日，希特勒庆祝了他56周岁的生日。这天，他举行了隆重的记者招待会。冒险而来的德国将军、记者出席了招待会，并为希特勒庆祝生日。

在记者招待会上，希特勒回顾了自己从1933年上台到现在的历程，一一历数着法西斯头目们的"功绩"。他说："戈培尔凭借着自己的宣传、演说才能，为我在权力斗争、杀戮犹太人的时候做出了惊人的贡献；戈林在为肢解捷克、吞并奥地利、争取财阀支持等方面立下汗马功劳；身经百战的将军们更不用说了，是他们为纳粹德国缔造了一支神勇的军队。他们的士气、装备、技术、素质等是无人能敌的。谁能抹杀大家一起努力取得的赫赫战功？"与其说这是希特勒的慰问会、答谢会，还不如说是法西斯自己揭露自己的罪行的一次大会。

在苏联红军炮火的袭击下，这场隆重的记者招待会草草收场。此后，希特勒彻底地垮了。战局依然没有好转，身边的人几乎走光了。他身边的警卫也早就厌烦了大本营内暗无天日的生活，他们说："精神如此紧张，大家都疲惫不堪。像这样生活，还不如光荣地战死沙场。"

4月30日，苏联红军攻到了国会大厦。希特勒知道一切都完了，该给自己安排后事了。希特勒说他愿意留在柏林以身殉国，其他人愿意走的话，就可以走。苏联红军已经控制了柏林，而且牢牢地掌握了制空权，希特勒插翅也难飞了。这天，阿道夫·希特勒的几个同伴在柏林市的一间地下室里共进了午餐。午餐后，希特勒下达了最后的指令，然后就陪着他的新娘爱娃·布鲁恩走进了另一个房间。爱娃是希特勒的情妇，她于4月15日来柏林与希特勒相会。为了婚礼和葬礼，她才来柏林的。为了做这个"伟大人物"的唯一女伴，她当了希特勒12年的情妇、一天的新娘。结婚那天，她和希特勒一起自杀了。希特勒的司机埃里希·肯普卡说："她一生的大部分时间是在等希特勒，因为无法忍受令人沮丧的身份，她曾两度要自杀。她是德国最不幸的女人，做了一天的新娘就再也无法看到第二天的太阳了。"

一辆苏联坦克停在被炮火轰击的千疮百孔的帝国大厦前面

希特勒自杀后，他的尸体被抬到总理府花园的一个弹坑中，举行了火葬。为了躲避苏军炮火的猛烈射击，向他告别的德国军官被迫躲进了地堡。在苏联红军炮火的洗礼中，这个杀人如麻、凶残暴戾的魔头，这个妄图建立欧洲和世界霸权的法西斯元凶，走完了他罪恶的一生。为他陪葬的除了爱娃之外，还有戈培尔夫妇。在德国法西斯集团中，他们是自愿为希特勒陪葬的人。

希特勒自杀身亡之后，德军的抵抗彻底崩溃。遵照他的遗嘱，海军上将卡尔·邓尼茨继任德国元首。为了分裂盟国，在反苏联盟中与英美携手合作，狡猾的邓尼茨说德军将继续进行反布尔什维克主义的战争。他向英、美单独发出了投降的信号，他甚至暗示蒙哥马利，他想让东西两线的德军全部向英军投降。

英国首相丘吉尔认为世界上最可恶的敌人是苏联共产党，于是他决定接受邓尼茨的投降。对丘吉尔的决定，艾森豪威尔非常气愤，他打电话给丘吉尔说："这是自取灭亡，刚刚取得反法西斯的胜利，怎么能和德国结盟？"艾森豪威尔坚决反对英国的做法，他说除非德国全面投降，否则他不会安排受降仪式。

尽管遭到艾森豪威尔的严词拒绝，但是邓尼茨并没有死心。5月4日，他派德伯格海军上将去和艾森豪威尔商谈西线德军投降事宜。这次，邓尼茨仍然没有达到目的，因为艾森豪威尔说："德国必须在东西两线全面投降，否则我不会见任何德国官员。"仍不罢休的邓尼茨并不理会艾森豪威尔，他命令西线的所有德军停火。对此，艾森豪威尔并没有示弱，他发出了最后通牒："德军必须无条件地向所有盟国投降，若德国坚持不在投降书上签字，我将中断一切谈判，在 48 小时内封锁所有的盟军前线。"邓尼茨被迫答应了艾森豪威尔的要求。

5 月 7 日凌晨 2 点，德方代表约德尔签署了投降书，所有的敌对行动于 5 月 8 日午夜停止。签字之前，约德尔一再要求宽限两天时间。约德尔说："目前，通知所有的德国部队投降需要两天时间，因为现在德国的通信系统已经瘫痪了。"艾森豪威尔从史密斯那里得知这一情况后，生气地说："德国人这样拖延时间，到底想干什么?史密斯，你告诉他必须立即签署投降书。"当史密斯问艾森豪威尔是否去签字时，他斩钉截铁地说："不去，没有正式投降之前，我是不会正眼看这帮混蛋的。"

5 月 7 日凌晨 2 时 41 分，德国代表约德尔、盟军代表最高统帅部参谋长史密斯、苏军代表苏斯拉帕罗夫将军分别在无条件投降书上签了字。作为见证人，法军萨维兹将军也签了字。签字完毕，史密斯才把约德尔一行人带到二楼艾森豪威尔的办公室。艾森豪威尔严肃地对约德尔说："如果这份投降书中的条款遭到破坏的话，你必须对之负责。要说的话已经说了，你走吧。"约德尔等德国军官向艾森豪威尔行了一个军礼就走了。艾森豪威尔并没有回礼。半个小时的投降仪式就这样结束了。

根据投降文件的条款，德国各军种首脑应于 5 月 9 日前往柏林，在苏军指挥部签署投降批准书。按照盟军的理解，第二个仪式象征着西方盟国与苏联的团结，也向德国人和全世界宣告，德国是向全体盟国而不仅是向西方盟国投降。因此，艾森豪威尔得到指示，直到第二场签字完成之后再发表第一场签字的新闻。

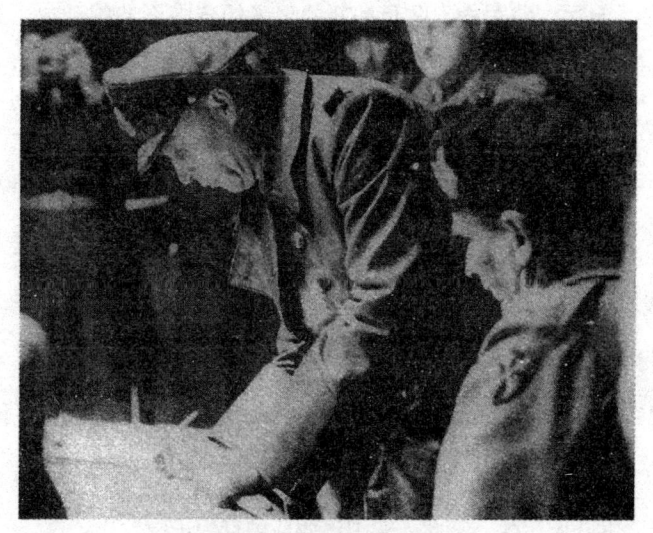

1945 年 5 月 7 日，德国陆军总参谋长约德尔将军（中）代表邓尼茨在法国兰斯的盟军司令部签署无条件投降书

为使美、英两国新闻记者能够全面报道德国在兰斯受降的情况，盟军邀请了许多记者参加这个仪式。在接受邀请时，他们都同意暂时不向公众发消息，待盟国之间达成协议后可以正式报道时再发。一位美国记者在解禁前公开发布了消息，激怒了其他守信的新闻记者。这一事件除了引起其他报刊的极大愤怒外，并未造成真正有害的后果。

西方盟国受邀并参加柏林签字仪式，但艾森豪威尔感到亲自前往不太合适。德国人已经出现在盟军统帅部，并完成了无条件投降的程序，所以他认为在柏林签署投降批准书应当是苏联的事情。因此，艾森豪威尔派他的副手泰德空军上将代表他本人参加仪式。把有关时间安排、允许出席仪式的人数和身份、盟军飞机飞越苏军占领区的航线等所有问题做出详细安排，确实是一件困难的工作，不过艾森豪威尔还是全部完成了。于是，泰德在两三架飞机的军官、士兵、陆军妇女队员和新闻记者的陪同下如约赴会。数月之后，艾森豪威尔曾在莫斯科看过一部记录柏林仪式的电影，对之前在兰斯的受降却只字未提。

对艾森豪威尔在兰斯举行的投降仪式，斯大林并不满意。他说："柏林是苏军攻克的，苏军才是战胜德国法西斯的主力。无论从地点还是从方式看，兰斯的投降仪式都有损苏军的威望。"于是，苏美英三国政府商量之后决定，5月8日在柏林正式举行德国的投降仪式。

5月8日，正式投降仪式如期举行。在苏联朱可夫元帅的主持下，德国正式向苏联红军最高统帅部、盟国远征军最高统帅部无条件投降。1945年5月9日，投降书开始生效。至此，德国法西斯被彻底击败。

艾森豪威尔感谢了部队和国内战线的不懈支持，他说：

"你们曾经走过的数百英里路程上遍布已故战友的坟墓。每一位倒下去的逝者都是你们所属队伍中的一员，你们为热爱自由和拒绝奴役而走到一起。我们当前和遥远未来的共同问题可以通过合作和献身人类自由事业的理念得到最完美的解决，正像这些理念已经将远征军塑造成如此强大的正义力量一样。

"无论其他人如何争辩是哪个国家、哪个军种打赢了欧洲战争，我们都不要参与这类无益的争论。在这里，参加欧洲战争所有国家的每一个人都竭尽所能地为战争的胜利做出了贡献。我们将铭记这一切，在铭记的同时，我们将对每一座光荣的坟茔表示崇敬之情，并向未能活着看到这一天的战友们的至爱亲朋致以亲切的慰问。"

之后，艾森豪威尔给盟国参谋长联席会议发了一封电报。他在电报里写道："1945年5月7日当地时间2时41分，盟军顺利完成了任务。"

马歇尔对艾森豪威尔的工作非常满意，收到电报后，他以国家、盟国以及美国军队的名义给艾森豪威尔发了一封电报。

艾克：

你出色地指挥了最强大的部队，胜利完成了战争史上最伟大的任务。自你3年前到达英国以来，成功解决了许多困难，成功处理了国际政治问题中前所未有的复杂情况。你在军事决策中的勇气和智慧、你的无私、你的果断是令人钦佩的。

为了人类的幸福和平，你创造了伟大的历史。美国军队的一位军官所希望和钦佩的一切，在你身上全都体现出来了。

……

艾克，你是好样的。再多华美的言词也无法表达我对你的敬意和感激。

作为美国军队的总参谋长、盟国参谋长联席会议的主要负责人，马歇尔在电报里高度赞扬了艾森豪威尔。对此，艾森豪威尔感到非常高兴。

现在是全速转向第二个目标的时候了。全世界的盟军都已经腾出手来，可以对东方轴心国作战了。虽然苏联仍然与日本保持着正式的和平关系，但斯大林大元帅在雅尔塔曾告诉罗斯福总统，红军从德国投降之日起三个月内，将参加对日本的进攻。

在对被分割之敌作战时，以前不止一个将领成功地运用机动和奇袭，首先集中力量打击一部分孤立之敌，击败该敌后，再转以压倒优势的力量歼灭第二部分敌人。但是，这一简单方法的运用范围，此前从未超出一个洲。

苏军的再部署意味着要把大批部队通过漫长的西伯利亚大铁路从西方调往东方。由于只能使用这条铁路，所以任务艰巨，而且需要花费时间才能完成。而西方盟国要将其欧洲陆军和空军调往亚洲战区也是一项庞大工程，需要动用数百艘船只，在1万英里的海上航线上运行。

早在1945年2月，艾森豪威尔和他的参谋们就已开始制定完成这种调动的计划，他们与陆军部之间一直进行着不间断的磋商。截至欧洲胜利日，艾森豪威尔的参谋们向太平洋大规模转移的时间安排、先后排序和组织准备均在高效进行。

1945年7月17日至8月2日，苏美英三国政府首脑和外长在柏林参加了波茨坦会议。会上，三国政府首脑签订了一份《柏林问题议定书》。在这份协议中，明确了战后如何处理德国的问题。但是，德国虽然投降了，日本还苟延残喘、负隅顽抗。在这次重要的会议上，还通过了一项决议，即美英中苏四国的对日宣言——《波茨坦公告》。

会议结束后，艾森豪威尔欣然接受苏联元帅朱可夫的邀请，赴苏联参观访问，并参加在8月12日莫斯科举行的体育节。在苏联，艾森豪威尔一行受到热烈欢迎和盛情款待。苏联方面甚至请他参观了克里姆林宫兵器馆的珍宝，这时克里姆林宫兵器馆尚未对外开放，美国驻莫斯科大使馆的工作人员，没有谁见过这批收藏品。此外，艾森豪威尔还参观了莫斯科的艺术馆、地铁、飞机制造厂、国有农场等。看到人们都在为恢复战争的创伤而辛勤劳作，艾森豪威尔满怀热情地说："他们为了祖国，是不怕任何困难的。"

艾森豪威尔（左二）与朱可夫（左一）在列宁格勒

在艾森豪威尔的莫斯科之行将要圆满结束的时候，传来了日本投降的消息。第二次世界大战终于全面结束，世界迎来了新的曙光。无论当时或以后，艾森豪威尔都没有在当地举行任何胜利庆祝仪式。在约德尔签字后，他仅仅是上床睡觉，第二天起床，抓紧完成随着停战而来的众多任务。工作虽然是困难的，但不用再列伤亡名单了。

当前最复杂、最急迫的问题是调整部署。从 1941 年起，盟国的全球战略就是坚持先击败德国，再全力进攻日本。5 月 7 日的德国投降，标志着盟国第一个也是最伟大目标的实现。

对苏联的访问结束后，艾森豪威尔回到美国。他开始思考自己的下半生，事实上，他此时退伍的愿望非常强烈："我才刚过 55 岁，还没有到隐退的时候，但我已经得到了想要的全部荣誉。现在，我可以自由地写作，打打高尔夫球，种种地了。"

　　1945 年 11 月 11 日，艾森豪威尔接到邀请参加参议院军事委员会会议。此时，新任的杜鲁门总统正在为马歇尔要辞职的事情烦恼。早在 8 月的时候，马歇尔就向总统提出了辞职，但是总统并没有批准。马歇尔对艾森豪威尔说："我向总统辞职了，推荐你去当陆军部总参谋长。"已经决定隐退的艾森豪威尔说："我本来是打算退休的，但是我会服从上级的安排。"马歇尔说服了杜鲁门，也说服了艾森豪威尔。12 月 3 日，艾森豪威尔正式上任。此时，杜鲁门还让他兼任参谋长联席会议主席。

　　从这时开始，艾森豪威尔开始了另一段传奇故事——从将军到总统。1952 年 11 月 4 日，选举的结果出来了，艾森豪威尔击败了民主党候选人，赢得了总统选举。当艾森豪威尔为胜利感到兴奋的时候，也感到了前所未有的压力，他被推到了历史的前沿。顺利登上了总统宝座后，等待他的是一场没有硝烟的战争，人们相信他们的英雄会创造出和平的环境，领导他们走向繁荣与富强。